APRENDIZAGENS VISÍVEIS

EXPERIÊNCIAS TEÓRICO-PRÁTICAS EM SALA DE AULA

Julia Pinheiro Andrade

Organizadora

4ª impressão

© Julia Pinheiro Andrade (org.)

Direção editorial
Marcelo Duarte
Patth Pachas
Tatiana Fulas

Gerente editorial
Vanessa Sayuri Sawada

Assistentes editoriais
Henrique Torres
Laís Cerullo
Samantha Culceag

Consultoria pedagógica
Josca Ailine Baroukh

Projeto gráfico e capa
Marcello Araujo

Ilustração de capa
Maria Eugenia

Diagramação
Vanessa Sayuri Sawada
Daniel Argento

Preparação
Beatriz de Freitas Moreira

Revisão
Valéria Braga Sanalios
Carmen T. S. da Costa

Impressão
Corprint

CIP-BRASIL. CATALOGAÇÃO NA PUBLICAÇÃO
SINDICATO NACIONAL DOS EDITORES DE LIVROS, RJ

A661

Aprendizagens visíveis: experiências teórico-práticas em sala de aula/organização Julia Pinheiro Andrade. – 1. ed. – São Paulo: Panda Educação, 2021. 304 pp.

ISBN: 978-65-88457-04-7

1. Educação. 2. Professores – Formação. 3. Prática de ensino. I. Andrade, Julia Pinheiro.

21-73296
CDD: 370.71
CDU: 37.026

Bibliotecária: Meri Gleice Rodrigues de Souza – CRB-7/6439

2023
Todos os direitos reservados à Panda Educação.
Um selo da Editora Original Ltda.
Rua Henrique Schaumann, 286, cj. 41
05413-010 – São Paulo – SP
Tel./Fax: (11) 3088-8444
edoriginal@pandabooks.com.br
www.pandabooks.com.br
Visite nosso Facebook, Instagram e Twitter.

Nenhuma parte desta publicação poderá ser reproduzida ou compartilhada por qualquer meio ou forma sem a prévia autorização da Editora Original Ltda. A violação dos direitos autorais é crime estabelecido na Lei nº 9.610/98 e punido pelo artigo 184 do Código Penal.

SUMÁRIO

5   PREFÁCIO, *José Moran*

8   INTRODUÇÃO, *Julia Pinheiro Andrade*

37   CAPÍTULO 1.   **Tornando visível a presença das oito forças que propiciam o desenvolvimento de uma cultura de pensamento num ambiente de aprendizado**
Claire Ellen Arcenas, Camila Akemi Karino e Claudio Sassaki

67   CAPÍTULO 2.   **O pensamento visível e a formação continuada de professores**
Renata Araujo Moreira dos Santos

89   CAPÍTULO 3.   **A aprendizagem visível e a transformação docente**
Ana Lopes-Mesquita e Daniela Cayuela

103   CAPÍTULO 4.   **Pensar com as mãos: evidenciando a aprendizagem em projetos "mão na massa"**
Rita Junqueira de Camargo, Simone Kubric Lederman e Paola Salmona Ricci

122   CAPÍTULO 5.   **Vamos "tinkerar"? Uma proposta "*maker*" para uma aprendizagem mais visível**
Simone Kubric Lederman e Carmen Sforza

149   CAPÍTULO 6.   **Equalizador da Inteligência Maker: torne visível a reflexão sobre sua prática pedagógica**
Daniela Lyra e Soraya Lacerda

163   CAPÍTULO 7.   **Da discursividade à visualidade: como utilizar ferramentas de *design* para tornar a formação de professores mais visível**
Ana Paula Gaspar Gonçalves

200   CAPÍTULO 8.   **Avaliação como aprendizagem: contribuições para tornar visíveis os objetivos e processos de aprendizagem na Educação Integral**
Julia Pinheiro Andrade

231   CAPÍTULO 9.   **Hora do Desafio – Como a instrução diferenciada individualizada pode tornar visível a aprendizagem para professores e alunos**
Anne Taffin d'Heursel Baldisseri

254 CAPÍTULO 10. **Estratégia para estudo do erro em uma avaliação de aproveitamento: um olhar para a aprendizagem visível**
Andressa Pinter dos Santos Ninin e Savina Allodi

269 CAPÍTULO 11. **Planejamento reverso: um caminho possível para tornar visível e alinhar ensino para compreensão, avaliação formativa e currículo baseado em competências**
Julia Pinheiro Andrade

298 OS AUTORES

PREFÁCIO

A COMPLEXIDADE DE APRENDER E DE TORNAR VISÍVEL O QUE APRENDEMOS

José Moran[1]

Somos diferentes e aprendemos de formas diferentes. Aprendemos quando encontramos significação, valor, ligação com nossa vida, quando saímos da zona de conforto. As pesquisas atuais de neurociência e psicologia comprovam que o processo de aprendizagem é único e diferente para cada ser humano, e que cada um aprende o que é mais relevante e que faz mais sentido para si, que gera conexões cognitivas e emocionais.

Aprendemos ativamente desde que nascemos e ao longo da vida, em processos de *design* abertos, enfrentando desafios cada vez mais complexos, combinando trilhas flexíveis e semiestruturadas em todos os campos (pessoal, profissional, social), que ampliam nossa percepção, conhecimento, competências para poder realizar escolhas mais autônomas e realizadoras. A vida é um processo de aprendizagem ativa, criativa, de enfrentamento de desafios, de ampliação de horizontes, de práticas mais libertadoras.

Aprendemos na vida a partir de situações concretas, que pouco a pouco conseguimos ampliar e generalizar (processo indutivo), e aprendemos também a partir de ideias ou teorias para aplicá-las, testá-las, adaptá-las ou reinventá-las (processo dedutivo).

Outra dimensão importante, trazida pela psicologia humanista, confirma que aprendemos melhor em ambientes de confiança, de liberdade, de afeto, de diálogo e éticos. Mas em muitas escolas ainda predomina o controle sobre o acolhimento e o autoritarismo sobre a colaboração e o compartilhamento.

---

1 Professor da Universidade de São Paulo (USP) e pesquisador de como transformar a educação.

A aprendizagem mais profunda requer espaços de prática frequentes (aprender fazendo/refletindo), de ambientes ricos de oportunidades e de bons mediadores/mentores. Nosso cérebro aprende melhor quando alterna ritmos diferentes: estados mais concentrados com outros de maior dispersão e relaxamento. A aprendizagem ativa precisa estar sempre associada à aprendizagem reflexiva, para tornar visíveis os processos, os conhecimentos e as competências do que estamos aprendendo com cada atividade pessoal e em grupo, com orientação de excelentes docentes e mentores.

A aprendizagem por experimentação, por *design* e "*maker*" são expressões atuais da aprendizagem ativa, personalizada, compartilhada. Metodologias ativas permitem combinar e integrar de forma equilibrada a personalização – em que cada estudante percorre e escolhe seu caminho, ao menos parcialmente, e avança no seu ritmo; a aprendizagem em grupo, entre pares – por meio de projetos, problemas, desafios, debates, aprendizagem por times, instrução por pares, jogos, narrativas em momentos presenciais e on-line e a tutorial/mentoria, em que a ação docente é mais direta, problematizando, orientando, ajudando na síntese, visibilizando o processo e os resultados.

A ênfase na palavra "ativa" precisa sempre estar associada à aprendizagem reflexiva, para tornar transparentes os percursos, os conhecimentos, competências e narrativas do que estamos desenvolvendo com cada atividade, com a mediação, tutoria e mentoria de bons educadores. Esta é a proposta e a grande contribuição dos autores neste livro: mostram e põem em prática as melhores estratégias para visibilizar e avaliar as múltiplas dimensões envolvidas na aprendizagem. O livro é extremamente oportuno e atual, porque traz docentes-pesquisadores competentes – liderados por Julia Pinheiro Andrade – que aplicam abordagens do Projeto Zero (de Harvard), da Aprendizagem Visível (de Hattie), da metacognição e da aprendizagem criativa na formação docente e da experimentação na sala de aula. No Brasil estávamos mais atentos às estratégias das metodologias ativas do que a enfatizar também como tornar visível o que e como cada um está aprendendo. Essa integração de visões teóricas na prática docente é fundamental para tornar o acompanhamento e a avaliação de todo o processo mais amplo, rico, lúcido e transparente.

A partir de agora os modelos híbridos se tornarão muito mais fortes, com maior integração entre a presença física e a digital, momentos síncronos e assíncronos. Precisamos ampliar a discussão e a divulgação das formas de visibilizar a aprendizagem também nos espaços digitais, com as possibilidades que as plataformas oferecem – principalmente os e-portfólios – de registro, compartilhamento, observação da avaliação de cada estudante, avaliação entre pares e autoavaliação. A inteligência artificial começa a contribuir para conhecer as características de como cada estudante aprende, ajudar no desenho de itinerários formativos e sugerir alternativas personalizadas. Teremos que nos debruçar sobre a visibilização da aprendizagem por imersão em plataformas 3D e com realidade aumentada, nas quais poderemos realizar projetos juntos/conectados com uma intensidade multissensorial inimaginável pouco tempo atrás.

As escolas têm que ser interessantes para serem relevantes. Precisam encantar, envolver toda a comunidade, surpreender, transformar a vida de todos. Metodologias ativas, modelos híbridos, aprendizagem para a compreensão, visível, são caminhos para o desenvolvimento da aprendizagem criativa, autônoma, colaborativa, abandonando a postura de espaços de replicação de conhecimentos prontos. As escolas devem se tornar centros de desenvolvimento de competências e valores, com autonomia e flexibilidade crescentes, com a mediação de docentes-*designers* e mentores e o envolvimento ativo dos pais e da comunidade, para que todos possam evoluir sempre, contribuir socialmente e realizar-se ao longo de suas vidas.

INTRODUÇÃO

APRENDIZAGENS VISÍVEIS: FUNDAMENTOS E PROPOSIÇÕES DESTA COLETÂNEA

Julia Pinheiro Andrade

Novos desafios se colocam para professores dedicados a pensar e atuar na formação das crianças e jovens para esse mundo volátil, complexo, desigual e altamente mediado pela tecnologia digital. Com o avanço das tecnologias baseadas em mecanismos de busca e inteligência artificial do século XXI, torna-se cada vez mais fácil a qualquer pessoa acessar informações – falsas e verdadeiras – sobre praticamente tudo. No entanto, para navegar nesse mundo com autoria, responsabilidade e criatividade, mais do que saber como obter informações, trata-se de saber como checar sua veracidade, como utilizá-la, quando confrontá-la, justificar e interpretar por que, como e quando processar as informações com sentido, contexto e crítica. Esses movimentos do pensamento envolvem emoções, percepções e análise, para receber informações, processá-las e situá-las em um sistema maior de fontes e significados.

Para formar essas capacidades práticas como hábitos ou disposições de pensamento bem internalizadas por quem aprende, o foco do ensino passa a ser desenhar um aprendizado por meio da experiência de um processo investigativo, crítico, reflexivo e questionador, que permite dar conta dos sentidos do que se aprende, se apropriar dos propósitos do estudo, de seus porquês, ganhar consciência não apenas sobre o que se aprende, mas sobre como se aprende, quando e como utilizar o que se aprende. Portanto, mais do que conhecimentos e habilidades reprodutíveis e treináveis, trata-se do desafio de progressivamente desenvolver competências como capacidades sempre aperfeiçoáveis de mobilizar conhecimentos, habilidades, atitudes e valores na vida social com o propósito de ganhar autonomia no mundo e responsabilidade pelo mundo.

Essa capacidade de mobilizar é o cerne do conceito de competência: construir conhecimentos transferíveis de um contexto a outro, entre diferentes áreas do conhecimento, de um ano a outro da escolarização, de uma situação-problema a outra, dos contextos da escola para os múltiplos contextos da vida (NRC, 2012, pp. 5-6; BRASIL, 2017, p. 2). Nesse sentido, o modo de aprender, a pedagogia de ensinar e aprender, se tornam a chave que guarda a coerência formativa necessária para desenvolver competências: as metodologias que, na ação observável, promovem coerência entre os conteúdos de ensino e o modo como colocá-los em uso em situações autênticas e desafiadoras.

Como tornar a aprendizagem o centro do processo pedagógico de ensino e trazer suas evidências ao primeiro plano? Como definir claramente objetivos de ensino e de aprendizagem? Uma vez definidos, como realmente monitorar e avaliar o que e como os estudantes estão aprendendo? Quais evidências eu, professor, tenho de que meus estudantes compreendem bem os objetivos de aprendizagem e ampliam suas capacidades cognitivas, perceptivas e emocionais ao longo do processo de estudo? Como tornar o meu pensamento e o pensamento dos estudantes mais visíveis e evidentes desde o início de uma investigação?

Aprendizagens visíveis: experiências teórico-práticas em sala de aula é uma coletânea de artigos de professores-pesquisadores que deparam com essas questões por meio de diferentes práticas e em diferentes segmentos educacionais, das etapas da Educação Básica à formação de professores.

Em comum, todos os artigos se alinham com a ideia de tornar o processo de ensinar e de aprender mais visível, mais profundo, mais significativo e autoconsciente para todos os sujeitos participantes, educadores e estudantes, fortalecendo assim uma cultura de pensamento visível em todos os tipos de ambientes de aprendizagem – dentro ou fora das escolas.

De diferentes maneiras, os autores se engajam em práticas pedagógicas reconhecidas pela literatura e baseadas em evidências (MORICONI et al., 2017), como as mais potentes para este cenário cada vez mais desafiador do mundo em que vivemos: uso de metodologias ativas de ensino e aprendizagem que favoreçam a elaboração e a construção coletiva de conhecimentos que produzem coerência entre visão pedagógica do currículo contemporâneo (desenvolver competências), as rotinas de documentação e a avaliação.

Segundo José Moran (BACICH e MORAN, 2018), metodologias ativas são estratégias de ensino centradas na participação efetiva dos estudantes para a construção do processo de aprendizagem, de forma flexível, interligada e híbrida. Podem se valer ou não de tecnologias digitais, mas sempre propiciam múltiplos modos de interação do aprendiz com os conteúdos de aprendizagem e com outros aprendizes. Aprender em profundidade implica interagir e se relacionar ativamente tanto com o conteúdo do conhecimento a ser construído, como com os demais estudantes, em uma comunidade de prática coletiva de elaboração de sentidos e significados (LAVE e WENGER, 1991). Nas palavras de José Valente,

> As metodologias ativas são entendidas como práticas pedagógicas alternativas ao ensino tradicional. Ao invés do ensino baseado na transmissão de informações, da instrução bancária, como criticou Paulo Freire (1970), na metodologia ativa o aluno assume uma postura mais participativa, na qual ele resolve problemas, desenvolve projetos e, com isso, cria oportunidades para a construção de conhecimento. (VALENTE, 2018, p. 27)

Se na abordagem mais tradicional parte-se do ensino de um conceito, em que o professor demonstra uma explicação, interpretação ou instrução, e depois os alunos aplicam essa informação ou conhecimento em uma ação, nas metodologias ativas isso tende a ser ao contrário. De início, situa-se um desafio, um propósito, um objetivo, uma questão mobilizadora que cria contexto para a ação. Na ação, desafio, problema, investigação assim iniciados, há uma reflexão sobre a ação desenvolvida, que amplia a elaboração de sentidos, visibiliza um pensamento e, assim, possibilita a construção de uma compreensão pelos sujeitos que, ao final do processo, é conceituada e sistematizada em uma teoria. Nesse caso, a conceituação vem ao final do processo e não no início (BACICH e MORAN, 2018; BACICH e HOLANDA, 2020).

As metodologias ativas – projetos, aula invertida, ensino híbrido, gamificação – constituem alternativas pedagógicas que colocam o foco do processo de ensino e de aprendizagem no aprendiz, envolvendo-o na aprendizagem por descoberta, investigação ou resolução de problemas. Nesse sentido, a perspectiva da aprendizagem visível vem intensificar os processos do aprendiz – estudante ou professor – de pensar coletivamente, reconhecer seu próprio pensamento, ganhar autonomia e motivação, autoconhecimento e metacognição – a capacidade de pensar sobre seu próprio pensamento.

O tema das aprendizagens visíveis tem basicamente três grandes referências no pensamento educacional contemporâneo: o Projeto Zero (PZ), a abordagem de Reggio Emilia e as pesquisas derivadas da grande meta-análise Aprendizagem Visível de John Hattie. Vamos resenhar rapidamente as duas últimas para apresentar com mais profundidade a primeira, a maior influência para todos os autores desta coletânea. Em seguida, resenhamos todos os artigos da coletânea, destacando com quais dessas referências dialogam e contextualizam para a nossa realidade brasileira.

Aprendizagem visível para professores

John Hattie (2008, 2012, 2015, 2017, 2019 e 2021) fez a maior revisão sistemática e meta-análise em eficácia escolar dos estudos educacionais contemporâneos para identificar os fatores de maior impacto na aprendizagem dos estudantes. Sua pergunta é: "O que funciona melhor na educação?".

Por cerca de vinte anos, no Laboratório de Aprendizagem Visível da Universidade de Auckland, Nova Zelândia, sua equipe utilizou diferentes métodos estatísticos em bancos de dados[1] consagrados da pesquisa acadêmica em busca de trabalhos de pesquisa empírica direta de larga escala

---

1 Hattie (2017, p. 13) cita os bancos de dados do PISA (Programa para Avaliação Internacional de Estudantes); o NELS (Estudo Nacional de Investigação Longitudinal dos Estados Unidos); o NAPLAN (Programa de Avaliação Nacional da Austrália em Linguagem e Aritmética); o NAEP (Avaliação Nacional de Progresso Educativo); o TIMSS (Estudo Internacional de Tendências em Matemática e Ciências); e o PIRLS (Estudo Internacional no Progresso em Leitura e Linguagem).

(como o próprio Hattie desenvolveu na Nova Zelândia e na Austrália) ou baseados em revisões sistemáticas e meta-análises de evidências de impacto de aprendizagem.

Hattie categorizou seis grandes fatores que determinam a aprendizagem: *características do aluno, características da família, o contexto da escola, o currículo, o professor e as metodologias de ensino e aprendizagem*. Identificados os fatores, o autor desenvolveu uma maneira de classificar os "efeitos" de cada fator medindo estatisticamente seus "tamanhos de efeito", os quais se tornam, portanto, comparáveis. Na pesquisa da meta-análise Aprendizagem Visível, Hattie classificou 138 fatores relacionados aos resultados de aprendizagem de acordo com seus efeitos: de muito positivos a muito negativos.

O pesquisador descobriu que a curva dos tamanhos de efeito era uma gaussiana (a chamada curva normal, como uma onda muito simétrica) e que o tamanho médio do efeito de todos os fatores estudados era de 0,40. Hattie descobriu também, por meio de estudos longitudinais em grandes bancos de dados, que o "efeito de aprendizagem" de um ano escolar também tinha um tamanho médio de efeito de 0,40. Sua conclusão: praticamente tudo tem impacto na aprendizagem. Portanto, importa identificar o que tem mais impacto visível para professores e alunos, ou seja, acima da média normal dada pelo 0,40. Dessa forma, Hattie passou a ranquear os tamanhos de efeito e a avaliar o sucesso do impacto dos fatores em função desse "ponto de dobradiça" para aprofundar o olhar e a discussão sobre os fatores de tamanho de efeito maior que 0,40. Para isso, o foco da pesquisa Aprendizagem Visível foi refinar meta-análises, ou seja, o estudo de outros estudos.[2]

---

2 "[...] identificar um recorte específico (tal como uma realização) e identificar uma influência naquele resultado (p. ex., tema de casa) e, em seguida, realizar buscas sistemáticas em vários bancos de dados: principais jornais e livros (ERIC, PsycINFO etc.); dissertações (p. ex., ProQuest), literatura cinza (materiais como conferências, submissões, relatórios técnicos e documentos de trabalhos não encontrados facilmente pelos canais normais). Essa busca envolve entrar em contato com os autores para obter cópias dos seus trabalhos, checar referências nos artigos encontrados e ler amplamente para encontrar outras fontes. Para cada estudo, os tamanhos de efeito são calculados para as comparações adequadas. Em geral há dois tipos principais de tamanhos de efeito: comparações entre grupos (p. ex., comparando aqueles que fizeram o tema de casa com aqueles que não o fizeram) ou comparações ao longo do tempo (p. ex., resultados de base comparados com resultados após quatro meses)" (HATTIE, 2017, p. 9).

John Hattie vem permitindo uma atualização em ranking on-line (HATTIE, 2021) e, até início de 2021, a pesquisa já estava baseada em mais de 1.200 meta-análises. De acordo com o professor, "a história subjacente aos dados dificilmente mudou ao longo do tempo, embora alguns tamanhos de efeito tinham sido atualizados e temos algumas novas entradas no topo, no meio e no final da lista" (HATTIE, 2017, p. 16).

Desde que lançou o estudo com os resultados da meta-análise em ranking e o aprofundou em 2015, nos artigos sobre políticas públicas educacionais, "Políticas da distração" e "O que melhor funciona?" (HATTIE, 2015), a chamada "expertise colaborativa" de professores vem sendo considerada a ação ou proposta de ensino com maior impacto na aprendizagem dos estudantes. Ou seja, quando educadores (professores, gestores) trabalham conjuntamente para gerar uma "inteligência" ou "expertise" que nasce do coletivo, da colaboração. Com isso, os professores passam a se ver como autoavaliadores de seus impactos sobre a aprendizagem dos estudantes e procuram fomentar nos estudantes essa mesma atitude de autoformação e autoavaliação:

> O ensino e aprendizagem visíveis ocorrem [...] quando há uma prática deliberada destinada a obter o controle sobre o objetivo, quando há *feedback* fornecido e recebido e quando há pessoas ativas e apaixonadas envolvidas (professores, alunos, pares) participando no ato de aprendizagem. *Trata-se de professores vendo aprendizagem através dos olhos dos alunos, e de alunos vendo o ensino como a chave para sua aprendizagem contínua.* A característica notável dessas evidências é a de que os maiores efeitos sobre a aprendizagem dos alunos ocorrem *quando os professores se tornam alunos da sua própria aprendizagem e quando os alunos se tornam seus próprios professores.* (HATTIE, 2017, p. 14, grifos nossos)

Hattie destaca que quando os alunos "se tornam seus próprios professores" passam a exibir atributos autorregulatórios "que parecem ser mais desejáveis para aprendizes: automonitoramento, autoavaliação, autoanálise e autoensino" (HATTIE, 2017, p. 14). Assim, a aprendizagem visível deve articular a visibilidade dos objetivos de ensino do professor para os próprios estudantes se monitorarem e tornarem visíveis para si e para o professor o aumento de suas capacidades na aprendizagem. Para isso, afirma Hattie (2017, p. 14), "Uma premissa-chave é a de que a visão do professor sobre seu papel é crítica", ou seja, o professor precisa acreditar que tem impacto na aprendizagem dos estudantes e, com seus colegas professores, criar um time que, em conjunto, visa ter impacto na aprendizagem de cada aluno da escola e, assim, na constituição de uma cultura escolar de aprendizagens visíveis.

A partir desse preceito, John Hattie desenvolve dez princípios da aprendizagem visível e todo um programa de planejamento coletivo de professores e desenvolvimento de capacidade de devolutivas pedagógicas (*feedbacks*) que corroboram os preceitos clássicos da avaliação formativa (BLACK et al., 2019). Embora possa haver questionamentos sobre vários pontos do ranqueamento do autor, os achados principais de sua pesquisa e seu conceito de aprendizagem visível são indiscutíveis ganhos para o campo da formação e desenvolvimento curricular contemporâneos, incluindo as metodologias ativas e a avaliação formativa.

Abordagem Reggio Emilia

A assim chamada abordagem Reggio Emilia refere-se à consolidação de uma abordagem de Educação Infantil nascida a partir do final da Segunda Guerra Mundial em diversas cidades da região da Emilia-Romagna, na Itália, das quais se destacou mundialmente a experiência da cidade de Reggio Emilia. Após a destruição causada pela guerra, inicia-se um movimento comunitário de reconstrução e, em Reggio Emilia, forma-se uma escola diferente, a partir da venda de um tanque de guerra dos alemães, alguns cavalos e mantimentos. Nascia ali uma proposta de escola pública para a Educação Infantil enraizada no território em que a criança, desde bebê, é vista e respeitada como um sujeito que investiga o mundo em perspectiva de desenvolvimento integral: intelectual, emocional, física, social e culturalmente.

Dentre seus sistematizadores, a abordagem tem no educador Loris Malaguzzi uma grande referência. Como conceitos centrais dessa abordagem pedagógica estão a escuta e a percepção aberta dos temas e modos de interesse pelos quais se expressam as potencialidades extraordinárias de investigação das crianças em suas inúmeras linguagens, como sugere o título do livro *As cem linguagens das crianças – Abordagem de Reggio Emilia na educação da primeira infância* (EDWARDS et al., 1999). Dessa forma, afirma Malaguzzi, o papel do adulto é estimular todos os campos de experiência das crianças e ouvir, apoiar e documentar seu desenvolvimento: "[...] a criança tem cem mãos, cem pensamentos, cem modos de pensar, de jogar e de falar [...]" (EDWARDS et al., 1999, p. 5).

A difícil capacidade de escutar os outros e escutar-se é uma das tarefas primárias da documentação: transcrever falas, fotografar interações, organizar traços e documentos que encarnem e tornem visíveis as modalidades da aprendizagem individual e de grupo, não apenas registrando tal como o processo se deu, mas gerando artefatos que sejam revisitados no processo e apoiem e ampliem as aprendizagens contínuas. Portanto, da própria documentação em processo emergem as linhas e os conceitos do desdobramento do projeto investigativo: materiais, temas, experimentações, novas sistematizações e assim por diante.

> A proposta pedagógica das escolas da infância de Reggio consiste em criar constantemente uma rede de comunicação e paz. Os diálogos desenvolvidos entre criança-criança, criança-professor e entre professores são essenciais e diferem enormemente dos espaços onde todos falam e ninguém ouve [...] professores encorajam seus alunos a realizar experiências que, a princípio, parecem inviáveis para a escola. Em Reggio, os professores se utilizam dessas fantasias, encorajando-os a discutir as possibilidades de realização de novos experimentos. Com isso, o professor aproveita as explicações e falas dos alunos como objeto de estudo do potencial infantil, para cultivar e promover o processo criativo, apontar a importância do respeito às ideias do outro e entender que as crianças criam verdadeiras teorias a partir de suas observações e a liberdade de manifestação de suas ideias levam-nas a falar de maneira extremamente poética. (MIRANDA, 2005, pp. 3, 6)

Como um resultado e um estímulo ao múltiplo escutar (RINALDI, 2014b), a documentação pedagógica em Reggio Emilia ancora-se na observação e no registro, com destaque para os processos artísticos das propostas de ateliê como espaço de invenção e materialização da escuta. Por essa razão, o Projeto Zero, logo que se forma, se associa intensamente às pesquisas de Reggio. Daí nasce, por exemplo, Tornando o Pensamento Visível, um dos projetos iniciais do Projeto Zero, ainda muito vivo e frutífero até hoje.

A visão formativa do Projeto Zero

O Projeto Zero foi fundado na Faculdade de Educação de Harvard por Nelson Goodman com o intuito de investigar como acontecia o aprendizado em artes e através das artes. Foi nomeado Zero, pois as primeiras pesquisas logo constataram que o que se sabia sobre o aprendizado e desenvolvimento cognitivo e emocional nas artes era quase zero. Desde então, o zero é sustentado como a base de todas as pesquisas, como uma referência de mergulho na base zero de cada questão em sua complexidade, sempre articulando teoria e prática a partir de pesquisas nas ciências da aprendizagem, nos corpos de conhecimento das áreas e à prática junto a educadores, artistas, *designers*, cientistas, ou seja, junto às questões reais e autênticas, aos dilemas e desafios profissionais de cada campo.

Hoje, com mais de cinquenta anos de existência e mais de 36 projetos em andamento, o Projeto Zero é um grande centro de experimentação e inovação pedagógica com pesquisa baseada em sala de aula. Um de seus pesquisadores mais conhecidos é Howard Gardner e muito da proposição de seu conceito de inteligências múltiplas advém das observações sistemáticas das pluralidades de linguagens da inteligência e da criatividade humana visibilizadas pelos diferentes projetos do Projeto Zero: com as artes, com a matemática, com a "mão na massa" ("*maker*"), com a filosofia.

O conceito fundante das pesquisas do Projeto Zero é o de *ensino para a compreensão* (WISKE, 1998), ou seja, reflexões sobre os fundamentos filosóficos e as ferramentas didático-metodológicas sobre por que e como desenvolver um enfoque profundo na formação escolar (a compreensão) com um domínio flexível (competência) de conhecimentos, capacidades e disposições para o pensamento nos vários campos do conhecimento, das artes ao *design*. Com enfoques de pesquisa variados, os projetos partilham uma concepção sócio-histórica (VYGOTSKY, 1978) da aprendizagem, cujo denominador comum é o conceito de *enculturação*, ou seja, a visão de que aprendemos por meio de um processo ao mesmo tempo de investigação e de internalização da cultura de pensamento que configura nosso contexto social (BRUNER, 1996).[3] Segundo Perkins,

> O modelo de enculturação concentra-se em três aspectos principais da construção da cultura: exemplos, que dizem respeito aos modelos de pensamento que estão presentes no ambiente de aprendizagem; interação, que diz respeito ao teor e conteúdo de relações entre os membros da sala de aula; e instrução direta, que diz respeito ao ensino de conceitos, atividades e habilidades culturalmente importantes. (PERKINS, JAY e TISHMAN, 1993, p. 16, tradução nossa)

Por exemplo, para aprender a organizar o pensamento sobre um estudo em registros claros, lógicos e ordenados no caderno, é preciso ser exposto a diferentes exemplos de registros, estar em interação com outros em situações significativas de produção desses registros e receber instruções didáticas de como fazê-lo. A mera instrução (p. ex., por um vídeo ou áudio) não cria o hábito e a disposição para se praticar esses registros para adultos, muito menos para crianças. O mesmo vale para o aprendizado do pensamento matemático, para desenvolver o hábito da leitura e escrita, para desenvolver a sensibilidade artística, o pensamento histórico ou espacial. Muitas vezes temos a capacidade para esses pensamentos, mas não temos disposição, motivação ou sensibilidade para usá-los.

Como um desdobramento dessa pesquisa inicial sobre o Ensino para a Compreensão, três pesquisadores do Projeto Zero, Ron Ritchhart, Mark Church e Karin Morrison, aprofundaram a investigação no projeto Como

---

3 É possível estabelecer um paralelo entre a concepção de enculturação de Bruner e a visão formativa crítica de Paulo Freire, quando ele propõe uma pedagogia crítica que se articule ao contexto cultural dos sujeitos e os apoiem na construção de sua autonomia política e intelectual.

Tornar o Pensamento Visível em busca de desenvolver ferramentas práticas associadas à teoria da disposição ao pensamento, isto é: para além de aprender conhecimentos, como se aprende a desejar pensar, ou seja, como se forma a disposição (um desejo em ação) para pensar? Como se desenvolve um enfoque mais profundo e reflexivo que, para além do slogan de "aprender a aprender", signifique um gosto, uma motivação e uma capacidade para pensar, ter curiosidade intelectual e, continuamente, ir além? Quais tipos de pensamento precisam ser ensinados? Como precisam ser ensinados para criar motivação e disposição efetiva para ir mais fundo? Qual a relação entre pensar e aprender para realmente compreender algo?

O resultado dessa pesquisa, em suma, é o seguinte: aprender é um resultado do pensar, não o contrário. Portanto, ocasiões para pensar com sentido e significado não podem ser casuais, mas sim o centro de um projeto político-pedagógico comprometido em garantir uma aprendizagem profunda dos estudantes. Investigar e buscar conexões autênticas é muito mais que ganhar vocabulário e conhecimentos declarativos em uma área: é construir significados, é refletir sobre conhecimentos prévios, é documentar reflexivamente a aprendizagem, é reconhecer mudanças conceituais que vão se desenvolvendo no estudo, é ganhar a disposição de continuamente revisitar suas certezas, questioná-las, descartá-las e ampliá-las. É ensinar que aprender conhecimentos, aprender a aprender e aprender a pensar são camadas em progressiva profundidade, imbricadas, de um processo denso pelo qual se desenvolvem competências.

Para tanto, é necessário um sistemático planejamento pedagógico para garantir a definição de ideias e perguntas essenciais que investiguem pensamentos significativos nas diferentes áreas do conhecimento e nas diversas formas de aprendizagem (individual, em pares, em grupos, no coletivo). Há diferentes tipos de pensamento (associativo, emocional, responsivo, estratégico) e aquele que mais ajuda a aprender a pensar e a transferir capacidades de pensamento a diferentes situações é o pensamento estratégico e metacognitivo (NRC, 2012; RITCHHART, CHURCH e MORRISON, 2011). Em seguida, apresentamos exemplos que ajudam a capturar a essência dessa sistematização da pesquisa do Projeto Zero sobre rotinas para tornar o pensamento estratégico, autorreflexivo e visível.

Rotinas de Pensamento: estruturas para questionar, escutar e documentar o pensamento de professores e estudantes

Os dois livros que sistematizam a pesquisa com Rotinas de Pensamento são *Tornando o pensamento visível: como promover engajamento, compreensão e independência para todos os aprendizes* (RITCHHART, CHURCH e MORRISON, 2011) e *O poder de tornar o pensamento visível: práticas para engajar e empoderar todos os aprendizes* (RITCHHART e CHURCH, 2020). Ambos visam explorar as Rotinas de Pensamento como estratégias que geram engajamento, compreensão e independência para todos os aprendizes (adultos e crianças, professores e estudantes). Nas demais dezenas de projetos do Projeto Zero, muitas outras Rotinas de Pensamento foram criadas e adaptadas (hoje há cerca de cinquenta publicadas). Em 2020, no contexto da pandemia do coronavírus, pela primeira vez foi disponibilizado um amplo material no site do Projeto Zero, uma "caixa de ferramentas" das Rotinas de Pensamento, categorizadas de acordo com seu uso ou objetivo principal.[4]

De acordo com o próprio Projeto Zero, as Rotinas de Pensamento oferecem elementos pedagógicos que justamente auxiliam a tornar visível o

---

PARA SABER MAIS SOBRE AS ROTINAS DE PENSAMENTO

 Caixa de Ferramentas do Projeto Zero sobre Rotinas de Pensamento (inglês e espanhol). Acesso em: 22 fev. 2020.

 Rotinas de Pensamento do Projeto Zero traduzidas para o português pelo Instituto Catalisador. Acesso em: 22 fev. 2020.

 O trabalho de Conclusão de Curso de Juliana Lencastre para o GEPPEM da Unicamp é uma excelente fonte para conhecer mais sobre o assunto: "Rotinas de Pensamento: construindo uma cultura do pensar para o desenvolvimento da autonomia intelectual e moral". Acesso em: 22 fev. 2020.

 E-book desenvolvido pela Ativa Educação com exemplos de diversas Rotinas de Pensamento desenvolvidas nos cursos de formação de professores em Abordagem para Tornar Visível a Aprendizagem. Acesso em: 10 out. 2021.

---

4   Os títulos originais em inglês constam nas referências bibliográficas deste capítulo.

aprendizado para o próprio estudante e para os educadores. As Rotinas do Pensamento são estruturas simples, por exemplo, um conjunto de perguntas ou uma pequena sequência de etapas que podem ser usadas sozinhas ou em um grupo. Foram projetadas para serem práticas, fáceis de lembrar e instigar uma ampla gama de processos mentais e emocionais. Elas são adequadas para alavancar o pensamento colaborativo e podem ser transferidas facilmente para qualquer contexto.

As Rotinas de Pensamento convidam os alunos de qualquer idade a ser observadores atentos, a organizar suas ideias, a raciocinar cuidadosamente e a refletir sobre como estão dando sentido às coisas que estão ao seu redor e às coisas que fazem. As rotinas são flexíveis o suficiente para serem usadas para envolver os alunos na compreensão de um artefato, de um conceito ou de um sistema. Elas podem, a princípio, parecer simples, mas é justamente sua simplicidade que as tornam fáceis de lembrar e de usar. Em vez de simplificar as ideias, as Rotinas de Pensamento oferecem maneiras diretas para apoiar os estudantes e suas investigações em contextos complexos.

O que todas as Rotinas de Pensamento têm em comum? Elas são estratégias de reflexão em estruturas simples, autoexplicativas, que não demandam experiência ou saberes prévios para serem experimentadas. Normalmente, elas têm uma estrutura triádica, como em: Vejo/Penso/Pergunto – O que vejo? O que penso do que vejo? O que pergunto, suponho ou imagino com base no que vejo e penso? Ou em: Afirmo/Embaso/Questiono: O que afirmo a partir dessas ideias? O que cito ou trago como evidência para embasar meu próprio pensamento? O que questiono, hipotetizo ou pergunto a partir do que afirmo e embaso?

As Rotinas de Pensamento foram desenvolvidas para ajudar a tornar visíveis e nomeáveis "movimentos de pensamento"[5] e, assim, a praticar e formar hábitos mentais que apoiam[6] e facilitam o pensamento estratégico, desenvolvendo a um só tempo:

- Capacidades perceptivas e sensoriais (olhar bem de perto, apreender mais atentamente fenômenos e identificar evidências, fatos, dados).

---

5 Em inglês: *thinking moves*.
6 Em inglês: *scaffolding*.

- Capacidades cognitivas (o pensar intencional e cuidadoso, visando aprofundar a compreensão, as causalidades, as relações entre o observável e a reflexão sobre o que se observa, articulando evidências).
- Capacidades motivacionais (a emoção, a empatia, a articulação de diferentes pontos de vista, a disposição, inclinação ou motivação para buscar conexões, desdobramentos ou novos questionamentos, usando o pensamento, a intuição e mesmo a emoção continuamente, como um ciclo).

As Rotinas de Pensamento podem ser agrupadas em três tipos básicos (RITCHHART, CHURCH e MORRISON, 2011) no que diz respeito ao seu propósito:

- Para introduzir e explorar ideias iniciais, fazer perguntas curiosas, registrar conhecimentos ou hipóteses prévias.
- Para sistematizar ideias e produzir balanços analíticos, frequentemente comparando o que se sabia antes do estudo e o que se aprendeu.
- Para aprofundar ideias, buscando visibilizar conexões, comparações e relações mais profundas na compreensão de um tema.

Há várias outras categorizações disponíveis no site do Projeto Zero, em "caixa de ferramentas" – como rotinas para desenvolver perspectivas, dilemas, objetos e sistemas, enfoque global etc.

A seguir, exemplificamos algumas das chamadas rotinas-chave[7] facilmente aplicáveis em qualquer contexto de estudo. Vamos destacar exemplos utilizados para introdução e sistematização de ideias nos cursos da Ativa Educação e de acordo com nossa tradução (veja o e-book citado na p. 19 para mais exemplos em português das Rotinas de Pensamento produzidas durante os cursos da Ativa Educação).

Rotinas para introduzir e explorar ideias

- **Vejo/Penso/Pergunto:** O que vejo? (descrição factual objetiva); O que penso a partir do que vejo? (Que reflexões e hipóteses formulo sobre o que vejo?); O que pergunto com base no que vejo e penso? (Que dúvidas surgem? O que imagino ser possível e gostaria de perguntar sobre?

---

7   Em inglês: *core thinking routines*.

Figura 1 – Exemplo de Rotina de Pensamento Vejo/Penso/Pergunto.
Essa rotina foi feita por uma dupla de estudantes como sondagem de ideias sobre imagem de *O pequeno príncipe*. A proposta de atividade foi de uma aluna-professora do curso da Ativa Educação para seus alunos após debate oral desenvolvido. Essa rotina deve sempre ser utilizada para debater ideias e percepções; posteriormente à reflexão autêntica pode-se pedir registro escrito. (Fonte: Acervo pessoal da autora.)

Como transformo em pergunta meu pensamento?). Essa rotina tem seu fundamento no debate de percepções e ideias. O registro escrito não pode ser pedido como uma tarefa avaliativa por si mesma, mas a serviço da documentação de um pensamento vivo e autenticamente debatido.

- **Conecto/Estendo/Testo:** O que conecto com o que foi apresentado? (Que conexões faço? Como relaciono com o que já conhecia?); O que estendo ou amplio nesse pensamento? (Posso reformular, reescrever, rever o que me foi apresentado, ampliando minha formulação ou compreensão?); O que posso planejar testar em minha prática com base no que conectei e estendi?[8]
- **321:** três palavras, duas perguntas, uma imagem. Para um dado projeto, estudo ou questão, posso formular uma síntese em três palavras, duas perguntas e uma imagem? A rotina busca criar uma síntese (palavras e frases) e uma metáfora (a imagem) para o pensamento sobre um tema.
- **Bússola:**[9] sistematiza questões-chave sobre um tema de estudo por meio de questões associadas aos pontos cardeais (ver exemplo na Figura 2):
    - Norte (N): O que é **N**ecessário saber mais sobre esse tema?
    - Leste (L ou E): O que é **L**egal ou **E**xcitante nesse estudo/proposta, ou seja, o que nos motiva nesta ideia?

---

8 Veja exemplos no e-book da Ativa Educação disponibilizado via QR Code na p. 19.
9 Na versão original, os pontos cardeais do Projeto Zero em inglês são: N = *Need to know*; E = *Excited*; S = *Stand foward*; W = *Worrisome*. As traduções livres de todas as rotinas aqui apresentadas são nossas.

- Sul (S): **S**ugestões para continuidade: O que precisa ser desdobrado e garantido em ações futuras?
- Oeste (O): **O**bstáculos para a implementação da proposta: O que nos preocupa sobre esta ideia?

GRUPO 2: BÚSSOLA SOBRE APRENDIZAGEM CRIATIVA

N – O que é necessário saber mais sobre esse tema?
- Exemplos para a faixa etária que atua.
- Como realmente contribuir para que a criança seja protagonista.
- Possibilidades de avaliação.

O – Obstáculos para a implementação da proposta (o que nos preocupa)
- Currículo e as limitações.
- Domínio dos objetivos claros e avaliação.
- Tempo para os professores se reunirem e refletirem.

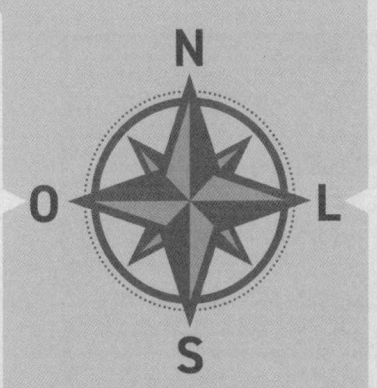

L – O que é legal entusiasma? Qual o lado positivo da proposta?
- Parceria entre pares.
- Envolvimento dos alunos.
- *Mindset* de crescimento.
- Protagonismo.
- Liberdade e oportunidade de extrapolar.
- Material acessível.
- Dinamismo.

S – Sugestões: O que precisa ser desdobrado e garantido em ações futuras? Como se aprofundar?
- Interdisciplinar.
- Contínuo.
- Escutar a criança.
- Testar, planejar e avaliar.
- Parceria entre a comunidade escolar.
- Troca entre os pares.
- Pensar brincante internalizado.

Figura 2 – Rotina de Pensamento da bússola. Elaborada pelo grupo de professores do curso Ativa 2020, no aplicativo Jamboard, como primeira síntese coletiva de estudo sobre aprendizagem criativa.

Rotinas para sistematizar um pensamento

- Síntese de discussão rápida em **Fala Dominó**: após dinâmica da discussão *flash*, ou rápida, repórteres de grupo vão à frente da sala, formam uma linha, como peças de dominó, e compartilham suas reflexões criando uma narrativa única, sem redundâncias, estabelecendo conexões entre os diferentes argumentos.[10]
- Sínteses de aulas por meio de **Manchetes**: produzir registros coletivos como manchetes de jornal, resumindo o debate e os aprendizados do dia.
- Sínteses teóricas por meio de **Mapas Conceituais** (ou Rotina Gerar/Selecionar/Conectar/Elaborar): criar mapas conceituais gerando, selecionando e, conectando ideias, em uma elaboração visual própria.

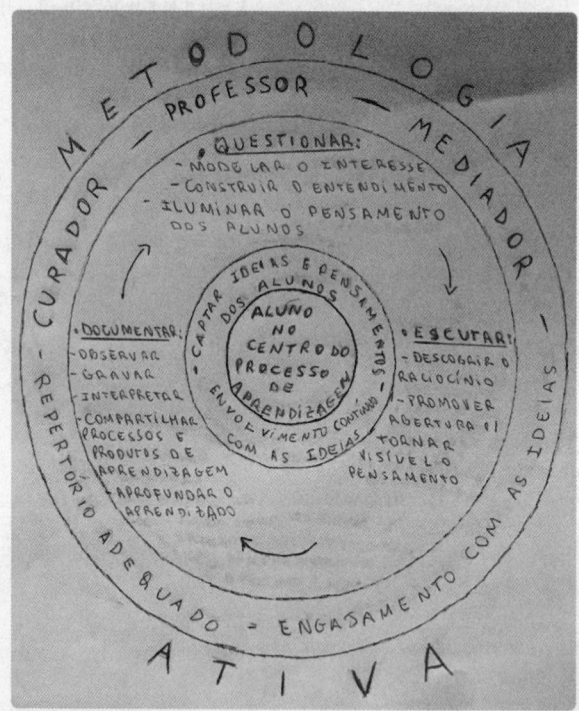

Figura 3 – Exemplo de Mapa Conceitual (Rotina Gerar/Selecionar/Conectar/Elaborar). Produzido por aluna do curso da Ativa Educação, articulando o objetivo (o aluno como centro do processo de aprendizagem) e as formas do ensino visando o pensamento visível.

---

10 Veja exemplo de fala em dominó em vídeo no Padlet do curso Ativa 2020 (Disponível em: <https://bit.ly/ISAtiva2020>. Senha de acesso: #Ativa20) e aprofundamento do assunto em Ativa Educação (2021). Esta rotina sistematizamos e adaptamos de Bondie e Zusho (2018).

Rotinas para sistematizar e fazer um balanço individual ao final do estudo

- **Antes pensava que.../Agora penso que...:** organização de uma reflexão comparando o antes e o depois de um processo de investigação, estudo ou experimentação; pode ser ampliada com **Então pergunto se...** para estimular a reflexão seguinte e engatar em um novo ciclo investigativo.
- **O que já sabia/O que aprendi/O que ainda quero saber mais:**[11] uma rotina que sistematiza, após o estudo, o que já se sabia sobre o tópico estudado; o que se aprendeu de novo e o que se deseja saber mais, para o automapeamento do conhecimento construído e das capacidades mobilizadas (ver Figura 4).
- **321 ponte 321:** escrever, em um primeiro momento, três palavras, duas perguntas e uma imagem sobre o tema de estudo ou planejamento; reescrevê-las e produzir um texto como "ponte", em que se compara e analisa a primeira e a segunda rotina, avaliando a mudança de suas concepções.
- **Ver 10 X 2:** observar uma imagem ou mapa em duas rodadas, primeiro observam-se dez coisas e registra-se por escrito, em seguida, observam-se mais dez coisas diferentes das primeiras, também as registrando. Então, observam-se lado a lado as listas, comparando-as, notando que diferenças na percepção ocorrem quando se aprofunda o foco e se observa para além do óbvio e imediato. Por fim, reflete-se metacognitivamente: o que esse modo de observar, registrar e comparar nos ensina sobre nosso próprio pensamento e sobre nossa forma de aprender? Ver exemplo na Figura 5.

Figura 4 – Ambiente de pensamento do curso Ativa no Instituto Singularidades, em 2019. Durante o curso, professores observam registros da rotina de sistematização Sabia/Aprendi/Quero saber mais, sobre metodologias ativas. (Fonte: Acervo pessoal da autora.)

---

11 Em inglês, rotina conhecida como K/W/L: *Known/Want to learn/Learnt*.

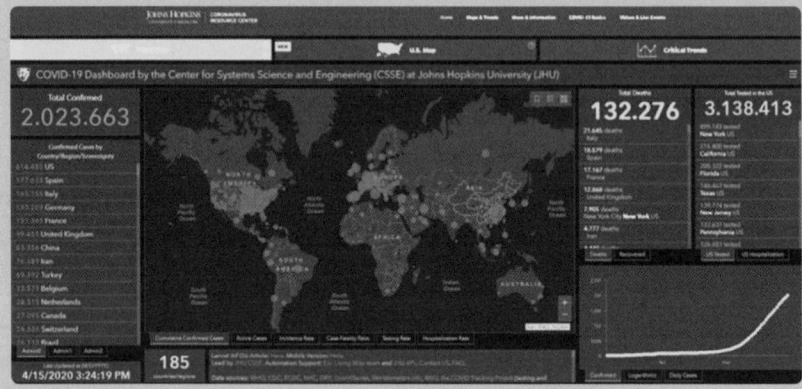

ROTINA VER 10 X 2, SOBRE MAPA DA COVID-19

Primeira lista de observações:
1. Groenlândia tem uma bolinha;
2. 185 países mostrados;
3. Países do Hemisfério Sul têm menos casos;
4. O gráfico da curva exponencial cresce a partir de março de 2020;
5. Maior quantidade de testes feitos foi em Nova York;
6. Norte da Ásia parece mais vazio;
7. Maior número de casos confirmados está nos Estados Unidos;
8. Norte da Ásia está mais vazio;
9. Rússia tem uma bolinha;
10. Austrália, Canadá e Estados Unidos têm muitas bolinhas.

Segunda lista de observações:
1. Número de casos não é correlato ao tamanho da população;
2. África tem poucos pontos (uma bolinha por país);
3. Estados Unidos, Canadá, Austrália, China e Japão têm muitas bolinhas sobrepostas (por estados).
4. Há maior concentração entre o Equador e o Trópico de Câncer;
5. Mapa é do Centro de Sistemas de Ciência e Engenharia da Universidade Johns Hopkins dos Estados Unidos;
6. Trata-se de uma plataforma que tem três níveis: número de casos confirmados, curva de crescimento de casos e dados de mortalidade;
7. Há também três tipos de gráficos mostrados;
8. Norte da Ásia está mais vazio;
9. Taxa de mortalidade muito alta na África e América Central;
10. Maior nível de detalhes sobre os Estados Unidos.

Quais diferenças há entre a primeira e a segunda lista?
- A primeira observação é dos destaques mais óbvios e visíveis;
- A segunda observação é mais detalhada e traz mais relações ao longo do tempo;
- A segunda lista tem mais inferências e comparações;
- O olhar se aprofunda com o tempo, sai do mais óbvio e busca desvelar significados, avalia fontes e correlaciona saberes prévios e informações trazidas.

O que aprendemos sobre nós mesmos a partir dessa reflexão?
- Ajuda a concentrar e perceber mais; boa estratégia;
- Primeiro somos mais "rasos" e visuais; depois, pensamos de novo: refletimos em espiral, revisitando informações, refletimos mais e temos novas ideias;
- Ampliamos a percepção junto com a reflexão do outro e aprendemos a ver por diferentes ângulos;
- Com perguntas reflexivas aprofundamos o pensamento e ampliamos os sentidos;
- Quando pensamos sobre o próprio pensamento, estamos refletindo sobre nossa aprendizagem visível, conseguimos ver/perceber o que estávamos estudando/pensando, com base em quê e por quê.
- Muitas vezes o professor pretende que o estudante enxergue na primeira lista o que é possível ver na segunda lista (foco no ensino); é difícil muitas vezes ter foco na aprendizagem; é muito mais importante realmente escutar, estar aberto e atento às percepções dos estudantes.

Figura 5 – Rotina Ver 10 X 2 realizada coletivamente com professores a partir de observação em duas etapas sobre o mapa da Covid-19 da Universidade Johns Hopkins no final de maio de 2020, durante curso da Ativa Educação on-line, devido à pandemia. Fez-se primeiro uma lista de dez observações sobre o mapa; em seguida, fizeram-se mais dez observações. Então as listas foram comparadas e refletiu-se coletivamente sobre como a experiência ampliou a aprendizagem e o pensamento de todos e de cada um. A partir disso, ficou mais claro para a turma de professores como as Rotinas de Pensamento podem estimular a reflexão metacognitiva, ou seja, uma reflexão sobre o próprio pensar e aprender, o que desenvolve um enfoque mais profundo e o automonitoramento de competências.

Rotinas para aprofundar estudos

- **4Cs (conexões, conceitos, desafios e mudanças):**[12] 1) a partir do estudo de um texto ou fonte de pesquisa, definir que conexões você estabelece entre o texto e seus conhecimentos prévios, entre o texto e outros estudos já realizados no curso; 2) definir e caracterizar os conceitos-chave abordados; 3) discutir os desafios que esses conceitos trazem à sua prática ou entendimento atual; 4) refletir sobre as mudanças que você pretende implementar ou testar a partir dessa nova reflexão conceitual e prática que o estudo traz. Elaboramos a variação **CIC+D (conceitos, inovações ou ilustrações, conexões e desafios)**: Quais os conceitos-chave do texto? Que inovações trazem ao seu entendimento ou ao tema? Que conexões você estabelece com sua prática? Que desafios você identifica a partir dessas percepções?
- **Círculos dos pontos de vista:** no estudo sobre um tema ou texto, mapear claramente os diferentes pontos de vista envolvidos, descrevê-los e organizá-los em círculos (distantes, próximos, superpostos).

Há muitas rotinas diferentes e, no contexto da pandemia da Covid-19, o Projeto Zero disponibilizou, em sua caixa de rotinas,[13] todos os tipos já sistematizados: a) centrais; b) pensamento imagético e analogias; c) perspectivas, controvérsias e dilemas; d) objetos e sistemas; tomada de perspectiva; e) para arte e objetos; f) para aprofundar ideias; g) para sintetizar e explorar ideias; h) para introduzir ideias; i) para pensamento global. Acesse o QR Code. Acesso em: 5 jan. 2021.

Estágios esperados no uso de Rotinas de Pensamento (RP)

Na pesquisa original sobre as Rotinas de Pensamento (RITCHHART, CHURCH e MORRISON, 2011), os autores propõem a definição de estágios esperados na experimentação das propostas: de uma fase inicial em que se experimenta mais um protocolo de uma atividade ou um exercício

---

12 Os 4Cs, em inglês: *connections, concepts, challenges* e *changes*.
13 Em inglês: *Thinking Routine Toolbox*.

interessante, até o nível em que se refine o tipo de pensamento que se quer desenvolver em uma classe. (Veja rubrica de experimentação docente com as RPs no e-book da Ativa Educação citado na p. 19 deste livro). A rubrica descreve as características dos níveis esperados na experimentação das RPs, do estágio iniciante ao mais avançado.)

Em sua plena potência, quando o objetivo das Rotinas de Pensamento é definido a partir da articulação triádica entre capacidades, motivação e sensibilidade, seu estudo e uso não se reduzem a mera aplicação de atividades, como um protocolo fixo de etapas descritivas. No entanto, no início de sua utilização isso costuma ocorrer e é mesmo esperado, pois os professores estão experimentando a proposta, os estudantes podem estranhar as consignas, apenas seguir as etapas e ter um pensamento mais raso. Como um estágio inicial da rubrica de experimentação com as Rotinas de Pensamento, o desenvolvimento da prática com elas avança quando o professor passa a enfocar não as etapas da atividade, mas a realmente escutar e observar o sentido do pensamento mobilizado nos alunos, e estes começam a perceber evidências dos diferentes tipos de observação e reflexão que passam a ser capazes de fazer e documentar por meio das Rotinas de Pensamento.

Inicia-se um ciclo de retroalimentação que perpetua o uso das Rotinas de Pensamento: enuncia-se um objetivo, mobiliza-se um pensamento que é tornado visível por meio da oralidade e da escrita estruturada da rotina escolhida, reflete-se sobre as evidências desse pensamento, conectando-o com saberes prévios e tópicos estudados, amplia-se por meio do debate em grupo e ele então é sistematizado. No primeiro plano começa a aparecer a intencionalidade pedagógica do trabalho e que tipo de pensamento estratégico a apoia e precisa ser desenvolvido e nomeado por seus estudantes para ser alcançado. Estamos, então, em um nível intermediário, quando o professor se flagra com um novo tipo de olhar: "Agora meu foco está em tornar visível o pensamento dos alunos e refletir sobre essas evidências".

Com o tempo, o aprofundamento em um tipo de rotina, utilizando-a em diversos contextos, traz segurança e os próprios estudantes se familiarizam com ela e a internalizam como hábito mental, utilizando-a também para recolher e nomear evidências que os apoiem na aprendizagem. O nível mais avançado é, assim, aquele em que professores e estudantes já ganharam capacidade e familiaridade em refletir sobre seus próprios pensamentos, e dispõem de um repertório sensível sobre as diferentes funcionalidades e intencionalidades de cada Rotina de Pensamento. Nesse ponto, como Ritchhart, Church e Morrison (2011, pp. 262-272) relatam, tanto professores como estudantes recorrem a elas como ferramentas de estudos autônomos, sem depender de uma consigna didática. Ao interiorizar a reflexão proposta por uma Rotina de Pensamento, ganha-se progressivamente a competência para planejar situações em que se mobilizam diferentes capacidades de pensamento (com destaque para perceber o próprio pensamento, ou seja, a metacognição), e, sobretudo, fortalecem-se a motivação e a ampliação da sensibilidade para perceber quando e onde se podem mobilizar as capacidades desenvolvidas. Quando adquirem as rotinas como um hábito ou uma disposição, depois de muita prática, "naturalmente" os estudantes têm a motivação e a competência para mobilizar seus diferentes tipos de pensamento.

Em suma, Rotinas de Pensamento são mais do que exercícios e tarefas de pensamento. São estruturas com efetivo poder para mobilizar o interesse e a motivação (disposição) para ampliar capacidades de pensar, sentir e perceber (o mundo e a si mesmo) e, ao mesmo tempo, podem ampliar a sensibilidade para a transferência e a mobilização das habilidades de pensamento em diferentes situações:

- Desenvolver capacidades cognitivas e emocionais como competências (mobilizações flexíveis de conhecimentos, habilidades, atitudes e valores) e como habilidades (ações e desempenhos observáveis): as Rotinas de Pensamento claramente ajudam a estruturar e a nomear tipos de pensamento em suas especificidades: olhar bem de perto, raciocinar com base em evidências, estabelecer conexões e relações, compreender diferentes pontos de vista, comparar pensamentos, promover elaborações, simbolizações e sínteses. Quando experimentadas múltiplas vezes, elas consolidam o pensar estratégico com consciência sobre os próprios movimentos do pensamento e permitem constituir um hábito mental (ou uma disposição de pensamento). Como no exemplo da Figura 5, a prática da rotina Ver 10 X 2 amplia percepções e raciocínios e, em seguida, estrutura uma reflexão sobre como esse modo de ver e pensar amplia progressivamente a capacidade de pensamento e de aprendizagem em uma situação de leitura de imagem.

- Reforçar a motivação e o autoconhecimento: utilizar as Rotinas de Pensamento para nomear aquisições de novas capacidades (como explicado anteriormente) e permitir devolutivas de pares e do professor que apoiem a apropriação sobre esses movimentos do pensamento e, assim, fortalecer a autoconsciência, o autoconhecimento e a motivação sobre seu próprio desempenho. Por exemplo, com o professor pontuando ao estudante: "na Ver 10 X 2 sobre o mapa, primeiro seu pensamento estava mais raso e superficial; então, na segunda observação, você refletiu mais detidamente sobre as fontes e fez conexões entre seu conhecimento prévio e as evidências percebidas na imagem, formulando afirmações mais profundas".
- Ampliar a sensibilidade de quando usar as diferentes estratégias de pensamento em diferentes contextos: pode-se utilizar a Vejo/Penso/Pergunto ou Imagino para ler fotografias de cidades, obras de arte abstratas, bem como para observar e refletir sobre um experimento, como o que ocorre quando se adiciona sal a um copo com água com um ovo dentro (ver exemplo desse experimento no Padlet do curso Ativa 2020 e no e-book Ativa em "Para saber mais sobre as Rotinas de Pensamentos" da p. 19). Pode-se, também, ampliar o desafio do estudo de um conceito ou tema, pedindo que os próprios estudantes definam uma intencionalidade, selecionem fotografias ou outros artefatos, e planejem como utilizar a rotina para analisá-la em grupos.
- Assim, com o tempo professores e estudantes podem ganhar o repertório de pensar por meio da escolha consciente de uma "paleta de pensamentos" e de diferentes estratégias para torná-los visíveis, documentados e articulados, como ilustra a Figura 6.

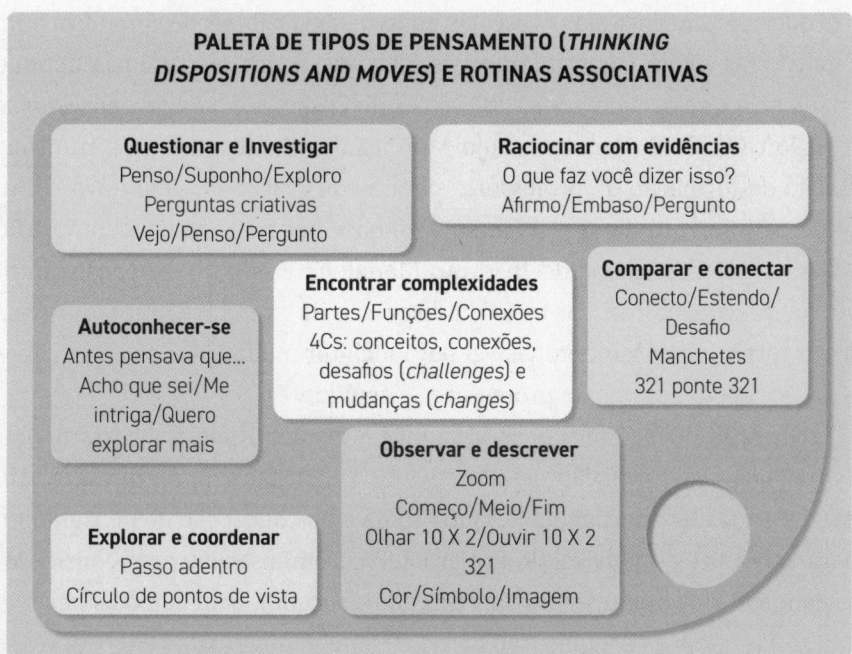

Figura 6 – Exemplos ou movimentos de pensamento estratégico associados a diferentes tipos de Rotinas de Pensamento. As Rotinas de Pensamento podem associar diferentes tipos de pensamento, mas a ilustração acentua o principal enfoque em cada uma. A organização como uma "paleta de cores" visa tornar visual e, assim, ajudar a planejar objetivos de ensino e de aprendizagem para compreensão. (Fonte: Adaptação do curso Visible Thinking/Artful Thinking, Project Zero, 2020.)

Os artigos desta coletânea

Os artigos que compõem esta coletânea são resultado de convites que fizemos a diferentes grupos de educadores que pioneiramente, e já há alguns anos, vêm desenvolvendo trabalhos potentes orientados para tornar aprendizagens visíveis em múltiplos contextos: entre estudantes, professores e coordenadores pedagógicos.

No capítulo 1, Claire Arcenas, Camila Akemi Karino e Claudio Sassaki conceituam por que desenvolver uma cultura de pensamento é essencial para a promoção da aprendizagem e, sobretudo, para torná-la visível. Promovem a sistematização das pesquisas de Ron Ritchhart e seus colegas do Projeto Zero: o que são e como planejar intervenções nas oito forças culturais que ocorrem em todas as escolas, salas de aula e locais de aprendizagem. Tendo essas forças como referenciais, descrevem uma experiência potente criada pela Geekie para apoiar as escolas de Ensino Médio a se transformar.

No capítulo 2, Renata Araujo Moreira dos Santos discute a transformação da formação de professores para a construção de uma nova cultura de pensamento na sala de aula, com base nas práticas da Composição Assessoria Pedagógica e do Instituto Madalena Freire de formação continuada de educadores. Por meio da discussão de exemplos práticos, revela como tornar o pensamento visível para facilitar mudanças nas concepções e práticas pedagógicas de professores e estudantes.

No capítulo 3, Ana Lopes-Mesquita e Daniela Cayuela narram suas experiências de formação de professores da Educação Infantil em Portugal, baseadas na abordagem Reggio Emilia e na concepção de pensamento para aprendizagem visível do Projeto Zero. Demonstram como considerar a realidade e as hipóteses iniciais de cada educador, bem como as necessidades das crianças, e como apoiar, no desenvolvimento dos educadores, a disposição para pensar a aprendizagem de maneira mais profunda – a própria e a de seus estudantes.

No capítulo 4, Rita Junqueira de Camargo, Simone Kubric Lederman e Paola Salmona Ricci, fundadoras do Instituto Catalisador, apresentam a potente proposta de aprendizagem "mão na massa", que fundamenta a aprendizagem criativa. Nessa abordagem inovadora, revelam como utilizam rotinas de pensamento visível para o grande desafio de definir bem objetivos pedagógicos e evidenciar a aprendizagem que acontece em práticas diversas, como exploração de materiais, construção de engenhocas e na criação livre.

No capítulo 5, Simone Kubric Lederman e Carmen Sforza exploram o desenho e a prática pedagógica de oficinas de invenção e criatividade de um grupo de educadores com estudantes do Ensino Fundamental de uma escola estadual de São Paulo em um espaço "*maker*" independente. Revelam a enorme força pedagógica do "tinkerar" – e o "pensar com as mãos" na exploração "mão na massa" – apoiada em Rotinas de Pensamento para a construção do conhecimento, da metacognição, da escuta e, sobretudo, para o fortalecimento da autoestima dos estudantes.

Daniela Lyra e Soraya Lacerda, no capítulo 6, narram a construção e a prática pedagógica de uma ferramenta de autoavaliação de práticas de aprendizagem criativa muito potente: o equalizador "*maker*". Trata-se de uma ferramenta visual que pode apoiar professores e estudantes e tornar o processo de aprendizagem "mão na massa" mais intencional e visível para todos.

No capítulo 7, Ana Paula Gaspar Gonçalves apresenta a teoria e a prática do *design* de ideias como estratégia potente para consolidar de modo visível o alinhamento de objetivos, linguagens e processos das instituições escolares. Demonstra a riqueza de transcrever o Projeto Político-Pedagógico (PPP) de uma escola baseada no ensino de projetos para um diagrama de alinhamento de *design* de ideias. A contribuição da visualidade é imensa, facilitando a emergência de potências, fragilidades e oportunidades de melhoria para o projeto escolar e para a formação de todos os sujeitos envolvidos.

No capítulo 8, Julia Pinheiro Andrade apresenta reflexões teóricas e instrumentos práticos de avaliação formativa que apoiam a concepção de educação para o desenvolvimento integral. Discute a autorregulação e a metacognição dos estudantes como competências-chave tanto para o desenvolvimento de competências gerais quanto de conhecimentos e habilidades específicas, e revela a potência da construção de instrumentos participativos de autoavaliação visível e devolutivas pedagógicas com base em objetivos de aprendizagem.

No capítulo 9, Anne Taffin d'Heursel Baldisseri reúne uma rica fundamentação para apresentar uma inovadora prática de autorregulação e instrução diferenciada com crianças – do final da Educação Infantil ao início do Ensino Fundamental. Demonstra como a rotina de uma prática direcionada e personalizada pode tornar visível a singularidade da aprendizagem de cada um por meio de atividades estimulantes, cuidadosamente projetadas para atuarem na zona de desenvolvimento proximal de cada estudante.

No capítulo 10, Andressa Pinter dos Santos Ninin e Savina Allodi analisam as concepções dos docentes diante do erro no processo avaliativo, revelando a oportunidade de tornar visível, profunda e ativa a aprendizagem do estudante quando praticam um método rotineiro de estudo do erro. O enfoque facilita a aprendizagem de competências, possibilitando que estudantes aprendam em seu próprio ritmo, tempo e estilo, fortalecendo seu autoconhecimento, engajamento, solidariedade, empatia, além de ampliar seu desempenho acadêmico.

No capítulo 11, Julia Pinheiro Andrade apresenta o planejamento para a compreensão, o chamado planejamento reverso, como estratégia para tornar visível e coerente a definição de objetivos de ensino, as estratégias avaliativas e o desenho metodológico das aprendizagens. Além de discutir o modelo original de Wiggins e McTighe (2019), traz uma versão enriquecida pelas práticas de formação de professores da Ativa Educação e o modelo desenvolvido pela Rede Municipal de Tremembé (SP).

Esperamos que essas propostas teórico-práticas inspirem as investigações em salas de aula que buscam aprendizagens profundas e significativas para todos, professores e estudantes. São todas propostas de aprendizagens visíveis muito contemporâneas e que apoiam imensamente os desafios de um mundo pós-pandemia, no qual as ferramentas de ensino híbrido – que integram tecnologias e aliam o melhor dos dois mundos, o presencial e o on-line – se tornam cada vez mais imprescindíveis.

Referências bibliográficas

ANDRADE, J. A. "Abordagem para tornar visível a aprendizagem e a centralidade da tecnologia digital". In: SILVA, A. (org.). *Educação*: atualidade e capacidade de transformação do conhecimento gerado 3. Paraná: Atena Editora, v. 1, 2020. Disponível em: <www.atenaeditora.com.br/post-ebook/3401>. Acesso em: 30 jul. 2021.

_____. "Metodologia da discussão flash ou rápida". In: ANDRADE, J. P.; COSTA, N.; WEFFORT, H. F. *Currículo e Educação Integral na prática*: uma referência para estados e municípios. Caderno 2. São Paulo: Centro de Referências em Educação Integral/British Council, 2019. Disponível em: <https://educacaointegral.org.br/curriculo-na-educacao-integral/>. Acesso em: 2 fev. 2020.

ATIVA Educação. *Rotinas de Pensamento Visível*: uma seleção para sala de aula. São Paulo: Ativa Educação, 2021. Disponível em: <https://read.bookcreator.com/cLurUlYlpHXH9nS0URBqzYoSiLu1/vA89w9VsR-iXp3Sb9puXWg>. Acesso em: 13 set. 2021.

BACICH, L.; HOLANDA, L. *STEAM em sala de aula*: a aprendizagem baseada em projetos integrando conhecimentos na Educação Básica. Porto Alegre: Penso Editora, 2020.

_____; MORAN, J. (org.). *Metodologias ativas para uma educação inovadora*: uma abordagem teórico-prática. Porto Alegre: Grupo A/Penso Editora, 2018.

BLACK, P.; WILLIAM, D.; LEE, C. S. et al. "Trabalhando por dentro da caixa preta: avaliação para a aprendizagem na sala de aula". *Cadernos Cenpec*, Nova série, v. 8, n. 2, 2019. Disponível em: <http://cadernos.cenpec.org.br/cadernos/index.php/cadernos/article/view/445>. Acesso em: 21 nov. 2019.

BONDIE, R.; ZUSHO, A. *Differentiated instruction made practical*: engaging the extremes through classroom routines. Londres: Routledge, 2018.

BRASIL. *Base Nacional Comum Curricular* (BNCC). Brasília: Ministério da Educação, 2017.

BRUNER, J. *The culture of education.* Cambridge, MA: Harvard University Press, 1996.

CLAXTON, G. *The learning power approach*: teaching learners to teach themselves. Califórnia: Corwin, 2017.

EDWARDS, C.; GANDINI, L.; FORMAN, G. *As cem linguagens da criança.* Abordagem de Reggio Emilia na educação da primeira infância. Porto Alegre: Artmed, 1999.

HATTIE, J. *Aprendizagem visível para professores.* Porto Alegre: Penso Editora, 2017.

_____. *What work best in education*: the politics of collaborative expertise. Always learning. Londres: Pearson, 2015.

_____. *10 princípios para aprendizagem visível*. Porto Alegre: Penso, 2019.

_____. *Visible learning*: interactive visualization. Disponível em: <https://visible-learning.org/nvd3/visualize/hattie-ranking-interactive-2009-2011-2015.html>. Acesso em: 21 set. 2021.

_____. *Visible learning*: a synthesis of over 800 meta-analyses relating to achievement. Londres: Routledge, 2008.

_____. *Visible learning for teachers*: maximizing impact on learning. Londres: Routledge, 2012.

LAVE, J.; WENGER, E. *Situated learning*: legitimate peripheral participation. Cambridge: Cambridge University Press, 1991.

LUCAS, B.; CLAXTON, G.; SPENCER, E. *Progression in student creativity in school*: first steps towards new forms of formative assessments. OECD, 2013.

MIRANDA, H. *O imaginário nas escolas de Reggio Emilia, Itália.* In: I Seminário Educação, Imaginação e as Linguagens Artístico-Culturais, 2005. Disponível em: <http://files.vivaeducacao.webnode.com/200000027-4fdd850d6d/Reggio%20Em%C3%ADlia.pdf>. Acesso em: 14 jan. 2021.

MORICONI, G. M. et al. "Formação continuada de professores: contribuições da literatura baseada em evidências". *Textos FCC*: relatórios técnicos, v. 52, 2017.

NATIONAL Research Council (NRC). *Education for life and work*: developing transferable knowledge and skills in the 21st century. In: PELLEGRINO, J. W.;

HILTON M. L. (ed.). Committee on Defining Deeper Learning and 21st Century Skills. Washington, DC: The National Academies Press, 2012.

PERKINS, D. *Future wise*: educating our children for a changing world. Nova Jersey: John Wiley & Sons, 2014.

_____; JAY, E.; TISHMAN, S. "Beyond abilities: a dispositional theory of thinking". *Merrill-Palmer Quarterly (1982-)*, 1993.

RESNICK, M. *Lifelong Kindergarten*: cultivating creativity through projects, passion, peers, and play. Cambridge, MA: MIT Press, 2017.

RICCI, P.; LEDERMAN, S.; CAMARGO, R. "Circles of invention". In: *Fablearn Conference*, Nova York, mar. 2019. Disponível em: <https://nyc2019.fablearn.org/wp-content/uploads/2019/04/FL2019_paper_113.pdf>. Acesso em: 10 jul. 2019.

RINALDI, C. "A coragem da utopia". In: PROJECT ZERO. *Tornando visível a aprendizagem*: crianças que aprendem individualmente e em grupo. São Paulo: Phorte, 2014a.

_____. *Diálogos com Reggio Emilia*: escutar, investigar e aprender. São Paulo: Paz e Terra, 2014b.

RITCHHART, R. *Creating cultures of thinking*: the 8 forces we must master to truly transform our schools. Nova Jersey: John Wiley & Sons, 2015.

_____; CHURCH, M. *The power of make thinking visible*: practices to engage and empower all learners. São Francisco: Jossay-Bass, 2020.

_____; _____; MORRISON, K. *Making thinking visible*: how to promote engagement, understanding, and independence for all learners. São Francisco: Jossay-Bass, 2011.

SHÖN, D. *Educando o profissional reflexivo*: um novo design para o ensino e a aprendizagem. Porto Alegre: Artmed, 2000.

VALENTE, J. A. A sala de aula invertida e a possibilidade do ensino personalizado: uma experiência com a graduação em midialogia. In: BACICH, L.; MORAN, J. (org.). *Metodologias ativas para uma educação inovadora*: uma abordagem teórico-prática. Porto Alegre: Penso, 2018.

VYGOTSKY, L. *Mind in society*. Cambridge, MA: Harvard University Press, 1978.

WIGGINS, G.; MCTIGHE, J. *Planejamento para a compreensão*: alinhando o currículo, avaliação e ensino por meio do planejamento reverso. 2ª ed. Porto Alegre: Penso Editora/Instituto Canoa/Fundação Lemann, 2019.

WISKE, M. S. (coord.). *Teaching for understanding*: linking research with practice. São Francisco: Jossey-Bass, 1998.

CAPÍTULO 1

TORNANDO VISÍVEL A PRESENÇA DAS OITO FORÇAS QUE PROPICIAM O DESENVOLVIMENTO DE UMA CULTURA DE PENSAMENTO NUM AMBIENTE DE APRENDIZADO

Claire Ellen Arcenas, Camila Akemi Karino e Claudio Sassaki

"Educação é a arma mais poderosa que pode ser usada para mudar o mundo." Essas palavras, uma vez ditas pelo reverenciado Nelson Mandela, ex-presidente da África do Sul (1994-1999) e revolucionário antiapartheid, servem de inspiração para muitos educadores e agentes de transformação que lutam arduamente pela garantia desse direito. No entanto, ao analisar a realidade educacional no Brasil, percebe-se que há ainda muitos desafios para que o direito à educação seja plenamente garantido para toda a população. Por muito tempo, nosso maior obstáculo ainda era o de acesso à escola. Nos últimos anos, os questionamentos pedagógicos acerca da qualidade dessa educação têm aumentado. Será que o nosso sistema educacional tem conseguido promover o desenvolvimento de habilidades necessárias para enfrentar as demandas de um mundo dinâmico e em constante evolução? Temos conseguido promover avanços?

De acordo com os resultados de 2018 do PISA (Programa Internacional de Avaliação de Alunos), o Brasil avançou pouco em relação a 2015 (ano da pesquisa anterior), com resultados estagnados desde 2009 (TOKARNIA, 2019). O PISA avalia as habilidades de leitura, matemática e ciências de cerca de 600 mil estudantes, de 15 anos, em 79 países, com diferentes configurações econômicas. Os dados brasileiros do PISA revelam que a nota dos estudantes foi menor que a média dos países da OCDE (Organização para a Cooperação e Desenvolvimento Econômico) nas três frentes de avaliação: 43% tiveram nota abaixo do nível mínimo de proficiência. Adicionalmente, ao analisar o bem-estar social e emocional de nossos estudantes, aproximadamente 25% concordam ou concordam fortemente que eles se sentem sozinhos na escola (OCDE, 2019).

Os resultados do Brasil no PISA descrevem uma narrativa de fraco desempenho do estudante, baixo engajamento de discentes e docentes e falta de oportunidades de desenvolvimento profissional de qualidade. No entanto, assim como todas as narrativas, a brasileira pode ser mudada. A história do aprendizado no Brasil pode ser revisada, reescrita e transformada para que estudantes tenham acesso a uma educação inclusiva e de qualidade que suporte e nutra oportunidades de aprendizagem ao longo da vida para todos (UNESCO, 2016).

Uma nova narrativa a favor da aprendizagem

Como iniciar uma nova narrativa para a educação no Brasil? Infelizmente, a resposta não é tão simples, pois muitos fatores sociais, culturais, econômicos e ambientais estão relacionados. No entanto, certamente é necessário reavaliar nossa compreensão de aprendizagem e o contexto em que ela ocorre. Primeiro, precisamos entender que somos todos *aprendentes* ao longo de nossas vidas. De acordo com José Pacheco (2013), "ser aprendente" é adquirir conhecimentos que permitam aos alunos se envolverem como cidadãos de um mundo em constante transformação por meio de um pensamento virtuoso e não por recuperação e reprodução da informação (PACHECO e PACHECO, 2013). Quando se usa o termo "aprendiz", remete-se a alguém que está iniciando um aprendizado, mas nem sempre somos iniciantes. Por isso, o termo "aprendente" parece definir melhor o que queremos expressar: aquele que está constantemente aprendendo. Vamos então usar esse termo, apesar de ser pouco utilizado no contexto brasileiro.

Além de nos conceber como eternos aprendentes, é importante também ancorar o conceito de aprendizagem. Para Perkins (2015), aprender é a aquisição de novos conhecimentos que permitem que aprendentes construam ideias, pratiquem ações, formem relações éticas e utilizem oportunidades significativas para conectar sua aprendizagem em diferentes contextos, dentro e fora da escola. Quando esse tipo de aprendizagem acontece, ele não apenas transforma a maneira como aprendentes pensam, mas também inspira esses sujeitos a transformar a sociedade em que vivem. Considerando essa definição, o ambiente de aprendizagem precisa necessariamente possibilitar ou até mesmo estimular o pensamento. Construir esse ambiente rico de uma cultura de pensamento é tema de estudo de muitos pesquisadores.

Ron Ritchhart, pesquisador-diretor do projeto Culturas de Pensamento (*Cultures of Thinking – CoT*, na sigla em inglês), associado ao Projeto Zero da Universidade de Harvard, explica que a "narrativa de aprendizado", à medida que se desdobra ao longo do tempo em nossas escolas, descreve o ato de aprender, que é a relação entre professores, estudantes e a forma como aprendemos. Ele define que a forma como pensamos e aprendemos é moldada dentro do contexto educacional como **enculturação** (*enculturation*). Esse é "o processo de internalização gradual de mensagens e valores, a história sendo contada, que é repetidamente experienciada pela interação com o lado externo, o ambiente social" (RITCHHART, 2015, p. 20). Essa concepção tem como base estudos anteriores de Lev Vygotsky (1978) e Jerome Bruner (1996), cujas pesquisas envolveram a construção social do significado. Desse modo, para Ritchhart, da mesma forma que as famílias modelam o comportamento que as crianças imitarão, as escolas precisam ser modelos do que significa pensar e aprender para estudantes.

Nossas interações com outras pessoas suportam o processo de aprendizagem e são inseparáveis disso. Aprender é um empreendimento social. Nosso discurso como diretores, professores e familiares dá forma às nossas ações em relação à educação. Afinal, escolas são feitas para serem ambientes de aprendizagem e, como consequência, comunicarem mensagens importantes sobre o que é aprendizagem, como aprendemos e que formas de aprendizagem são válidas. Consequentemente, a maneira como moldamos nosso pensamento e aprendizado irá impactar como nossos estudantes aprendem.

Nesse sentido, criar oportunidades para estudantes pensarem os habilita a propositadamente se envolverem com seus próprios pensamentos, assim como com os pensamentos de outras pessoas. Ao fazer isso, a aprendizagem provém da conexão de novas ideias com o pensamento próprio do indivíduo. Se aprender é uma consequência do pensamento, o que pensar realmente implica?

Tornando visível o pensamento dos estudantes

Para entender o pensamento devemos, primeiro, desmembrar o conceito e identificar como ele se envolve com diferentes situações de ensino e aprendizagem. Interessado em descobrir quão conscientes os estudantes estão sobre o processo de pensar, pesquisadores do projeto Culturas de Pensamento, do Bialik College (Melbourne, Austrália), desenvolveram uma metodologia utilizando mapas conceituais que professores de diferentes séries e anos usaram para iniciar uma conversa com seus estudantes sobre o que é e quais formas de pensamento são usadas em suas aulas. Com base nas informações reunidas a partir de centenas de mapas conceituais de estudantes matriculados entre o 3º e o 11º ano da Educação Básica, a equipe de pesquisadores identificou quatro tipos de respostas principais (RITCHHART, CHURCH e MORRISON, 2011):

- **Associativas:** descrevem pessoas, lugares ou coisas, mas não o ato de pensar. Por exemplo: "quando eu estou viajando"; "quando eu leio"; "lâmpada"; "professores universitários".
- **Emocionais:** revelam uma conexão afetiva com o pensamento. Por exemplo: "incerteza"; "alegria"; "estresse".
- **Responsivas:** focam na natureza do entendimento e não necessariamente no processo de pensamento. Por exemplo: "Sempre existe mais para aprender"; "Você não pode entender completamente algo"; "Relembrar ajuda a desenvolver a criatividade" (pensar sobre seu próprio pensamento).
- **Estratégicas:** descritas como "ações do pensamento" que estão direcionadas a: *estratégias de retenção do conhecimento e memorização* (como pesquisar informações em um livro); *estratégias gerais* (como pensar logicamente); *estratégias de autorregulação* (como frases motivacionais e de perseverança); e *estratégias de pensamentos específicos* (como construção de entendimento e resolução de problemas).

Além de categorizar os tipos de respostas, o time de pesquisadores descobriu que 80% das respostas dos estudantes dos anos iniciais do Ensino Fundamental foram associativas e emocionais, enquanto nos anos finais do Ensino Fundamental e no Ensino Médio esse percentual foi de 60%. Essa descoberta foi surpreendente porque evidencia que estudantes não estão sempre conscientes sobre as estratégias específicas que eles podem usar para facilitar e direcionar seus pensamentos e aprendizados. Ou seja, eles vinculam o pensamento muito mais à parte associativa e emocional. Contudo, a parte estratégica do pensamento é fundamental para eles começarem, de fato, a aprender *a aprender*. No contexto da sala de aula, é importante que os professores foquem no desenvolvimento do pensamento estratégico, o que fortalece a necessidade de criar uma cultura de pensamento.

Promovendo culturas de pensamento em nossas escolas

Uma cultura de pensamento é "um lugar no qual o pensamento coletivo do grupo – assim como o pensamento de cada indivíduo – é valorizado, visível e ativamente promovido como parte de uma experiência regular do dia a dia para todos os membros do grupo" (RITCHHART, 2015, p. 3). Criar uma cultura de pensamento em nossas salas de aula, e principalmente em nossas escolas, é importante para o pensamento e a aprendizagem crescerem e florescerem. O projeto Culturas de Pensamento descreve uma estrutura para o entendimento de como a cultura é criada, sustentada e melhorada. A equipe responsável identificou **oito forças culturais** sempre presentes num ambiente de aprendizagem que, a depender de como são trabalhadas, podem impactar melhor o estabelecimento de uma cultura de pensamento: a linguagem, o tempo, o ambiente, as oportunidades, a rotina, o modelo, as interações e as expectativas.

Essas forças são indicadores de cultura que podem tanto promover como limitar nosso crescimento como pensadores e aprendentes. Na realidade educacional brasileira, é importante refletir sobre a presença dessas oito forças em nossas comunicações diárias com nossos estudantes, a fim de garantir que os direitos de aprendizagem (habilidades associadas aos diversos objetos de conhecimento) definidos na Base Nacional Comum Curricular (BNCC) estejam sendo praticados e sustentados. Ao fazer isso, podemos assegurar "que a intencionalidade consciente prevaleça sobre os automatismos na construção de hábitos de pensamento, de expressão, de comportamento e de tipos de interações que ocorrem na escola" (ANDRADE, 2018, s.p.).

Assim, o tipo de cultura que está sendo desenvolvida na sala de aula é dependente de como as forças culturais estão sendo trabalhadas. De acordo com Andrade (2018), quando estabelecemos expectativas claras e rigorosas sobre a natureza e o propósito da aprendizagem, além de documentar o aprendizado que está ocorrendo, podemos tornar visível a cultura escolar que queremos cuidar e propagar.

1. Linguagem

De acordo com Lev Vygotsky, "a criança começa a perceber o mundo não apenas pelos seus olhos, mas também pelo discurso" (VYGOTSKY, 1978, p. 78). A linguagem constrói a base fundamental para o desenvolvimento de uma cultura de pensamento – na qual tanto o professor quanto o estudante são participantes e colaboradores ativos do processo de ensino e de aprendizagem. Ela é sutil, porém poderosa, pois é a força da linguagem que guia nossas intenções e a de nossos estudantes (RITCHHART, 2015, p. 64). A linguagem dá forma ao nosso pensamento, ao nosso senso próprio e à afinidade com o grupo. Como professores, precisamos estar atentos à nossa linguagem e nos esforçarmos para alinhá-la às nossas intenções.

2. Tempo

Se pudermos investir em tempo para a criação de uma cultura na qual o pensamento é valorizado, visível e ativamente promovido, estamos escolhendo investir no sucesso em longo prazo de nossos estudantes (RITCHHART, 2015). Estudantes precisam de tempo para pensar. Eles precisam de tempo para processar informações que foram comunicadas, assim como para avaliar seus processos, para treinar sua prática ou para se engajar em discussões complexas. Dar "tempo para pensar" permite que os estudantes façam uma pausa e considerem a informação antes de responder e completar tarefas e ainda permite que outros participem na conversa.

3. Ambiente

O que vemos nas paredes, a forma como os móveis das salas de aula são dispostos e como o espaço é organizado comunicam como a aprendizagem é valorizada, nutrida e encorajada. Ron Ritchhart explica que "o ambiente físico de uma escola ou sala de aula influenciará como os indivíduos interagem, se comportam e performam. O espaço físico pode inibir ou inspirar o trabalho coletivo e individual" (RITCHHART, 2015, p. 227). Reconhecer que o espaço físico da escola ou da sala de aula pode impactar como a aprendizagem acontece irá nos ajudar a transformar a narrativa do aprendizado, pois as necessidades dos estudantes serão mais bem reconhecidas e atendidas.

4. Oportunidades

As oportunidades são o veículo da aprendizagem. Criar oportunidades para o estudante focar no processo de aprendizagem em vez de focar no resultado final é importante para ele crescer como pensador e aprendente (RITCHHART, 2015, p. 143). No entanto, para que esse crescimento aconteça, devemos nos perguntar se as oportunidades criadas para nossos estudantes são desafiadoras. As oportunidades exigem que eles *pensem*? Como professores, queremos que os estudantes aprofundem seus entendimentos sobre conteúdos diversos e transfiram e apliquem sua aprendizagem em contextos novos e diferentes. Ao fazer isso, ensinamos os estudantes a resolver problemas e a ter sucesso em uma variedade de situações de aprendizagem. Portanto, é importante engajar nossos estudantes com o conteúdo em vez de apenas ler sobre o assunto. As ações dos estudantes (e não dos professores) são as que vão promover a aprendizagem. Criar experiências de aprendizagens significativas e diferenciadas para nossos estudantes dá a eles a energia para se engajarem em seus pensamentos e até tentarem coisas novas.

5. Rotina

As rotinas moldam a cultura. Elas representam práticas compartilhadas por um grupo de como realizar algo. Na sala de aula, por exemplo, professores têm estabelecido uma série de rotinas para melhorar a organização e facilitar a aplicação de uma atividade. Quando de fato se tornam rotinas, essas práticas de gerenciamento, instrução, participação, discussão e de pensamento acabam se tornando padrões de comportamento do indivíduo e do grupo. As aplicações de Rotinas de Pensamento, em específico, ajudam a direcionar e a estruturar o pensamento e a aprendizagem de estudantes.

> **PRÁTICAS ATIVAS PARA NÃO ESQUECER MAIS!**
>
> As Rotinas de Pensamento são sequências simples de três ou quatro passos que direcionam e estruturam o pensamento do aprendente. Elas são estratégias que ativam ações específicas de pensamento (consulte o mapa de compreensão). Para conhecer mais sobre Rotinas de Pensamento, acesse o e-book *Práticas ativas para não esquecer mais!*, criado pela equipe pedagógica do Geekie One. Acesso em: 19 fev. 2021.

6. Modelo

Por que devemos tornar nosso pensamento visível para estudantes? Para que estudantes possam entender os pensamentos que estão por detrás de nossas ações, não se limitando ao valor aparente dessas ações.

> Dominar e se especializar é mais que uma questão de aquisição de habilidades, mas também deve incluir um entendimento sobre como pessoas de referência pensam: como elas trabalham com dificuldades, como elas fazem julgamentos sobre qualidade, como elas identificam problemas, como elas tomam decisões, e assim por diante. (RITCHHART, 2015, p. 130)

Essa força cultural pressupõe que haverá pessoas que exemplificam valores, habilidades e comportamentos que queremos ver em nossos estudantes para que eles possam se identificar, entender os processos de pensamento e então aplicá-los.

7. Interações

Nossas interações têm um papel central na evolução de uma cultura de pensamento. As interações são importantes para possibilitar que o pensamento individual ou coletivo seja compartilhado, e quando ele, além de visível, é valorizado e ativamente promovido, a cultura de pensamento está sendo nutrida. O trabalho de Vygotsky (1978) com o desenvolvimento infantil mostra que comunidades são importantes fatores na construção do significado. Na análise de John Hattie (2009) – que compara o impacto de vários fatores como o tamanho da turma, intervalo de feriados e o uso das estratégias de ensino sobre os resultados dos estudantes –, a relação estudante-professor foi identificada como uma das principais práticas que impactam o aprendizado. Portanto, quando convidamos nossos estudantes a compartilhar suas diferentes ideias e opiniões por meio de nossas interações, nutrimos aprendentes mais confiantes e motivados.

8. Expectativas

Como professores, nossas expectativas representam nossas crenças sobre a aprendizagem – crenças que nos ajudam a guiar e a direcionar nossa atenção e ação a favor do aprendizado. Nossas expectativas definem nosso entendimento sobre como as coisas funcionam. É o que queremos *para* nossos estudantes e não necessariamente *de* nossos estudantes. Nós frequentemente descrevemos nossas expectativas em termos de resultados acadêmicos que esperamos dos estudantes. No entanto, quando mudamos nosso pensamento de modo a ressignificar nossas expectativas, nossas crenças sobre a natureza da aprendizagem e como ela acontece, focamos nossa atenção nas ações que estão relacionadas para alcançar os resultados desejados (PERKINS, 1999).

Transformando o pensamento e a aprendizagem

Recorrendo à pesquisa de Ritchhart, a conscientização da presença das forças culturais em diversas situações de um grupo é a chave para moldar a cultura escolar – por exemplo, nas oportunidades de desenvolvimento profissional, reuniões de planejamento colaborativas, experiências de aprendizagem em sala de aula, interações entre famílias e professores etc. No entanto, transformar a cultura das escolas brasileiras, tal como qualquer mudança cultural, não é um procedimento fácil. É importante entender que esse processo é contínuo e está em constante evolução.

A seguir, iniciaremos a descrição de como desenvolvemos as oito forças culturais na disciplina criatividade e inovação, tendo como foco principal o momento de formação de professores, mas observando também como essas forças estão presentes e serão propagadas em outros momentos. Quando a disciplina foi concebida pela Geekie, em 2019, tudo foi imaginado para proporcionar um ambiente de pensamento: a proposta, a carga horária, o material didático, métodos de avaliação, as referências bibliográficas etc. Contudo, sabíamos que nenhum desses elementos teria efeito se a cultura de pensamento não estivesse no professor e no ambiente de aprendizado. Com isso, ter a oportunidade de estar com esses professores era essencial para o sucesso da disciplina. Ainda mais porque os professores possuem diferentes perfis e nenhum deles tem uma formação específica no tema principal da disciplina.

Nosso capítulo ilustra que oportunidades significativas podem ser criadas por meio da aplicação de práticas específicas de ensino e aprendizagem para aprimorar o pensamento, abraçar novos desafios e engajar estudantes propositadamente em seus aprendizados e, assim, tornar a **aprendizagem e o pensamento visíveis** tanto para estudantes como para professores.

Criatividade e inovação: uma nova eletiva para o Ensino Médio

Sir Ken Robinson (2006), mundialmente aclamado como especialista em educação, criatividade e inovação e recursos humanos, acredita que a "imaginação é a fonte de todas as conquistas humanas". No entanto, para a maioria das salas de aula no Brasil, a realidade é que a imaginação, a curiosidade e a criatividade estão comprometidas na medida em que professores sentem a pressão para cumprir o conteúdo programático em detrimento do aprendizado significativo. De acordo com Robinson, "Nós estigmatizamos erros. E agora temos sistemas nacionais de educação nos quais os erros são a pior coisa que você pode fazer – e o resultado disso é que estamos educando pessoas sem suas capacidades criativas".

Robinson desafia educadores a repensar a forma como a aprendizagem acontece em suas escolas. Ele nos desafia a transformar a história do aprendizado, assim como as oportunidades significativas que são criadas para nutrir o pensamento crítico e criativo. Mais do que nunca, os estudantes precisam ser criativos para ter sucesso no mercado de trabalho atual. O Fórum Econômico Mundial (GRAY, 2016), por exemplo, aponta hoje a criatividade como uma das três habilidades mais importantes para os trabalhadores. Com a constante evolução de novos produtos, novas tecnologias e novas formas de trabalho, os estudantes precisarão invocar o poder de sua criatividade à medida que a tecnologia transforma a forma como vivemos. Nesse contexto e diante dessas provocações, a empresa de educação Geekie criou em 2019 a disciplina criatividade e inovação. Ela objetiva criar uma mentalidade que permite aprendentes a endereçar esses desafios e oportunidades que estão envolvidos no desenvolvimento, na elaboração e na disseminação de soluções, ideias e produtos para, assim, transformar a forma como eles encaram problemas, para impactar suas comunidades de maneira poderosa. Essa disciplina é disponibilizada para todas as escolas parceiras da Geekie, sendo oferecido material didático junto à formação para os professores que ministrarão a disciplina.

Além disso, a criação dessa disciplina está aderente às últimas políticas educacionais nacionais. Em 2017 foi aprovada a Base Nacional Comum Curricular (BNCC) que define uma série de competências e habilidades essenciais para os estudantes brasileiros desenvolverem em todos os anos da Educação Básica (BRASIL, 2017). A BNCC tem exercido um papel relevante na transformação da educação brasileira ao reforçar a formação integral da criança e do adolescente, tendo como foco o desenvolvimento de competências e habilidades.

A BNCC traz à tona a importância de se desenvolver em nossos estudantes "um amplo conjunto de características que motivam a aprendizagem e levam à geração de conhecimento utilizável" (RITCHHART, 2015, p. 19). Nesse sentido, experiências de aprendizagem que promovam a curiosidade, correr riscos, resolver problemas, a comunicação, a tomada de decisões, empatia e reflexão, por exemplo, podem engrandecer o entendimento e motivar os aprendentes a ser cidadãos críticos e criativos, inspirados pela inovação e pela transformação de suas comunidades de forma colaborativa.

De acordo com José Moran (2015, p. 18), "desafios e atividades podem ser dosados, planejados, acompanhados e avaliados com o apoio de tecnologias. Os desafios bem planejados contribuem para mobilizar as competências desejadas, intelectuais, emocionais, pessoais e comunicacionais". Portanto, elaborar oportunidades com propósito e intencionalidade pedagógica pode direcionar estudantes a usar ações cognitivas específicas. Ser apto a mapear as formas de pensar úteis para aprofundar a compreensão ao desenvolver projetos, soluções e produtos que vão ao encontro de reais necessidades dos usuários têm um papel importante ao criar ideias significativas.

A disciplina criatividade e inovação empodera professores para apoiar estudantes na aplicação de competências gerais e habilidades específicas que eles devem desenvolver na Educação Básica. Ademais, como ela foi desenvolvida para estudantes do Ensino Médio, busca-se cumprir também o desenvolvimento de habilidades relativas a dois eixos estruturantes dos novos itinerários formativos propostos na reforma do Ensino Médio: processos criativos (habilidades relacionadas ao pensar e fazer criativo) e investigação científica (habilidades relacionadas ao pensar e fazer científico).

> **O NOVO ENSINO MÉDIO E AS OPÇÕES DOS ITINERÁRIOS FORMATIVOS**
>
> A reformulação do Ensino Médio, posta pela Lei nº 13.415/17, que reestrutura o segmento nas escolas brasileiras, além de alterar a carga horária do currículo comum (das quatro áreas de conhecimento), também traz a necessidade de criação de estratégias de aprendizagem para contemplar os itinerários formativos. Para conhecer mais sobre o assunto, assista ao bate-papo on-line da diretora pedagógica do Geekie One e uma das autoras deste artigo, Camila Akemi Karino. Acesso em: 19 fev. 2021.

Ao trabalhar essas competências e habilidades, por meio do mergulho na criatividade, na descoberta do poder dos processos e vivenciando a inovação, professores dessa disciplina aprenderão a mediar o processo de aprendizagem, se afastando, assim, do tradicional papel de transmissores de informações para o papel de curadores da informação.

Quando providenciamos recursos confiáveis e interessantes para nossas salas de aula, acompanhamos de perto o processo de aprendizagem de cada estudante e engajamos colaborativamente a construção do conhecimento, abraçamos o que é ser *designer* de percursos educacionais" (BACICH, 2018, p. 19). Queremos ser capazes de ensinar estudantes a pensar, desenvolver seus entendimentos e fazer conexões com sua aprendizagem tanto dentro da sala de aula quanto fora dela. Ao fazer isso, estudantes estarão preparados não apenas para testar situações, mas também para conhecer as demandas deste século, equipados com as habilidades e ferramentas necessárias para enfrentar cada desafio com confiança.

Formação de professores da disciplina criatividade e inovação

Prover oportunidades de desenvolvimento profissional que modelam o pensamento e focam no processo de aprendizagem empodera professores a fazer o mesmo em sala de aula. Portanto, elaborar formações que demonstrem e apliquem processos cognitivos específicos, além dos comportamentos necessários para realçar a aprendizagem, aumenta o engajamento de professores. É um momento importante também para ajudar a desconstruir o paradigma que reforça que ensinar é majoritariamente transmitir informações (RITCHHART, 2015).

Com relação a essa formação em particular, queríamos capacitar docentes para desenvolver autonomia e confiança no entendimento dessa nova disciplina (para começar no ano letivo de 2020), bem como no uso de metodologias específicas de ensino e aprendizagem relacionadas à criatividade e inovação. Estruturamos dois dias de formação (com uma carga total de 16 horas) na Geekie, localizada em São Paulo. Baseado no modelo "Planejamento para a compreensão" (WIGGINS e MCTIGHE, 2019), ou "Começando pelo fim", objetivos de aprendizagem globais (objetivos que continuarão a ser bem desenvolvidos após a conclusão da formação) e específicos (objetivos trabalhados durante a própria formação) foram primeiro definidos para, então, direcionar a jornada de aprendizagem dos participantes nos dois dias de formação. Veja a seguir nossos objetivos.

OBJETIVOS DA FORMAÇÃO

Objetivos globais

- Empoderar os docentes a se sentirem preparados para dar aulas de criatividade e inovação e que acreditem que elas vão, realmente, possibilitar mudanças na vida dos seus estudantes e na vida deles também.

- Desenvolver uma mentalidade para ser aprendente (por exemplo, lidar com o desconhecido, ser aberto às novas experiências de aprendizagem, arriscar no processo de aprendizagem, estar aberto a diferentes perspectivas).

Objetivos específicos

- Reconhecer a criatividade como ferramenta para a inovação e o desenvolvimento da sociedade.

- Vivenciar na prática as etapas do *Design Sprint*.

- Relacionar as habilidades trabalhadas nas etapas do *Design Sprint* ao processo de estímulo à criatividade e ao desenvolvimento de soluções eficientes.

> **A METODOLOGIA DO *DESIGN SPRINT***
>
> Esta metodologia foi desenvolvida e testada pelo *designer* Jake Knapp (2016) na Google Venture, empresa de capital de risco criada pelo Google para investir em *startups* promissoras. Inspirada em outras metodologias de desenvolvimento de produto (*brainstorming, design thinking, hackaton* etc.), seu diferencial está em estabelecer um processo ágil e eficiente de cinco dias para validar uma ideia de produto com usuários. Acesse o QR Code. Acesso em: 19 fev. 2021

Participaram da formação 28 educadores de diferentes escolas particulares dos estados de São Paulo, Rio de Janeiro e Amazonas, escolhidos especificamente por suas escolas para ensinar a nova disciplina eletiva aos alunos do primeiro ano do Ensino Médio. Os participantes tinham diferentes contextos profissionais, como número de anos lecionando, disciplinas e áreas de conhecimento pelos quais foram ou ainda são responsáveis, experiências em conteúdos específicos da área e/ou outras responsabilidades e papéis desempenhados em suas escolas (por exemplo, coordenadores de currículo, professores e coordenadores de área, coordenadores-gerais e diretores).

A presença das forças culturais na formação de professores

As oito forças culturais estão sempre presentes em situações de aprendizagem colaborativa, interagindo umas com as outras, contando a narrativa de como a aprendizagem ocorre e demonstrando que seu poder coletivo impacta positivamente em como a cultura de pensamento é promovida, mantida e sustentada ao longo do tempo em qualquer contexto de aprendizagem. A informação apresentada a seguir descreve a presença de cada força cultural na aplicação de diferentes práticas de ensino e aprendizagem durante os dois dias de formação. Essa divisão foi feita para facilitar a descrição. No entanto você perceberá, à medida que cada força cultural for discutida, a presença e a relação com outras forças culturais, pois elas se inter-relacionam.

Força da linguagem

A presença da força da linguagem é evidente na forma como os facilitadores das formações conduzem e facilitam grandes e pequenas discussões do grupo. Determinadas falas e linguagens direcionam o pensamento dos participantes, engajando-os ativamente no processo de pensamento e aprendizagem (RITCHHART, 2015). Ênfases durante a formação foram feitas a favor do crescimento (uma linguagem da mentalidade). Por exemplo, o termo "aprendente" foi introduzido logo nos objetivos gerais a fim de preparar o cenário para que todos os participantes pudessem se concentrar no processo de aprendizagem.

O foco no processo de aprendizagem foi consistentemente repetido e reforçado pela linguagem da mentalidade, com frases como "É importante compreender o processo de aprendizagem", "Aprendemos com nossos erros", "Seja consciente de como você comunica mensagens sobre pensamento e aprendizagem aos seus estudantes", "O desenvolvimento de soluções assume riscos e possíveis fracassos, isso faz parte do processo de aprendizagem!" e "Construir a compreensão implica crescimento individual e coletivo de nosso pensamento". O uso desse tipo de linguagem torna o ambiente mais propício para que os participantes possam experienciar as situações de aprendizagem como aprendentes, conectando suas aprendizagens com o que seus estudantes deverão experienciar.

> **MENTALIDADE FIXA X MENTALIDADE DE CRESCIMENTO**
>
> Carol Dweck (2006), professora de psicologia na Universidade Stanford, conduziu uma pesquisa durante trinta anos sobre como as pessoas alcançam o sucesso. Seu trabalho mostra que há dois tipos de mentalidade nas pessoas: a mentalidade fixa (*fixed mindset*) e a mentalidade de crescimento (*growth mindset*). No contexto escolar, estudantes que desenvolvem uma mentalidade de crescimento aprendem que eles são capazes de ter sucesso em todas as áreas, se forem desafiados. Desse modo, praticar uma mentalidade de crescimento em diferentes situações de aprendizagem motiva estudantes a encontrar o sucesso por meio de seus esforços. Acesse o QR Code e assista à fala de Carol Dweck no TEDx "O poder de acreditar que você é capaz" (em inglês, com possibilidade de habilitar legendas em português). Acesso em: 19 fev. 2021.

A força da linguagem está presente também no formato escrito. Os *slides* utilizados na formação foram planejados para nutrir a cultura do pensamento e o senso de comunidade. A seguir, na Figura 1, note que usamos o "nós" em vez do "eu", ou seja, as facilitadoras se põem como participantes da jornada de aprendizado e o pensamento é estimulado de diferentes modos.

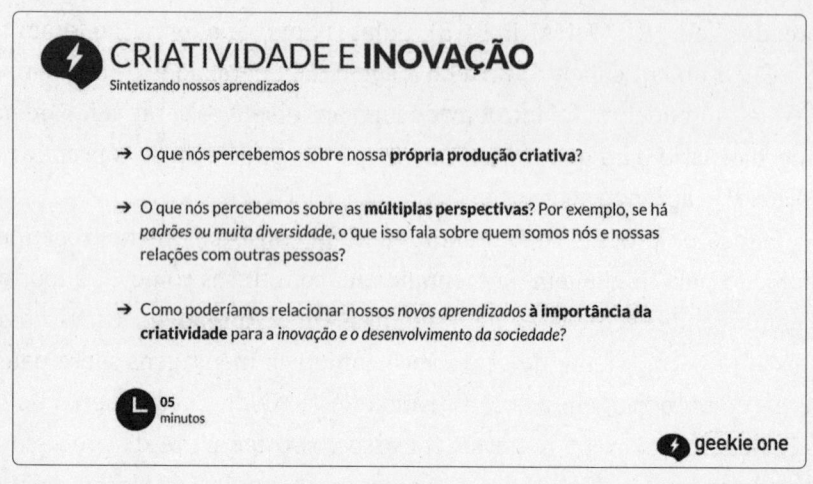

> **CRIATIVIDADE E INOVAÇÃO**
> Sintetizando nossos aprendizados
>
> → O que nós percebemos sobre nossa **própria produção criativa**?
>
> → O que nós percebemos sobre as **múltiplas perspectivas**? Por exemplo, se há *padrões ou muita diversidade*, o que isso fala sobre quem somos nós e nossas relações com outras pessoas?
>
> → Como poderíamos relacionar nossos *novos aprendizados* **à importância da criatividade** para a *inovação e o desenvolvimento da sociedade*?
>
> 05 minutos
>
> geekie one

Figura 1 – Questionamento focado na construção de comunidade. (Fonte: Geekie One.)

Força do tempo

Durante a formação, a aplicação de Rotinas de Pensamento específicas possibilitou que as facilitadoras tivessem estruturas de tempo eficientes para favorecer o pensamento e a aprendizagem. Por exemplo, garantimos tempo aos participantes a partir do uso de Rotina de Pensamento nos momentos de reflexões, nos momentos de produção criativa, enfim, em situações em que os participantes podem explorar novas ideias, além de fazer observações cuidadosas e interpretações. Dessa maneira foi dado aos participantes um "tempo para pensar".

Um exemplo mais específico ocorreu durante a execução da metodologia do *Design Sprint*. A metodologia chama-se *Sprint* por conta da agilidade, tem-se como propósito a resolução de problemas complexos em apenas cinco dias. Nesse período, os participantes entendem o problema, investigam, buscam ideias, prototipam e validam com consumidores. Ao final, é possível entender o que é mais necessário para desenvolver e aprimorar no produto. Durante a execução é concedido tempo específico para pensar individualmente e em grupo.

- **Etapa "Perguntas do *Sprint*"**: é dado tempo para os participantes registrarem individualmente as principais dúvidas, receios ou riscos que eles visualizam. É o momento de ser pessimista e analisar tudo o que poderia dar errado no *Sprint*. Exemplos produzidos durante a formação:

  - Os estudantes sabem priorizar tarefas?
  - O professor está ciente do perfil dos estudantes?
  - Os estudantes têm dificuldade na organização ou na aprendizagem?
  - As atividades têm prazos compatíveis com a complexidade?
  - A estrutura escolar está preparada para ensinar aos alunos gestão do tempo e organização?

- **Etapa "Como poderíamos...?"**: nesse momento os participantes registram as anotações individuais em forma de perguntas, começando com as palavras "Como poderíamos...?", enquanto escutam usuários. Essa técnica ajuda a focar nas oportunidades que existem de melhorar uma experiência ou produto. A seguir estão exemplos produzidos na formação quanto ao tópico aumentar o engajamento de estudantes, professores e familiares quanto à aprendizagem:

  - Como poderíamos transformar as famílias?
  - Como poderíamos tornar os processos avaliativos mais significativos?
  - Como poderíamos tornar as aulas mais interessantes para os estudantes?
  - Como poderíamos tornar a gestão mais eficiente?
  - Como ouvir mais os estudantes?
  - Como poderíamos dar voz aos professores?

- **Etapas "Pergunte aos especialistas" e "Validações"**: nessas duas etapas são garantidos os momentos de escuta e avaliação. Os participantes podem ouvir outros pontos de vista, reformular ou validar suas hipóteses. Na formação, cada grupo criou uma lista de perguntas que precisavam fazer aos especialistas para que pudessem ter mais confiança no desenvolvimento das soluções.

Figura 2 – Pergunte aos especialistas. (Fonte: Geekie One.)

Figura 3 – Críticas-relâmpago. (Fonte: Geekie One.)

- **Etapa "Críticas-relâmpago":** essa etapa é um bom exemplo de tempo para discussão. Cada grupo discutiu a solução de seus membros a fim de identificar ideias que chamaram a atenção, além de esclarecer pontos de confusão. É importante destacar que não foi uma discussão livre. Havia uma metodologia e o gerenciamento do tempo foi essencial para garantir que cada grupo ouvisse atentamente, coletasse as informações necessárias e discutisse perspectivas novas que surgiram nas diferentes conversas, a fim de aprofundar ainda mais sua compreensão do problema. Nota-se que o tempo é essencial para o sucesso do processo, para o aprendizado e para a construção da cultura de pensamento.

Força do ambiente

Na Geekie, desenvolvemos a Escola Geekie, um espaço para apoiar as necessidades de aprendizagem dos aprendentes – tanto para reuniões de equipes, treinamentos internos ou formações para membros de nossas escolas parceiras. Durante a formação Criatividade e Inovação, a Escola Geekie foi utilizada para facilitar interações positivas com e entre os participantes.

Para ilustrar (veja as imagens a seguir), as mesas foram agrupadas e reagrupadas para que os participantes pudessem se engajar ativamente em discussões nas diferentes situações de aprendizagem, além de encorajar o pensamento e a aprendizagem a acontecer de forma colaborativa. Materiais como post-its, quadros brancos, canetas e papéis foram providencia-

Figura 4 – Organização da Escola Geekie. (Fonte: Geekie One.)

Figura 5 – Materiais para facilitar a etapa "Mapeie" do *Design Sprint*. (Fonte: Geekie One.)

dos para facilitar o processo de pensamento, principalmente durante as etapas do *Design Sprint,* nas quais tornar o pensamento visível é a chave para efetivamente se comunicar, tomar decisões, resolver problemas, desenvolver soluções e colaborar com a construção das ideias uns dos outros.

Ademais, as paredes foram usadas para documentar o pensamento e a aprendizagem coletiva. E por último, mas não menos importante, comidas e bebidas também foram providenciadas para que os participantes pudessem facilmente recarregar a mente e o corpo ao longo dos dois dias de formação. Durante os intervalos, o espaço também foi usado para as interações dos participantes, para aprenderem mais uns sobre os outros como profissionais e indivíduos. Portanto, a forma como construímos e organizamos os ambientes de aprendizagem "facilitam certas formas de agir e interagir. O espaço passa uma mensagem sobre o que é valorizado, importante, esperado e encorajado" (RITCHHART, 2015, p. 230).

Força das oportunidades

Em relação à formação, o primeiro objetivo global de aprendizagem foi assegurar que os participantes se sentissem preparados para ensinar e facilitar as aulas de criatividade e inovação, acreditando que eles poderiam fazer diferença na vida de seus estudantes, incluindo também a sua própria. Portanto, prover oportunidades significativas que permitam aos participantes da formação construir coletivamente o significado era a chave para alcançar esse objetivo.

Já mencionado, o *Design Sprint* também pode ser citado como um representante da força de oportunidades. O método, ou oportunidade, foi escolhido pela Geekie como um veículo para a aprendizagem nas aulas de criatividade e inovação porque o *Design Sprint* permite o desenvolvimento e a estimulação da criatividade, o que, por sua vez, gera inovações. O objetivo final de cada *Sprint* é entender melhor as necessidades dos usuários (empatia) e aplicar esses conhecimentos e ideias para desenvolver ou aprimorar um produto.

Oportunidades promovem meios de enxergar o que aprendentes estão realmente fazendo e como eles estão fazendo (RITCHHART, 2015). Cada passo do *Design Sprint* – Mapear, Esboçar, Decidir, Prototipar e Testar – faz exatamente isso. Apesar de algumas adaptações terem sido feitas para se enquadrar nos dois dias de formação, os participantes foram constantemente levados a vivenciar novas e diferentes formas de pensar que incentivaram seus aprendizados a ir além e permitiram que eles enxergassem as formas de pensamento e aprendizagem que estavam acontecendo durante suas interações uns com os outros. Portanto, o *Design Sprint* possibilitou a compreensão do valor do processo, tornando claros os aprendizados construídos para além do resultado final.

Força da rotina

Para ativar o pensamento dos participantes de nossa formação, usamos inicialmente a Rotina de Pensamento Ver/Pensar/Perguntar para ajudá-los a reconhecer que a criatividade pode ser utilizada como ferramenta para inovação e desenvolvimento social. Essa rotina permitiu às facilitadoras da formação introduzir o tópico geral da criatividade e inovação para engajar os participantes e capturar seus conhecimentos prévios. Os participantes foram incentivados a completar os diferentes passos da rotina,[1] registrando suas ideias em um formulário específico para a ação (veja o exemplo a seguir).

A rotina exigiu que os participantes fizessem observações cuidadosas, interpretações elaboradas e reflexões significativas a partir de cinco dife-

---

[1] O último passo da rotina foi ajustado para incentivar os participantes a capturar a essência e ser criativos. Na descrição dessa rotina de pensamento no livro *Making thinking visible* (RITCHHART, CHURCH e MORRISON, 2011), o passo Perguntar é aplicado para estimular os estudantes a criar perguntas ou hipóteses com base em suas reflexões do passo anterior.

rentes imagens relacionadas com criatividade e inovação. Cada imagem foi projetada em diferentes televisores posicionados do lado de fora da Escola Geekie. Os participantes documentaram o que eles viram (coisas que notaram), o que essas coisas os fizeram pensar (interpretações e conexões) e o que poderia ser a essência de cada uma daquelas imagens (reflexão), assim como quais questões vieram a suas mentes sobre cada uma das imagens. Cada passo da rotina se constrói em decorrência do anterior, desenvolvendo assim o pensamento dos aprendentes. Foi dado tempo para que os participantes pudessem participar ativamente de seus pensamentos antes de compartilhá-los em pequenos grupos.

PENSAMENTOS DOS PARTICIPANTES NA ROTINA VER/PENSAR/PERGUNTAR

O que você vê?
- Lixo, objetos descartados, pneus e ferro-velho formando a imagem de duas pessoas de olhos fechados e dando as mãos com dois círculos.
- Vários objetos que formam a matéria para o lixo, porém já reciclado.
- Um monte de lixo plástico.
- Barro não planejado.
- Uma pessoa olhando o seu reflexo que está um pouco embaçado.

O que essa imagem faz você pensar?
- Conexão.
- Uma verdadeira obra de arte.
- Precisa organizar.
- Bagunça.
- Primeiro, curti a obra vendo como ela foi feita; me lembro de alguém se descobrindo.

Se você fosse dar um título para descrever a essência dessa imagem, qual seria?
- O lixo da arte, e a arte do lixo.
- Um olhar transformador.
- A arte escondida.
- Desigualdade social.
- Sou eu?

Figura 6 – Atividade realizada a partir da observação da obra *Narcissus, after Caravaggio*, de Vik Muniz (2005). (Fonte: Geekie One.)

Similaridades e diferenças nas observações, interpretações e reflexões dos participantes foram identificadas e discutidas, permitindo um diálogo significativo em meio ao grupo. À medida que perspectivas diferentes foram introduzidas na conversa, os participantes puderam complementar a ideia uns dos outros, argumentando e justificando suas interpretações. Ao fazer isso, os participantes capturaram a essência de cada imagem de forma colaborativa, possibilitando novas compreensões sobre criatividade e conexões com inovações e desenvolvimento social. A aplicação de rotinas facilita o processo de aprendizagem por ser uma prática simples e já testada. Níveis cognitivos específicos podem ser eficientemente trabalhados, o que estimula o pensamento e permite aprofundar a compreensão.

Força do modelo

Durante a formação Criatividade e Inovação, os professores aprendentes tiveram, por meio das facilitadoras, exemplos de comportamentos e de atitudes esperadas de um professor dessa disciplina eletiva, bem como tiveram o exemplo de como as forças culturais estão por toda parte e contribuem para proporcionar uma cultura de pensamento. Esses exemplos estavam desde a forma como as facilitadoras conduziam as discussões, com técnicas específicas de questionamento a fim de ampliar os pensamentos e encorajar os aprendentes a compartilhar ideias e opiniões, assumindo mais riscos em suas aprendizagens, até tornar explícitas as razões e os embasamentos de tudo o que estava sendo executado. A seguir, alguns exemplos de questões construtivas e facilitadoras que foram elaboradas ao longo da formação:

- **Questões construtivas (construção de ideias):**
    - Que *conexões* você poderia fazer entre...?
    - O que *mudou* a respeito do que você pensava até agora?
    - Quais são as *semelhanças e/ou diferenças* que você encontrou entre esse conceito e o outro?

- **Questões facilitadoras (desenvolvimento de argumentos e elaborações):**
    - O que *faz você pensar* isso?

- Você poderia *elaborar* mais?
- Você poderia *explicar* seu raciocínio?

A força do modelo contribui para a construção de uma comunidade de aprendizagem, e ter vivenciado isso durante a formação foi importante para que os professores fortalecessem a cultura de pensamento em suas escolas. Como exemplo, ao mudar a forma de questionamento abre-se uma conexão entre estudantes, professores e o conteúdo, e, quando aplicada em diferentes situações de ensino e aprendizagem, os estudantes começam a internalizar essas práticas, tornando-se aprendentes mais confiantes e motivados.

Força das interações

Para facilitar o pensamento e a aprendizagem dos participantes da formação era preciso criar e construir relações que promovessem confiança, empatia, respeito e crescimento. Era importante comunicar que estávamos nessa jornada *juntos*. Exemplos de interações entre os facilitadores e os participantes incluíam a promoção de Rotinas de Pensamento, criação de oportunidades para reflexões e discussões focadas no processo de aprendizagem deles. Além do mais, usarmos linguagem inclusiva e orientada para a comunidade ali presente reforçou nossa afinidade com o grupo. Ritchhart (2015) explica que usar o pronome "nós" cria o senso de comunidade, enquanto o uso frequente do "eu" e do "você" pode criar distanciamento e enfatizar poder e controle. As frases a seguir são avaliações dos participantes da formação que dão suporte às afirmações anteriores.

> **EXEMPLOS DOS PONTOS FORTES DA CAPACITAÇÃO**
>
> - "As atividades em grupo, toda a mediação, foi tudo bem feito, mesmo eu indo apenas um dia."
> - "Certamente a troca ocorrida entre os professores foi o que possibilitou maior aprendizagem e uma visão ampla do que pode ser aplicado em sala, assim como as ideias que surgiram para a criação de projetos. As dinâmicas também foram interessantes e servirão como bons vitalizadores, especialmente a inicial, com a leitura das obras de arte."
> - "Vivência do *Design Sprint* e compartilhamento de ideias com os colegas."

Portanto, as avaliações dos participantes apoiam fortemente que é possível criar culturas de pensamento quando professores (neste caso, as facilitadoras da formação) e seus estudantes (os participantes) atuam colaborativamente ao longo do processo de pensamento e aprendizagem.

Força das expectativas

Antes de começar a jornada de formação, era importante preparar o palco para o pensamento e a aprendizagem dos participantes assumirem suas posições centrais. A criação de uma cultura de pensamento exige que essa seja a expectativa desde o início. Não é possível criar uma jornada de aprendizado e depois querer introduzir as forças culturais. Se essa intenção não estiver embutida desde o início, de fato não se terá um ambiente de aprendizado que valorize o pensamento. Dessa forma, as expectativas não só estavam presentes desde os objetivos gerais que já foram mencionados, mas também em todas as atividades que foram pensadas para a formação.

Os dados mostram que 100% dos participantes da formação (28 participantes no total) afirmaram estar empolgados em dar aulas de criatividade e inovação em 2020 e mais de 90% se sentem seguros para ministrar aulas em suas respectivas escolas. Ademais, em uma escala de 0 a 10, mais da metade dos participantes avaliou a formação com nota 10, dizendo que eles recomendariam essa experiência para amigos e/ou colegas. Esses resultados demonstram que os objetivos gerais foram atendidos e como a força da expectativa bem trabalhada impacta positivamente os resultados de aprendizagem.

É importante mencionar que essas expectativas também foram claramente expressas quando apresentados os combinados da formação:

- Empatia e não julgamento: vamos criar um ambiente seguro, que valorize o aprendizado e a troca.
- Vamos valorizar o tempo e o momento de falar e de ouvir: faça uso da escutatória e também dê um *like* quando estiver de acordo com opiniões.
- Silêncio colaborativo.
- Se joga!

À medida que os aprendentes se engajavam em diversas experiências de aprendizagem, as conexões com os objetivos de aprendizagem e os combinados essenciais foram propositadamente feitos, tornando mais evidente a eficiência das práticas de ensino e aprendizagem e a presença constante do valor do pensamento ao longo da formação. Adicionalmente, a reflexão de um dos participantes também valida que quando nossas expectativas são alinhadas com nossas crenças sobre ensino e aprendizagem somos aptos a impactar positivamente a jornada de aprendizagem. Ele afirmou o seguinte: "Parabéns pelo trabalho inovador e transformador, adorei a energia do ambiente, envolvimento e dedicação. Certamente desenvolveremos um trabalho maravilhoso!". Portanto, essas informações sustentam que a criação de culturas de pensamento nas oportunidades de desenvolvimento profissional é possível, se reconhecermos a presença das forças culturais e se as usarmos intencionalmente a favor da aprendizagem.

Por fim, os participantes foram convidados a fazer comentários que ajudariam no desenvolvimento e na evolução das formações. Essa abertura para comentar alinha-se com a nossa expectativa inicial, que objetivava criar um ambiente de aprendizagem seguro para todos os aprendentes compartilharem suas opiniões e ideias. Além disso, os comentários permitem a evolução de nossa formação e asseguram que as necessidades de aprendizagem de nossos participantes sejam mais bem conhecidas. Portanto, criar um ambiente no qual diálogos significativos e construtivos têm seu espaço entre todos os envolvidos na formação nutre nosso desenvolvimento como pensadores e aprendentes dentro da cultura de pensamento.

> **EXEMPLOS DOS ASPECTOS QUE PODERÍAMOS MELHORAR NA CAPACITAÇÃO**
>
> - "Se possível, o tempo. Acredito que com um tempo maior a prática teria sido um pouco mais fluida e sólida."
> - "Experiências que ilustrem os conceitos abordados em instituições brasileiras, como escolas e espaços não formais de Educação."
> - "Seria válido ter uma simulação de como seria [*Design Sprint*] em sala de aula, com exemplos, realidade de sala de aula."

Conclusão

Considerando nossa discussão elaborada sobre as oito forças culturais ao longo deste capítulo, pretendemos descrever como elas podem ser trabalhadas e de que modo contribuem para o desenvolvimento de culturas de pensamento em diferentes situações de aprendizagem colaborativa. Após analisar os dados da pesquisa de satisfação da formação Criatividade e Inovação, podemos confirmar que nossos objetivos de aprendizagem foram alcançados, iniciando assim uma cultura de pensamento para todos os aprendentes.

No contexto escolar, quando começamos a trabalhar as forças culturais com intencionalidade em nossa rotina de práticas pedagógicas, começamos a transformar estudantes – e nós mesmos – em verdadeiros pensadores e aprendentes, não apenas nas situações que surgem no dia a dia da escola, mas também nas que surgem ao longo de suas vidas. Na sala de aula, nossa **linguagem** transmite mensagens que impactam a forma como cada estudante aprende. Usar uma linguagem que valida o pensamento de nossos estudantes e que é condizente com uma mentalidade de crescimento, além de dar devolutivas claras e orientadas ao objetivo, influenciam no modo como eles se veem como pensadores e aprendentes em nossas salas de aula.

Além disso, nosso uso da linguagem na sala de aula também pode se tornar uma **rotina**. Por exemplo, as escolhas dos pronomes (como "nós" X "eu" – linguagem que promove a comunidade), a forma como estruturamos nossas perguntas (questionamento construtivo e facilitador) e que tipos de pensamento queremos encorajar (linguagem do pensamento), todos contribuem para a criação de rotinas focadas no pensamento e na aprendizagem.

Ao criar rotinas e/ou desenhar experiências de aprendizagem significativas para nossos estudantes, o **tempo** sempre será um fator no planejamento e na implementação dessas atividades. Então, a maneira como administramos o tempo pode influenciar o desenvolvimento de culturas de pensamento em nossas salas de aula. Por exemplo, quando propositadamente damos tempo aos nossos estudantes (quer seja durante discussões em grupo, quer seja nas conversas e reuniões entre professores e alunos), estamos mostrando também um interesse genuíno na aprendizagem deles e, como consequência, eles também serão motivados a dar o tempo necessário ao aprendizado. Repensar o tempo nos permite olhar para ele como uma fonte de energia necessária para o aprendizado. Não obstante, proporcionar **oportunidades** que ativam nosso processo de pensamento também nos dá energia para perseverar e tomar riscos maiores. Ritchhart (2015) também ressalta a importância de que o **ambiente** físico pode comunicar uma mensagem que molda tanto como os estudantes interagem, como também suas atitudes e comportamentos relacionados ao aprendizado. Portanto, a forma como usamos os espaços da sala de aula deveria contar uma narrativa clara e relevante sobre como o pensamento e a aprendizagem acontecem.

Em nossas salas de aula, constantemente atuamos como **modelo** ou exemplo do que significa pensar e aprender aos nossos estudantes. Ritchhart (2015) explica que ser exemplo pode ocorrer tanto de forma explícita quanto implícita: explicitamente ao demonstrar técnicas, processos e estratégias que estudantes podem usar para aprender; ou implicitamente, por meio de nossas ações e comportamentos que são constantemente visíveis em nossas salas de aula. Além do mais, ser exemplo serve para construir **interações** positivas com nossos estudantes. Construir relações que nutrem o desenvolvimento cognitivo, social e emocional de todos os aprendentes permite que eles contribuam significativamente com o grupo.

Portanto, a força de **expectativas** é fundamental para a criação de uma cultura em nossas escolas e na sala de aula. De acordo com Ritchhart (2015, p. 37), "Nossas expectativas dos estudantes, de nós mesmos, do processo de aprendizagem em si é que formam o fundamento para a cultura do grupo". Essa força representa nossas crenças sobre a aprendizagem, crenças que nos ajudam a direcionar nossa atenção e nossas ações e definem nossa compreensão de como as coisas funcionam. Nossas expectativas também conectam as demais forças de linguagem, tempo, ambiente, oportunidades, rotina, modelo e interações.

Capacitar docentes para manejar com confiança as oito forças que operam em sala de aula para que as diversas necessidades de cada estudante sejam mais bem atendidas é um objetivo que a Geekie se esforça para realizar. Na Geekie, acreditamos que criar verdadeiramente uma cultura de pensamento em nossas escolas requer a colaboração de todos os aprendentes

– estudantes, professores, famílias e a escola – no processo de aprendizagem. Como resultado, temos o poder coletivo de nos tornarmos agentes da transformação, empoderados para criar uma *nova* narrativa da aprendizagem no Brasil. Portanto, nossa narrativa não é apenas na criação de um ator, mas, sim, nas muitas contribuições de toda a comunidade escolar, aquela que acredita que tornar o pensamento visível toma seu lugar quando o foco no processo de aprendizagem supera os resultados.

Referências bibliográficas

ANDRADE, J. "Como cultivar o 'ciclo da motivação' entre os alunos". *Centro de Referências em Educação Integral*, 10 abr. 2018. Disponível em: <https://educacaointegral.org.br/metodologias/como-cultivar-o-ciclo-da-motivacao-entre-os-alunos/>. Acesso em: 6 fev. 2020.

BACICH, L. "Por que metodologias ativas na educação". In: SILVA, Bárbara S. (org.). *Crescer em Rede*: Edição Especial – Metodologias Ativas. São Paulo: Instituto Crescer, 2018.

BRASIL. *Base Nacional Comum Curricular* (BNCC): educação é a base. Brasília: MEC/CONSED/UNDIME, 2017. Disponível em: <http://basenacionalcomum.mec.gov.br/images/BNCC_EI_EF_110518_versaofinal_site.pdf>. Acesso em: 8 jun. 2019.

BRUNER, J. *The culture of education*. Cambridge, MA: Harvard University Press, 1996.

DWECK, C. S. *Mindset*: the new psychology of success. Nova York: Ballantine Books, 2006.

_____. *Mindset*: a nova psicologia do sucesso. São Paulo: Objetiva, 2017.

GRAY, A. "The 10 skills you need to thrive in the Fourth Industrial Revolution". *World Economic Forum*, 19 jan. 2016. Disponível em: <www.weforum.org/agenda/2016/01/the-10-skills-you-need-to-thrive-in-the-fourth-industrial-revolution/>. Acesso em: 7 jan. 2020.

HATTIE, J. *Visible learning*: a synthesis of over 800 meta-analyses relating to achievement. Nova York: Routledge, 2009.

KNAPP, J.; ZERATSKY, J.; KOWITZ, B. *Sprint*: how to solve big problems and test new ideas in just five days. Nova York: Simon & Schuster, 2016.

_____. *Sprint*: o método usado no Google para testar e aplicar novas ideias em apenas cinco dias. Rio de Janeiro: Intrínseca, 2017.

MORAN, J. "Mudando a educação com metodologias ativas". In: SOUZA, Carlos A. de; MORALES, Ofelia E. T. (orgs.). *Convergências midiáticas, educação e* cidadania: aproximações jovens. Coleção Mídias Contemporâneas, v. 2, 2015. Disponível em: <www2.eca.usp.br/moran/wp-content/uploads/2013/12/mudando_moran.pdf>. Acesso em: 25 jan. 2020.

ORGANIZAÇÃO PARA COOPERAÇÃO E DESENVOLVIMENTO ECONÔMICO (OCDE). *Results from PISA 2018*: Country Note, Brazil, 2019. Disponível em: <www.oecd.org/pisa/publications/PISA2018_CN_BRA.pdf>. Acesso em: 23 jul. 2020.

PACHECO, J.; PACHECO, M. F. *A escola da ponte sob múltiplos olhares*: palavras de educadores, alunos e pais. Porto Alegre: Penso Editora, 2013.

PERKINS, D. N. *Smart schools*: from training memories to education minds. Nova York: Free Press, 1992.

_____. "From idea to action". In: HETLAND, L.; VEENEMA, S. (org.). *The Project Zero classroom*: views on understanding. Cambridge, MA: Project Zero, 1999.

_____. *Future Wise*: educating our children for a changing world. São Francisco: Jossey-Bass, 2015.

RITCHHART, R. *Creating cultures of thinking*: the 8 forces we must master to truly transform our schools. São Francisco: Jossey-Bass, 2015.

_____; CHURCH, M.; MORRISON, K. *Making thinking visible*: how to promote engagement, understanding and independence for all learners. São Francisco: Jossey-Bass, 2011.

ROBINSON, K. *Do schools kill creativity?* Palestra proferida no TED Talks, Monterey (Califórnia), fev. 2006. Disponível em: <www.ted.com/talks/ken_robinson_says_schools_kill_creativity.html>. Acesso em: 14 fev. 2020.

TOKARNIA, M. "PISA mostra que 2% dos alunos brasileiros têm nota máxima: Pisa 2018 foi aplicado em 79 países a 600 mil estudantes de 15 anos". *Agência Brasil*, Rio de Janeiro, 3 dez. 2019. Disponível em: <http://agenciabrasil.ebc.com.br/educacao/noticia/2019-12/pisa-mostra-que-2-dos-alunos-brasileiros-tem-nota-maxima-em-avaliacao-internacional>. Acesso em: 7 jan. 2020.

UNESCO. *Educação 2030*: Declaração de Incheon e Marco de Ação para a implementação do Objetivo de Desenvolvimento Sustentável 4: Assegurar a educação inclusiva e equitativa de qualidade e promover oportunidades de aprendizagem ao longo da vida para todos. Organização das Nações Unidas para a Educação, Ciência e Cultura (Unesco), 2016. Disponível em: <https://unesdoc.unesco.org/ark:/48223/pf0000245656_por>. Acesso em: 7 jan. 2020.

VYGOTSKY, L. *Mind in society*. Cambridge, MA: Harvard University Press, 1978.

WIGGINS, G. J.; MCTIGHE, J. *Planejamento para a compreensão*: alinhando currículo, avaliação e ensino por meio da prática do planejamento reverso. 2ª ed. Porto Alegre: Penso Editora, 2019.

_____. *The understanding by design*: guide to creating high-quality units. Alexandria, VA: ASCD, 2011.

ZERATSKY, J. *Sprint*: Monday. Google Venture Library, 15 abr. 2016. Disponível em: <https://library.gv.com/sprint-week-monday-4bf0606b5c81>. Acesso em: 13 fev. 2020.

CAPÍTULO 2

O PENSAMENTO VISÍVEL E A FORMAÇÃO
CONTINUADA DE PROFESSORES

Renata Araujo Moreira dos Santos

Para que a sala de aula tenha essa cultura de pensamento é imprescindível que a sala dos professores também a tenha...
Ron Ritchhart

Vivemos em um mundo em constante transformação, o que nos coloca diante da necessidade de lidar com mudanças de forma consistente e inovadora. A escola, como espaço essencialmente de estudo, ensino e aprendizagem, necessita estar atenta às transformações do mundo e investigar as melhores possibilidades para o desenvolvimento de uma educação de qualidade para seus alunos e também para os professores, de modo que todos os envolvidos sintam-se comprometidos com o avanço e aprofundamento dos processos de aprendizagem. Em uma tentativa de nos aproximarmos desse mundo em transformação, temos investigado caminhos que envolvem novas práticas, novas metodologias e tecnologias que possam nos ajudar a construir uma nova cultura de pensamento, que promova contextos mais profundos, reflexivos e inovadores no processo de aprendizagem de nossos alunos.

Deparamo-nos, no entanto, com a fragilidade do nosso olhar como educadores, com as consequências do nosso próprio processo de aprendizagem, vivenciado muitas vezes de forma descontextualizada, fragmentada, colocando-nos diante da ideia de que o conhecimento se dá por memória e reprodução. Nesse contexto, entende-se que a aprendizagem se trata da "entrega" eficiente do currículo aos alunos.

De acordo com Ritchhart, Church e Morrison,

> As escolas, construídas com base em um modelo industrial, há muito se concentram em transmitir habilidades e conhecimentos como seu principal objetivo. Na maioria das escolas, os educadores se concentram mais na conclusão do trabalho e nas tarefas do que no verdadeiro desenvolvimento da compreensão. Embora esse trabalho possa, se bem desenvolvido, ajudar a promover a compreensão, muitas vezes seu foco está na replicação de habilidades e conhecimentos, alguns novos e outros antigos. Muitas vezes, as salas de aula são espaços para "dizer e praticar". O professor diz aos alunos o que é importante saber ou fazer e depois faz com que pratiquem essa habilidade ou conhecimento. Nessas salas de aula, pouco pensamento está acontecendo.
> (RITCHHART, CHURCH e MORRISON, 2011, p. 9)

Ao considerar essa perspectiva de ensino na formação de professores, distanciamos o professor/aprendiz de uma relação mais profunda e complexa com a sua própria aprendizagem, colocando-o novamente diante da ideia de ensino como um conjunto de informações que devem ser absorvidas e reproduzidas para serem novamente entregues aos seus alunos.

Com o intuito de romper com o entendimento do ensino como memória e reprodução e com a imagem do professor como aquele que deve entregar o currículo aos alunos, desenvolvi, em parceria com Cleusa Watanabe, pedagoga, coordenadora e assessora pedagógica, um projeto de formação de professores que tinha, como principal intuito, criar espaços presenciais e virtuais de estudos entre e para educadores, tendo em sua centralidade a investigação sobre a prática, aliada a pesquisas teóricas. A intenção era criar um campo de análise e reflexão que permitisse ao professor pesquisar sua própria prática, de modo a compreender melhor seu próprio processo de aprendizagem e o modo como entende seu papel em relação ao ensino, considerando focos como a intencionalidade, as performances desenvolvidas e uma avaliação que considerasse as evidências das construções desenvolvidas. Esse projeto se transformou em um espaço on-line de proposição de cursos, palestras e grupos de estudo chamado "ComPosição: Encontros de Formação", e resulta de um longo período de investigação e aprendizado em nosso próprio processo de atuação como formadoras.

Ao longo de mais de 13 anos realizando a formação de professores de

Educação Infantil e anos iniciais do Ensino Fundamental I, e há três anos ampliando essas formações para professores de todos os segmentos da Educação Básica, ao estudarmos os processos de ensino e aprendizagem percebemos que as técnicas, apesar de muito importantes, sozinhas não resultam na transformação do pensamento e da prática pedagógica. Algo faltava para conectar esses dois pontos: conhecer novas técnicas e modificar o entendimento em relação à compreensão.

Reconhecer as limitações de nosso processo de formação e a importância de construir uma nova cultura de pensamento na sala dos professores, como nos aponta Ritchhart (2015), foi o primeiro e importante passo para essa pesquisa, que tinha como intuito transformar os contextos de ensino e aprendizagem na sala de aula a partir da transformação do olhar para a formação continuada de professores.

Com esse propósito, em 2014 aproximamo-nos das pesquisas do Projeto Zero,[1] com destaque para quatro delas: Culturas de Pensamento, Ensino para Compreensão, Visibilidade do Pensamento e Visibilidade da Aprendizagem. Pesquisas independentes que se conectam, na minha interpretação, na ideia central de que para construir uma nova cultura de pensamento é preciso buscar uma educação para a compreensão e não para a reprodução, o que se mostra possível tornando visível o pensamento e a aprendizagem do aprendiz – todos os aprendizes.

Após quatro anos de aproximação com esses estudos, por meio da investigação teórica, do diálogo com alguns pesquisadores e das discussões/reflexões em parceria com outros interessados no tema, iniciamos em 2018, pela ComPosição, um processo de formação de professores de todos os segmentos da Educação Básica, inspirado nas ferramentas propostas pelas Rotinas de Pensamento, presentes na pesquisa Visibilidade do Pensamento. O intuito era avançar em nossa pesquisa sobre a formação continuada de professores, pois acreditamos na relevância de transformar a cultura de formação do professor como caminho para a transformação do ensino em sala de aula. Essa era (e é) a questão central dessa investigação: buscar os melhores meios para transformar o cotidiano aprendiz de modo a fomentar o desejo de engajamento com a própria aprendizagem.

---

[1] Projeto desenvolvido na Universidade de Harvard há mais de cinquenta anos.

Nesse período de pesquisa pessoal, que chamamos de pesquisa em ação, desenvolvemos, ao longo de um ano e meio, ações de formação que foram também nossos focos de pesquisa, com o intuito de conectar teoria e prática e investigar as mudanças que esse estudo proporcionava na atuação dos educadores. Durante esse tempo, tivemos a oportunidade de dialogar com mais de quinhentos educadores de diversos contextos de atuação, em diferentes formatos de troca, e já identificamos algumas transformações na construção de uma nova disposição do pensamento por parte dos professores, que traz como efeito o engajamento na busca por novos modos de ensino que proporcionem a aprendizagem profunda dos alunos.

A Visibilidade do Pensamento e a construção de uma nova cultura do pensar

O primeiro aspecto que chamou a minha atenção na pesquisa sobre o pensamento visível foi a ideia de pensamento. Mas afinal, o que seria pensar? Qual o meu próprio entendimento sobre o que é o pensamento? De que forma o pensamento me conecta com a ideia de aprendizagem?

As primeiras camadas do meu pensar começaram a se tornar visíveis antes que eu tivesse clareza de ser esse um dos objetivos centrais dessa pesquisa: reconhecer a aprendizagem como consequência do pensamento e não o inverso.

Algo aparentemente óbvio, mas que reconfigura todo o sentido da aprendizagem. Se não aprendemos automaticamente, mas aprendemos porque pensamos, temos aí o primeiro conceito-chave dessa proposta, o que coloca o pensamento no centro da aprendizagem.

Voltando aos questionamentos que foram disparados em torno desse tema, tornava-se evidente a percepção de que pensar relacionava-se com a possibilidade de perguntar-se sobre coisas, de conectar ideias, de exercitar a curiosidade a respeito dos temas e do mundo ao nosso redor. Trata-se de observar, conectar informações, confrontar pontos de vista, levantar hipóteses, investigar...

Outro aspecto central dessas pesquisas começava a ganhar um novo sentido, ao reconhecê-lo como parte do nosso processo aprendiz e do processo de aprendizagem de forma geral: pensar tem relação com o ato de questionar-se sobre algo, de levantar hipóteses e buscar evidências. Portanto, pensar é algo que se dá em ação, no exercício de compreensão de determinada questão de forma complexa, de nos determos diante de algo e tentarmos adentrar suas camadas. Desse modo, o exercício do pensamento em busca da compreensão coloca-nos mais conscientes dele e, consequentemente, visibiliza o pensamento e o entendimento que ele nos possibilita.

Como apontam Ritchhart, Church e Morrison (2011) em *Making thinking visible* (Tornando o pensamento visível), a palavra "pensar" é utilizada de forma ampla e em diferentes contextos sem que ela, necessariamente, represente algo consistente sobre o tema. Desse modo, para adentrarmos essas camadas torna-se necessário compreender melhor o que é o pensar, o que entendemos por esse termo e que tipos de pensamento gostaríamos de desenvolver ao tratarmos da aprendizagem como caminho para avançar o pensamento. Para tanto, torna-se necessário seguir esse objetivo, não com declarações genéricas sobre a palavra, mas buscando evidências a respeito do pensamento que está sendo desenvolvido e elaborando os melhores meios para alcançá-lo.

Para avançarmos nessa construção é fundamental desenvolver uma nova cultura de pensamento, que torne visível para todos os aprendizes seu pensamento e aprendizagem, bem como que possibilite construir modos mais profundos e consistentes de reflexão e relação com o conhecimento.

Esta é a pergunta que nos fizemos constantemente no decorrer dessa investigação e que seguimos nos fazendo: O que seria essa nova cultura de pensamento?

Em diálogo com as teorias propostas pelos autores envolvidos nesse projeto, entendi que se trata de construir uma nova disposição de pensamento, de reposicionar-se diante do mundo e da aprendizagem, de olhar para os detalhes, de pensar com evidências, de construir redes de ideias, de escutar devagar, de olhar devagar, de estar inteiro nas situações, como nos aponta Tishman (2018).

Trata-se de um novo entendimento a respeito do que é pensamento. Se entendemos a aprendizagem como consequência do pensamento, torna-se necessário construir novos contextos para que ele aconteça, para que o aprendiz desenvolva seus conhecimentos de forma profunda, entendendo que a construção – ou mudança – de uma cultura envolve tempo, investimento, uma rede de pessoas, um ambiente propício à construção e uma mudança de hábito que se faz diariamente, não em pequenos atos ou atividades isoladas, como destacam os autores:

> A visibilidade nos oferece uma janela através da qual podemos ver como os alunos pensam. Como não nos contentamos apenas em olhar através desta janela, a visibilidade também nos dá sustentação para apoiar e promover esse pensamento, fazendo-o avançar e, com ele, a compreensão do aluno.
> "Como parte da experiência regular do dia a dia." Esta parte da definição de uma cultura do pensamento ecoa a ideia de Vygotsky (1978) de que "as crianças crescem na vida intelectual ao seu redor" (p. 88). Se quisermos promover uma cultura de pensamento, devemos envolver os alunos com o pensamento, não como algo pontual, atividade que realizamos em ocasiões especiais, mas no dia a dia ordinário da sala de aula. (RITCHHART, CHURCH e MORRISON, 2011, p. 220)

Para envolvermos nossos alunos com pensamentos, precisamos cercar a nós mesmos desse contexto. Exercitarmos nosso ato curioso diante do mundo e da aprendizagem, pesquisarmos atentamente, estudarmos não apenas os conteúdos, mas nossos alunos e como eles aprendem. Estudarmos também nosso próprio ato aprendiz, modificando nossa disposição diante do mundo.

Esses aspectos possibilitam a construção dessa nova cultura e nos movem para tentar entender quais são os movimentos do pensar e para conhecer os diferentes tipos de pensamento.

> O pensamento não acontece de maneira sequencial, progredindo sistematicamente de um nível ao outro. É muito mais confuso, complexo, dinâmico e interconectado do que isso. O pensamento está intrinsecamente ligado ao conteúdo; e para cada tipo ou ato de pensar, podemos discernir níveis ou desempenho. (RITCHHART, CHURCH e MORRISON, 2011, p. 8)

Rotinas do Pensamento e as ferramentas que contribuem para a construção dessa nova cultura

As Rotinas de Pensamento propõem a construção de hábitos em relação ao pensar. Segundo os autores, elas podem ser vistas de três formas: como ferramentas, como estruturas e como padrões.

Em linhas bem gerais, podemos dizer que ao longo da pesquisa em busca de tornar o pensamento visível os pesquisadores dedicaram-se a estudar quais as ferramentas que ajudam a desenvolver determinado "tipo de pensamento". Ferramentas simples e potentes que, ao serem utilizadas em diferentes contextos, contribuem para desenvolver estruturas que elevam o nível do pensamento dos alunos. Com a construção desses novos hábitos proporcionados pelo exercício do pensamento em contextos mais densos, instalam-se novos padrões, novos modos de se relacionar com o pensamento e a aprendizagem, promovendo a construção de uma nova cultura.

Para que essa construção aconteça, torna-se fundamental que os professores se dediquem a refletir sobre qual pensamento gostariam que os alunos desenvolvessem por trás de cada conteúdo, com o intuito de promover um aprendizado mais profundo.

A seguir, encontramos alguns "tipos de pensamento" descritos pelos pesquisadores:

- Observar e descrever
- Construir explicações e interpretações
- Raciocinar com evidências
- Fazer conexões
- Considerar diferentes pontos de vista e perspectivas
- Capturar a essência e tirar conclusões
- Questionar-se e fazer perguntas
- Descobrir a complexidade e ir além da superfície das coisas

Ao analisarmos esses "tipos de pensamento" de forma mais detalhada, identificamos que eles são estruturantes para o desenvolvimento de uma aprendizagem sólida, que considera a ideia de rede e o aprofundamento, o que os pesquisadores chamam de educação para a compreensão.

Refletindo de forma mais ampla sobre esses pensamentos, percebemos que independentemente da área de conhecimento, da faixa etária e dos conteúdos propostos, eles precisam ser acionados ao considerarmos experiências de aprendizagem profundas.

Assim, os pesquisadores do Projeto Zero dedicaram-se a estudar quais ferramentas poderiam tornar os aprendizes conscientes desse processo e, ao serem utilizadas, proporcionar a construção de uma nova cultura de pensamento. Ou seja, tornar um hábito esse modo de viver os processos de ensino e aprendizagem para professores e alunos.

Com isso, criaram instrumentos que favorecem o desenvolvimento de diferentes tipos de pensamento. Por exemplo, com o intuito de possibilitar que os alunos observem, descrevam e questionem em uma situação de aprendizagem, os professores podem utilizar a ferramenta Ver/Pensar/Questionar. Como isso funciona?

Ao propor uma atividade relacionada a determinado conteúdo em que seja necessário que os alunos observem uma imagem, assistam a um vídeo, leiam um texto etc., podemos solicitar que desenvolvam sua investigação utilizando essa ferramenta em "três tempos":

1º – Peça para que observem o que estão vendo e descrevam os detalhes. Apenas descrevam, sem interpretar.

2º – A partir do que "viram", peça aos alunos que digam o que pensam a respeito. Qual sua interpretação? O que acham que significa/representa?

3º – Que questionamentos surgiram? Dúvidas? Curiosidades? Novas hipóteses?

Esse é um dos muitos exemplos possíveis de ferramentas que contribuem para que os alunos coloquem em jogo suas hipóteses ao observar, descrever, interpretar, representar etc., que justifiquem suas ideias, que comparem, façam associações, busquem as evidências de seu pensamento. Aspectos fundamentais para que aprofundem o olhar e se apropriem da aprendizagem que, nesse contexto, desloca-se da posição de informação, memória e reprodução para a experiência de investigação, conexão e problematização.

É papel da escola proporcionar cenários para o desenvolvimento do pensamento e da aprendizagem de forma mais profunda e complexa, como nos propõem Masschelein e Simons (2014), ao dizerem que a escola é o lugar de tempo livre para o encontro com o conhecimento. Não com a informação, mas com a problematização, com a busca, com a pergunta, com as possibilidades, com a compreensão e o confronto de ideias. Ajudam-nos a retomar o sentido da escola como lugar para que o "mundo possa ser partilhado", para nos encontrarmos com as incertezas, com a investigação, com a formulação de ideias, com a criação de novos caminhos, e para isso nos convidam a pensar:

> Motores e carros meio desmontados são exibidos como se estivessem em um museu. Mas esse não é um museu do automóvel, é uma oficina, um atelier. [...] Essas peças não têm dono, apenas estão lá, para todos. Elas não são os modelos e motores mais recentes – mas é a essência o que conta. Montagem e desmontagem, em sua forma mais pura. Manutenção e pequenos reparos, também. As coisas devem ser bem-feitas, com um olho para o detalhe, *know-how* também, e muito discernimento. Não discernimento mecânico, mas o discernimento em mecânica. E eletrônica. Apenas o motor despojado parece ser capaz de dar esse discernimento, como um modelo nu em torno do qual o professor reúne seus alunos. Como se a coisa ansiasse por ser estudada, admirada, mas, também, cuidadosamente desmontada e cuidadosamente restaurada. Não tanto o professor, mas aquele motor requer habilidade, e é como se os motores em exposição tivessem se sacrificado para o aperfeiçoamento dessas habilidades. Eles fazem o tempo, dão tempo – e o professor garante que os alunos o usem. Para praticar com olhos, mãos e mente. Uma mão hábil, um olho experiente, uma mente focada – a mecânica está no toque. Apenas adequado, mas felizmente não totalmente. Porque, então, não haveria mais tempo para o estudo e a prática, e, portanto, não haveria tempo para erros e novos discernimentos. (MASSCHELEIN e SIMONS, 2014, pp. 37-38)

A imagem proposta coloca-nos diante da aprendizagem de uma forma ampla e complexa, que não apenas propõe ao aluno a memorização do conteúdo com um único e específico fim, mas busca pelo "pensamento por trás do conteúdo" (KRECHEVSKY et al., 2013).

O desafio, no entanto, é reconfigurar o papel do professor nessa perspectiva. Construir com ele um caminho para que sustente a suspensão, para que se faça, junto aos alunos, boas perguntas acerca do conteúdo e das redes que ele possibilita. Nessa perspectiva, torna-se fundamental a presença de um professor que também questione a si mesmo sobre o que sabe a respeito do conteúdo que pretende abordar e sobre o que gostaria de saber. Que busque a visibilidade do seu próprio pensamento e a centralidade do seu propósito no processo de ensino e aprendizagem.

Habituamo-nos a relacionar o professor com a imagem daquele que oferta respostas. Que faz perguntas ao outro (aluno). Perguntas para as quais já "sabe" a resposta, perguntas para checagem e não para a ampliação, para o aprofundamento, para o mergulho. Aliás, no percurso de formação de professores, pouco se fala sobre a importância do mergulho do professor em suas possibilidades de aprendizagem, sobre com que perguntas ele adentra a sala de aula. O que eu sei sobre o conteúdo proposto? O que me pergunto sobre esse tema? De que forma entro em contato com o pensamento do aluno e como essa percepção do pensar do outro abre caminhos para que eu pesquise o meu ensinar, colocando-o a serviço da aprendizagem?

O investimento na formação do professor-pesquisador relaciona-se diretamente à formação do aluno pesquisador e à construção dessa nova cultura de pensamento na sala de aula – um professor que pesquisa sobre as teorias e sobre seu próprio processo de investigação, mas que também pesquisa seus alunos e o modo como eles aprendem, como nos propõe a refletir Mark Church:

> Consequentemente, julguei meu ensinamento pela facilidade com a qual eu era capaz de transmitir informações ao longo de um caminho linear e unidirecional de conhecimento. Minha ideia de bom ensino era concentrar-me na criação e no fornecimento de atividades palatáveis, práticas, mas não necessariamente conscientes. Tornar-se um bom professor significava dominar um conjunto de técnicas de entrega e conhecer todas as respostas às perguntas dos meus alunos. Naqueles anos, ainda não me ocorrera que um bom ensino dependia do que eu sabia e entendia sobre os próprios alu-

nos e de como a aprendizagem acontece. (RITCHHART, CHURCH e MORRISON, 2011, p. 9)

A busca pela Visibilidade do Pensamento tem como objetivo central tornar o pensamento visível ao próprio pensante, de modo a promover o avanço de sua aprendizagem. Assim, torna-se importante encontrar ferramentas que contribuam para a consciência e consistência do trabalho.

Os professores, engajados nesse modo de entender a educação, modificam sua relação com o ensino, colocando-o a serviço da aprendizagem, o que requer um estudo profundo dos propósitos, o conhecimento de seus alunos e a análise dos processos, buscando a Visibilidade do Pensamento e o avanço na aprendizagem.

Assim, torna-se necessário o investimento na formação do professor, não apenas para que conheça as Rotinas de Pensamento, mas para que construa, ele mesmo, novos hábitos de pensar ao ter como focos de sua pesquisa a construção de sua postura investigativa e os processos de aprendizagem dos alunos.

Ao defender que a transformação na sala de aula requer a construção de uma nova cultura nas experiências de formação de professores, colocamo-nos a investigar os efeitos da construção dessa cultura na escola. Além de realizarmos, pela ComPosição, encontros de formação e organizarmos grupos de estudo que promovem a discussão e a reflexão sobre a prática à luz das pesquisas Visibilidade do Pensamento e Visibilidade da Aprendizagem, construindo formas de aproximar nosso cotidiano dessa nova cultura de formação, no papel de coordenadoras pedagógicas também vivenciamos em nosso cotidiano de atuação investigações sobre essas pesquisas, com o intuito de transformar nossa prática e nossa disposição diante dos contextos de formação. Durante o ano de 2019 iniciamos um percurso de estudo sobre o uso das Rotinas de Pensamento na formação continuada de um grupo de professores da Educação Infantil, com o intuito de aprofundar nosso olhar para os modos de tornar visível o pensamento e avançar na aprendizagem.

Faremos um breve relato sobre a experiência desenvolvida com um grupo de professores na Carandá Vivavida, escola privada, localizada na região Sul da cidade de São Paulo, que recebe alunos do Berçário ao Ensino Médio. O relato trará um pequeno recorte da experiência e alguns detalhes mais específicos do olhar de uma das professoras e o modo como começou a ampliar suas reflexões e intervenções em relação ao processo de aprendizagem dos alunos.

A formação continuada de professores em conexão com as Rotinas de Pensamento: um relato de experiência

Acreditamos que a transformação da experiência de aprendizagem dos alunos nasce da transformação do ensino e aprendizagem dos professores, como nos inspiram a pensar Ritchhart, Church e Morrison (2011) ao refletirem sobre a importância de criarmos constantemente ambientes de pensamento em nossas salas de aula, não como atos isolados, mas como hábitos cotidianos que provocam e desenvolvem o pensamento. Somente assim desenvolveremos a cultura de pensamento que estamos nos propondo a construir.

Dessa maneira, dedicamo-nos a investigar, na prática cotidiana, os efeitos dessa nova perspectiva no processo de formação de professores para a transformação da formação dos alunos. Atuo como coordenadora pedagógica na Carandá Vivavida, escola com um importante comprometimento com a formação continuada de professores, buscando sempre teorias que alicercem nosso trabalho, assim como estudando de forma aprofundada nossa prática com o intuito de avançar constantemente em nossos processos.

Nesse contexto, durante o ano de 2019 propusemo-nos a discutir, com um grupo de professoras da Educação Infantil, as Rotinas de Pensamento. Com encontros periódicos em pequenos grupos, vivenciamos experiências que nos colocaram diante do nosso próprio pensamento e dos recursos que acionávamos para pensar, para identificar questões, para buscar evidências do nosso pensamento e possíveis caminhos para avançarmos no processo de aprendizagem, sempre colocando em diálogo nossas próprias percepções e hipóteses acerca do conhecimento.

Ao serem questionadas sobre o que é pensar e o que acontece conosco quando dizemos que estamos pensando, surgiram diferentes representações.

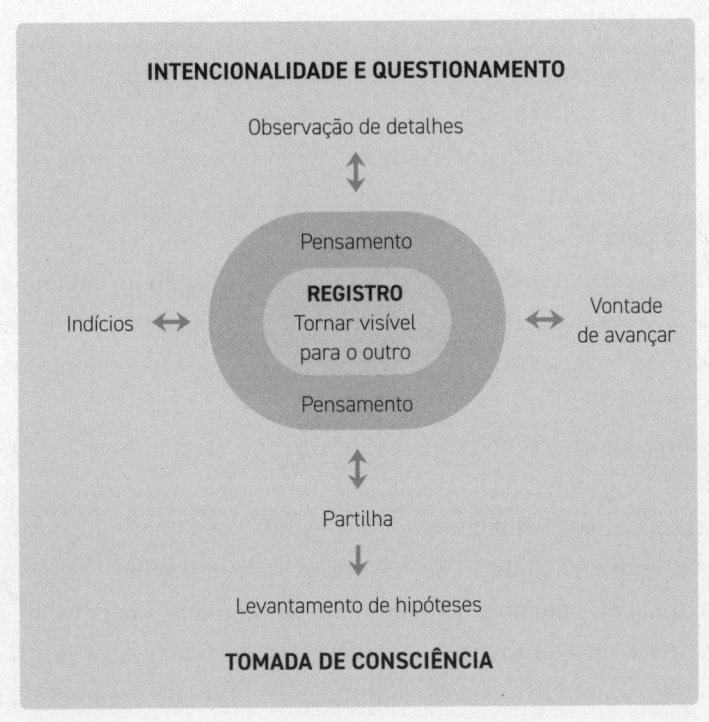

```
                    INTENCIONALIDADE E QUESTIONAMENTO
                           Observação de detalhes
                                    ↕
                                Pensamento
                                 REGISTRO
                  Indícios ↔   Tornar visível   ↔   Vontade
                                 para o outro        de avançar
                                Pensamento
                                    ↕
                                 Partilha
                                    ↓
                          Levantamento de hipóteses
                          TOMADA DE CONSCIÊNCIA
```

Figura 1 – Representação da ideia de pensamento. (Fonte: Elaborado pela autora.)

Esse foi um importante ponto de partida para refletirmos, com evidências, sobre os diferentes modos de pensar e a importância da escuta, do confronto de ideias, da interpretação e representação para desenvolvermos uma educação para a compreensão.

Nos encontros seguintes, começamos a nos aproximar dos possíveis recursos que podem ser utilizados para colocar esse processo em jogo, dos tipos de pensamento presentes e da importância de torná-los visíveis e conscientes, para que possamos avançar na aprendizagem.

Nessa etapa, particularmente nos importava encontrar a regularidade presente no ato de pensar e os padrões que colocavam em evidência os recursos já internalizados, apesar de nem sempre conscientes. Ao tomarmos contato com os recursos e socializarmos com os pares, criamos novas possibilidades de investigação e aprofundamento.

Essa experiência foi vivenciada com algumas ferramentas que punham em jogo o leque de estratégias propostas pelas Rotinas de Pensamento, sempre buscando o pensamento por trás do conteúdo e o propósito de nossas ações. Os conteúdos utilizados para essa investigação, além da aproximação da teoria desenvolvida pelas pesquisas do Projeto Zero, foram os conteúdos da nossa formação, o que envolvia o estudo do currículo, as características da faixa etária, o trabalho por projetos, o papel do professor etc., sempre buscando compreender a relação entre pensamento e aprendizagem adentrando as camadas desse tema. O que seria necessário para tentar compreender algo, e não apenas informar ou memorizar? Como encontramos as evidências do nosso pensamento?

As ferramentas Ver/Pensar/Questionar, Conectar/Ampliar/Desafiar, Manchetes e Eu costumava pensar.../Agora eu penso... foram utilizadas em nosso percurso. Inicialmente, para estudar os conteúdos do trabalho e, mais tarde, para estudar nossa prática e a aprendizagem dos alunos. Ao nos aproximarmos da ideia de documentação como prospectiva, buscando tornar visíveis os pensamentos e as aprendizagens das crianças, também buscávamos tornar visíveis nossos próprios pensamentos e aprendizagens. Foram muitos os momentos em que nos dedicamos a observar, descrever, interpretar, representar, questionar, comparar e conectar. A análise em pequenos grupos foi um recurso frequente e poderoso para construir uma percepção mais clara do próprio pensar, assim como para organizar melhor o pensamento e sua representação.

A percepção das sensações, dos desafios e da potência das discussões passou também a ressignificar o olhar para as proposições em relação aos alunos, como mostra a reflexão de uma das professoras: "Será que precisamos propor que as rodas de conversa com as crianças aconteçam sempre com todas elas juntas? Acho que podemos propor grupos menores com mais frequência". Talvez essa fala representasse o despontar do primeiro passo rumo à construção de uma nova cultura, de uma nova disposição diante da aprendizagem...

O uso das ferramentas foi um passo importante para avaliarmos como pensamos e para colocarmos em evidência alguns de nossos pensamentos. Abaixo, algumas representações que surgiram com o uso de algumas Rotinas de Pensamento:

Educação: Conexão com a vida

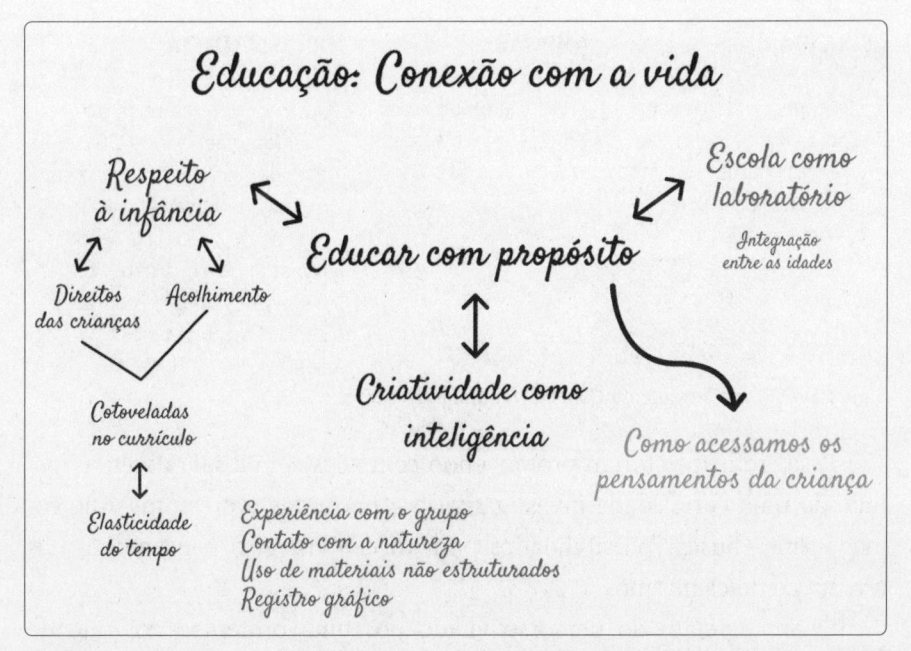

- Respeito à infância
  - Direitos das crianças
  - Acolhimento
- Cotoveladas no currículo
- Elasticidade do tempo
- **Educar com propósito**
- Criatividade como inteligência
  - Experiência com o grupo
  - Contato com a natureza
  - Uso de materiais não estruturados
  - Registro gráfico
- Escola como laboratório
  - Integração entre as idades
- Como acessamos os pensamentos da criança

Figura 2 – Síntese do pensamento usando a ferramenta "Manchetes". (Fonte: Acervo pessoal da autora.)

VER	PENSAR	QUESTIONAR
• Roda de crianças, • Saco com maçãs diversificadas, • Adulto intermediando a conversa.	A todo momento elas usam seus conhecimentos prévios para construir novas suposições/teorias para responder a novas perguntas.	Como manter um diálogo, fazer perguntas que auxiliem na construção do conhecimento deles sem dar a resposta diretamente? Ter sua agilidade nas perguntas.

Figura 3 – Uso da ferramenta Ver/Pensar/Questionar.

EU COSTUMAVA PENSAR... AGORA EU PENSO...

Eu acreditava que as crianças não tinham recursos para responder perguntas sobre algo que elas não tinham vivido. Então, ao "dar respostas" prontas eu as estaria ajudando.

Criar perguntas e deixar as crianças criarem hipóteses a partir das suas culturas/experiências vividas auxiliam-nas a serem protagonistas de suas aprendizagens e crescerem com senso crítico/investigativo desde novas.

Figura 4 – Uso da ferramenta Eu costumava pensar.../Agora eu penso...

CONECTAR	AMPLIAR	DESAFIAR/META
Me conecto com minha dificuldade de deixar as crianças falarem sem intervir ou fazer perguntas direcionadas.	Quero ampliar meu olhar e minha escuta. O tempo de só ouvir.	Ao longo dessas duas semanas, fazer ao menos três rodas de conversa com meu grupo, alternando entre a turma toda e pequenos grupos, registrando em vídeo. Possivelmente o tema da conversa será os recombinados.

Figura 5 – Uso da ferramenta Conectar/Ampliar/Desafiar.

Essas reflexões foram promovendo conexões com a sala de aula, instalando uma curiosidade investigativa por parte das professoras, que começavam a buscar possibilidades para tornar visível o pensamento das crianças e deles mesmos.

O breve relato do percurso vivido por uma professora no ano de 2019, durante o trabalho desenvolvido com um grupo de crianças de cinco anos, e a percepção que foi se revelando aos poucos sobre os primeiros movimentos de transformação do seu olhar e intervenções mostram um exemplo dos efeitos dessa experiência de formação de professores para a construção de um novo ambiente de aprendizagem em sala de aula.

As mudanças começaram em pequenos gestos, em movimentos pontuais de observação e busca por novos caminhos que, aos poucos, passaram a promover um olhar mais atento aos detalhes. Os primeiros sinais dessa mudança manifestaram-se na escuta da professora durante o projeto desenvolvido com as crianças e sua busca por criar contextos para que elas expressassem seu pensamento com diferentes linguagens.

Preocupada em não entregar o currículo às crianças com respostas às questões, a professora ocupou-se da escuta e da criação de cenários que colocassem os alunos diante do seu próprio pensamento, instigou-os a levantarem hipóteses, confrontarem ideias, buscarem as evidências de suas teorias.

Ao se perguntarem sobre a vida antes do aparecimento do celular (pergunta disparadora do projeto envolvendo a história da humanidade), os alunos aproximaram-se da vida no tempo das cavernas e da história da humanidade. Inicialmente sem muita clareza, as ferramentas começavam a ser utilizadas em sua sala de aula. Nesse momento ainda não como ferramenta, mas com os propósitos presentes nelas garantidos.

Ao propor esse contato com o tempo das cavernas, por exemplo, a professora utilizou um vídeo e propôs uma conversa entre as crianças sobre suas impressões – elementos presentes na rotina Ver/Pensar/Questionar. As crianças, também sem perceberem, fizeram o movimento de observar as cenas, de interpretar suas observações, conectar com informações que já possuíam e levantar hipóteses: "Os dinossauros viviam nas cavernas". Diante das afirmações, a professora, apesar do impulso de oferecer respostas, buscou questionamentos que ajudassem as crianças a criar hipóteses: "Por que você acha que existiam dinossauros nessa época?". Pergunta que se aproxima da ferramenta "O que faz você dizer isso?", que propõe pensar com evidências.

Outras perguntas surgiram... Sobre como fazer o fogo, sobre como as pessoas se deslocavam, sobre as pinturas na parede, sobre como se comunicavam. Diante das questões, novos caminhos se abriam para as crianças confrontarem seus olhares e representarem seus pensamentos. Os desenhos foram utilizados como linguagem para expressarem suas teorias, confrontarem olhares e documentarem seu percurso.

Essas intervenções também começaram a promover uma nova relação das crianças com a escuta e a interpretação, como recurso para compreenderem melhor seus próprios pensamentos a partir da representação de suas ideias.

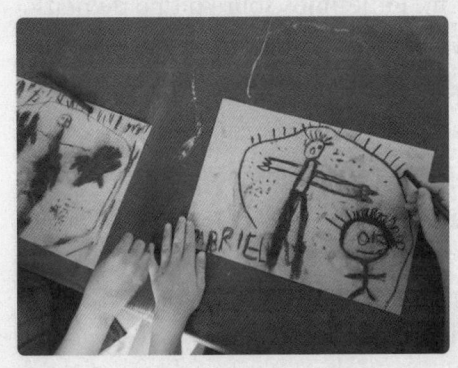

Figura 6 – Desenho de aluno. (Fonte: Acervo pessoal da autora.)

Figura 7 – Desenho de aluno. (Fonte: Acervo pessoal da autora.)

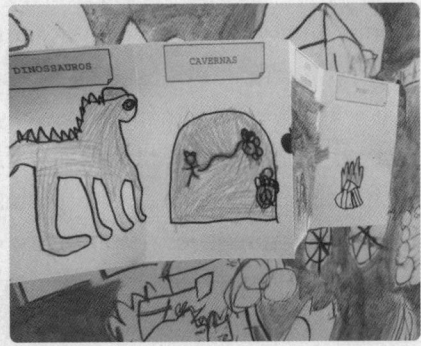

Figura 8 – Desenho a carvão na parede. (Fonte: Acervo pessoal da autora.)

Figura 9 – Arte com carvão e terra na parede. (Fonte: Acervo pessoal da autora.)

Diante de novas situações, passaram a mostrar uma escuta diferenciada, algo que chamou a atenção. Era muito comum chegarmos ao ambiente em que estavam produzindo e nos surpreendermos com o silêncio investigativo ali presente. Mergulhados nas perguntas, na observação, na escuta do outro.

Em contextos de investigação, as crianças revelavam em suas perguntas e comentários o quanto começavam a complementar o pensamento uns dos outros, ou ampliar seus pensamentos ao colocá-los em diálogo com o outro. Algo que, aos poucos, foi sendo incorporado no grupo, mesmo que inicialmente sem muita clareza.

Nesse ponto, já no segundo semestre, iniciamos conversas sobre o princípio das ferramentas, pensando em como seria possível utilizá-las com as crianças para investigarmos de forma mais clara de que modo elas contribuiriam para tornar o pensamento visível e, desse modo, possibilitariam avanços na aprendizagem. Refletimos sobre o tipo de pensamento que gostaríamos que desenvolvessem por trás do conteúdo, com foco nos seguintes tipos de pensamento: observar e descrever. Avaliamos que a rotina mais adequada para esse objetivo seria Ver/Pensar/Questionar, porém, nesse momento, focaríamos nos campos "ver e pensar", ou seja, que observassem e interpretassem. Aqui, tratamos da visibilidade/clareza das intenções do professor e em como a definição dos propósitos é essencial para fazer escolhas. Não apenas em relação às ferramentas adequadas, mas quais as melhores intervenções para que todos se engajem na aprendizagem.

O conteúdo proposto para essa experiência foi a escrita. O propósito era possibilitar que os alunos tornassem visíveis suas hipóteses em um contexto coletivo, com o intuito de que essa experiência visibilizasse o pensamento e contribuísse para o avanço na aprendizagem. No primeiro momento, a dúvida: "Como podemos utilizar uma ferramenta com crianças tão pequenas?". Logo percebemos que, ao nos apropriarmos do conceito proposto, conseguimos pensar nas variações adequadas para utilizar as ferramentas com qualquer faixa etária.

Assim, a professora levou para o grupo um cartão com uma "palavra secreta" e a proposta de que a descobrissem. O objetivo da professora, no entanto, não era que desvendassem a palavra, mas que entrassem em contato com seus pensamentos, que começassem a perceber os recursos que utilizam para tentar decifrar a escrita e que socializassem suas hipóteses, confrontassem diferentes pontos de vista – aspectos muito presentes nas rotinas.

Para registrar a experiência, a professora gravou o áudio da conversa. Ao analisarmos o material, aspectos muito interessantes se revelaram:

- Crianças que observavam e descreviam as letras presentes na palavra;
- Crianças que tentavam adivinhar por associação – a partir da escuta da hipótese dos colegas;
- Crianças que associavam algumas sílabas aos nomes dos colegas/repertório estável.

Analisar conjuntamente a documentação dessa experiência possibilitou uma reflexão mais profunda por parte da professora, que começou a adentrar as camadas do pensamento dos alunos. Também nos permitiu refletir sobre a intervenção da professora e a considerar caminhos possíveis para que essa experiência possibilitasse às crianças encontrarem algumas regularidades em seu pensar. Por exemplo: ao compartilhar com elas o áudio, a professora poderia pedir que descrevessem os recursos que utilizaram para tentar descobrir a palavra; em seguida, registrar com as crianças suas percepções, possibilitando que elas visibilizassem seus pensamentos e percebessem o quanto poderiam utilizar esses recursos em diferentes contextos.

Outras possibilidades poderiam ser consideradas, como outros meios de registro que permitiriam ampliar seus campos de conexão. Porém, o mais significativo nessa experiência foi o quanto os alunos e a professora avançaram em relação à escuta, observação, análise, interpretação, conexão e busca por possibilidades ao se encontrarem com seus pensamentos, ao se dedicarem a olhar para os detalhes, descreverem, compararem, considerarem diferentes pontos de vista. Como quando tentamos juntar as peças de um quebra-cabeça, dedicaram-se a olhar detalhadamente para as pistas que cada sinal, cada pequena peça poderia apontar para uma construção mais ampla.

Algumas considerações

Um objetivo importante de tornar visível o pensamento refere-se à busca de uma educação para a compreensão. No decorrer desses estudos, fomos nos aproximando do entendimento do que é compreensão. Em linhas gerais, concluímos que a compreensão tem relação com a condição de utilizar um conhecimento adquirido em um novo contexto, de acionar algo que se sabe para desenvolver algo que não se conhece. Ou, como nos propõe Blythe (1998) no livro *O guia de ensino para a compreensão*, uma educação para a compreensão precisa considerar uma estrutura que "inclui quatro ideias-chave: tópicos gerais, objetivos de compreensão, ações de compreensão e avaliação contínua" (BLYTHE, 1998, p. 17).

Reiteramos que construir essa estrutura que permite generalizar questões, compreender assuntos de forma ampla, analisar fatos de forma profunda, buscar evidências do pensamento etc. não é algo que se constrói com investimentos pontuais, não é algo que se desenvolve com um guia de instruções. É algo que se constrói com ações, com experiências cotidianas que nos põem a pensar profundamente, com investimentos diários para que nós e nossos alunos possamos buscar detalhes, descrever situações, confrontar ideias, representar o pensamento e torná-lo visível a nós mesmos e aos outros ao nosso redor. Portanto, uma construção que se faz com tempo e no tempo, como acontece com todo processo de criação e transformação de cultura, não algo que se desenvolve com uma atividade ou informação.

Dessa forma, sabemos que um ano é um período curto para uma construção tão complexa e profunda como o desenvolvimento de uma nova cultura de pensamento. No entanto, esse tempo foi suficiente para desvelar os primeiros sinais da construção de uma nova disposição diante da aprendizagem, da curiosidade investigativa, do desbravar das ideias.

Essa experiência inicial na formação continuada de professores revelou quanto as Rotinas de Pensamento promoveram o reencontro com o desejo de compreender de forma mais profunda os conteúdos e de buscar um ensino que possibilite esse engajamento nos alunos em seu processo aprendiz, e também nos professores, ao tentarem desvelar o processo de aprendizagem.

E foi nos alunos que também vimos brotar os primeiros ramos desse processo. Observamos que as crianças expostas a essas ferramentas, ainda que de forma inicial, começaram a demonstrar escuta e olhar mais atentos aos pequenos contextos, a esboçar de forma mais espontânea suas ideias, a ouvir e integrar as ideias dos colegas às suas, a fazerem-se perguntas sobre as situações, mais do que afirmações. Teremos a oportunidade de seguir nesse percurso com o mesmo grupo de crianças ao longo do próximo ano, o que trará a oportunidade de avançar nos resultados e na investigação dos processos.

Seguiremos esse percurso com a investigação constante e consistente acerca da construção dessa nova cultura de pensamento na formação continuada de professores, sabendo que ela é condição para que nossos alunos possam avançar em suas aprendizagens e para tornar visíveis seus pensamentos.

PARA SABER MAIS

Os textos do Projeto Zero (em inglês) estão disponíveis nos links abaixo. Acessos em: 4 ago. 2021.

"8 forças que moldam a cultura do grupo"

"Colocando a compreensão na frente"

"10 Ideias para começar a construir uma cultura de pensamento em sua escola"

"Tornando o pensamento visível"

Referências bibliográficas

BLYTHE, T. *The teaching for understanding guide*. São Francisco: Jossey-Bass, 1998.

KRECHEVSKY, M.; MARDELL, B.; RIVARD, M. et al. *Visible learners*: promoting Reggio-inspired aproches in all schools. São Francisco: Jossey-Bass, 2013.

MASSCHELEIN, J.; SIMONS, M. *Em defesa da escola*: uma questão pública. Belo Horizonte: Autêntica, 2014.

PROJECT ZERO. Disponível em: <https://pz.harvard.edu>. Acesso em: 2 mar. 2020.

RITCHHART, R. *Creating cultures of thinking*: the 8 forces we must master to truly transform our schools. São Francisco: Jossey-Bass, 2015.

____; CHURCH, M.; MORRISON, K. *Making thinking visible*: how to promote engagement, understanding, and independence for all learners. São Francisco: Jossey-Bass, 2011.

TISHMAN, S. *Slow looking*: the art and practice of learning through observation. Nova York/Londres: Routledge/Taylor and Francis Group, 2018.

CAPÍTULO 3

A APRENDIZAGEM VISÍVEL E A TRANSFORMAÇÃO DOCENTE

Ana Lopes-Mesquita e Daniela Cayuela

O presente capítulo traz uma análise de como o estudo e a reflexão teórico-prática das pesquisas do Projeto Zero[1] e da abordagem Reggio Emilia, com foco no pensamento e na aprendizagem visível, trouxeram contribuições para a compreensão de como se constrói o processo de aprendizagem, por meio da formação de educadores da primeira infância em Portugal. O relato de experiências e os casos de transformação docente foram teoricamente sustentados nos estudos de Reggio Emilia (EDWARDS, GANDINI e FORMAN, 2016) e nas abordagens de Aprendizagem Visível e Pensamento Visível (GIUDICI, RINALDI e KRECHEVSKY, 2011; RITCHHART, CHURCH e MORRISON, 2011; KRECHEVSKY, MARDELL e WILSON, 2013).

Diante do desafio da transposição didática e da contextualização dessas pesquisas, considerando a realidade de cada educador, bem como as necessidades das crianças, esta análise traz como fio condutor a intenção de desenvolver nos educadores a disposição para pensar de forma profunda sobre como se constrói a aprendizagem. A hipótese deste estudo é que, a partir dessa consciência, o educador terá mais repertório e condições para criar oportunidades e contextos para tornar visível o pensamento das crianças, criar bons hábitos mentais nas salas de aula e envolver os alunos com as ideias.

As propostas pedagógicas abordadas neste estudo fundamentam-se nos estudos do Projeto Zero sobre o pensamento visível e o uso das Rotinas de Pensamento, e nas pesquisas sobre aprendizagem visível inspiradas pela filosofia educacional inovadora que se originou em Reggio Emilia, uma pequena cidade na Itália. Estes estudos sugerem práticas, baseadas

---
1 Disponível em: <https://pz.harvard.edu/>. Acesso em: 16 nov. 2020.

em pesquisas, para fomentar a aprendizagem individual e em grupos, por meio de documentação. Essa abordagem foi desenvolvida durante uma colaboração em longo prazo entre pesquisadores do Projeto Zero, da Universidade de Harvard, e professores de Reggio Emilia.

As pesquisas em pensamento visível fundamentam-se em um projeto de cinco anos de exploração sobre como cultivar culturas de pensamento em contextos escolares. Após essas pesquisas em desenvolvimento de culturas e disposições para o pensar, criou-se um conjunto de Rotinas de Pensamento, que são estratégias simples para descortinar o pensamento, desenhadas para serem usadas na prática diária em salas de aula, com o objetivo de nutrir os pensamentos dos alunos e torná-los visíveis. Como todas as pesquisas no âmbito do Projeto Zero são alinhadas em suas visões e fundamentos, os estudos em aprendizagem visível serviram de base para as questões da visibilidade e da documentação do pensamento.

O projeto Kalambaka é um centro de formação, consultoria e acompanhamento pedagógico com a intenção de inovar e repensar práticas pedagógicas em Portugal, fortemente inspirado pela abordagem Reggio Emilia. Organizamos uma agenda de formações continuadas para o ano de 2019, aberta ao público de educadores e interessados. Os grupos eram formados por uma média de 15 a vinte educadores, vindos de diferentes contextos escolares (diretores, pesquisadores, educadores de escolas públicas, privadas e associações público/privado), e os encontros se deram em escolas, ateliês, espaços cedidos ou alugados, em diferentes cidades de Portugal. O financiamento das formações foi, na maioria dos casos, privado ou pago pela escola contratante. As propostas citadas neste artigo referem-se a três formações, com duração de três a quatro horas cada uma, que se realizaram ao longo do ano abordando os estudos de Reggio Emilia, o pensamento visível e a aprendizagem visível.

Sondagem sobre o que pensam os professores a respeito do pensamento

Como ponto de partida para a reflexão teórico-prática sobre o pensamento e a aprendizagem visível as formadoras escutaram o que os educadores pensam sobre o pensamento, lançando a discussão sobre o que é pensamento e o que está acontecendo em suas cabeças quando dizem a alguém que estão pensando.

Num primeiro momento, notou-se certo estranhamento e dificuldade na busca por suas próprias teorias. A maioria das respostas foram metacognitivas, focadas na epistemologia e natureza da compreensão: "refletimos para resolver algo", "ideias na nossa cabeça", "uma escolha relacionada com nossos atos e palavras". Essas interpretações são indicadores de uma ótima consciência sobre o pensamento. Outras respostas foram mais estratégicas, relacionando o pensamento com abordagens construtivas e profundas de aprendizagem: "meio de chegar a uma conclusão", "resolver um problema". De acordo com Ritchhart, Church e Morrison (2011), tornar o pensamento visível se refere ao uso de algumas estratégias e processos específicos de pensamento, usados para construir uma compreensão mais profunda sobre algo.

Após essa sondagem sobre o pensamento dos educadores acerca do pensamento e da documentação do que foi dito (Figura 1), introduzimos a Rotina de Pensamento Zoom, como ferramenta para avançarem na compreensão e consciência dessas estratégias.

A intenção era que os educadores construíssem conhecimento e tivessem consciência da importância dessas estratégias quando empregadas para facilitar e direcionar o pensamento, desenvolvendo assim aprendizagens mais profundas.

Figura 1 – Documentação das reflexões dos educadores sobre o pensamento. (Fonte: Daniela Cayuela.)

Introdução às Rotinas de Pensamento (RP)

As Rotinas de Pensamento podem ser definidas como ferramentas, estruturas ou padrões de comportamento que ampliam e organizam as práticas de questionar, escutar e documentar. O uso dessas rotinas representa esforços contínuos para tornar o pensamento visível (RITCHHART, CHURCH e MORRISON, 2011).

A rotina escolhida para aprofundar a reflexão sobre o pensamento visível foi o Zoom. Nessa rotina solicita-se aos educadores que observem um pedaço de imagem e levantem suas hipóteses. Aos poucos, novas informações visuais são mostradas e os educadores são convidados a olhar novamente de perto e reelaborar as hipóteses iniciais. As reflexões são feitas primeiro individualmente e depois compartilhadas em pequenos grupos. Os participantes têm que lidar com o fato de suas informações serem limitadas e suas interpretações, tentativas de atribuição de sentido que mudam quando novas informações são apresentadas.

O processo de construir diferentes hipóteses permite aos educadores não apenas perceber que tudo bem mudar de ideia a respeito de algo, mas também que é importante ser flexível e "mente aberta" o suficiente para mudar de ideia quando novas e, às vezes, conflitantes informações são mostradas e suas hipóteses originais são refutadas.

Ao revelar apenas pequenas porções da imagem, essa rotina incentiva o engajamento com o material escolhido de uma forma que, se tivéssemos mostrado a imagem inteira de uma vez, não envolveria tanto. Os participantes têm que agir como detetives para construírem significado individual e coletivamente (Figuras 2 e 3). Por quatro vezes, uma porção cada vez maior da imagem é revelada até chegar ao seu formato original; a cada nova informação surgem perguntas para reflexão individual, nos pequenos grupos, e finaliza-se com a troca entre todos os participantes da formação. O foco desta RP é fomentar a construção de teorias individuais e em grupo.

A ideia central dessa rotina é encorajar os professores a discutirem sobre suas diferentes interpretações e refletirem sobre como seus pensamentos mudaram à medida que cada porção de informação era adicionada. Ao discutir esse processo com o grupo, era perguntado como mostrar apenas pequenas informações por vez influenciava as suas interpretações, quais

Figura 2 – A primeira imagem apresentada, usando a ferramenta Zoom. (Fonte: Daniela Cayuela.)

Figura 3 – A última imagem apresentada usando a RP Zoom. (Fonte: Daniela Cayuela.)

partes eram particularmente ricas em detalhes e tiveram um efeito dramático, quais informações eram ambíguas, e qual seria o efeito se toda a imagem fosse revelada instantaneamente, em vez de ser revelada aos poucos. Os participantes também foram encorajados a fazer conexões sobre como, em outras situações, eles mudaram seus pensamentos ou julgamentos a respeito de algo, à medida que descobriram algo a mais sobre a situação, e também conforme ouviam as teorias dos outros.

Esse processo estimula a disposição dos professores a olhar de perto, observar cuidadosamente os detalhes e, a partir disso, fazer interpretações. Outra intenção é despertá-los para a ideia de que nossas primeiras interpretações sobre algo são tentativas, e são limitadas de acordo com a informação que temos em mãos. Dessa forma, é necessário, sempre que possível, reavaliar as interpretações iniciais à luz de novas informações.

A ferramenta de autoavaliação desse processo é feita com as seguintes perguntas:

- Você consegue ter um olhar cuidadoso para os detalhes?
- Você é capaz de evidenciar suas hipóteses?
- Você modifica suas hipóteses com as novas informações?
- Você considera as contribuições das ideias dos outros para ampliar suas próprias teorias?
- Você consegue refletir sobre como e por que seu pensamento muda durante o processo?

Acredita-se que, a partir dessas reflexões, o processo de construção de uma compreensão mais profunda sobre como se dá a aprendizagem, individual e em grupo, começa a se tornar cada vez mais visível.

Após uma reflexão mais teórica sobre as Rotinas de Pensamento, por meio de vídeos institucionais do Projeto Zero[2] e do estudo de alguns trechos do livro *Tornando o pensamento visível* (RITCHHART, CHURCH e MORRISON, 2011), foi abordada uma última Rotina de Pensamento, Conectar/Ampliar/Testar (*Connect/Extend/Challenge*), com o objetivo de tornar visível para os formadores o que os educadores conseguiram compreender com essas novas ideias e como eles pretendem usá-las em seus contextos de prática pedagógica (Figura 4).

Ao serem questionados sobre o que eles ouviram de novo que conectou com algo que já sabiam ou faziam, muitos educadores afirmaram que sabem da importância das perguntas e que as fazem. No entanto, percebem que o tipo de pergunta encaminhada aos alunos muitas vezes induz a uma resposta que o educador quer ouvir ou a uma resposta "certa". Também notaram que havia um espaço para elaboração de perguntas para que os educadores falassem sobre suas curiosidades e questionamentos ou dificuldades a respeito de algo. Para eles ficou clara a necessidade de uma "autorização" das formadoras para que eles conseguissem tornar visível seus questionamentos e que isso provavelmente aconteça em suas salas de aula. Ou seja, não é fácil para os estudantes de alguns contextos educacionais tornarem visíveis, para o educador e para o grupo, seus questionamentos, suas hipóteses e suas curiosidades.

No momento de refletirem sobre o que surgiu de novo, fica evidente para todos que existem algumas perguntas que facilitam o acesso às teo-

---

2 Gostamos de citar os seguintes: *A cidade de Reggio – a cidade dos garotos* (<https://vimeo.com/117874237>), vídeo de nove minutos que documenta a história de um grupo de garotos em Reggio Emilia criando um mapa da sua cidade; e o vídeo em que Ron Berger (*Expeditionary learning*) demonstra o poder da documentação seguida de observação, reflexão, crítica e *feedback*, para aprofundar e avançar o trabalho dos estudantes: <www.youtube.com/watch?v=hqh1MRWZjms>. Quem adquire o livro *Tornando o pensamento visível* (Ritchhart, Church e Morrison, 2011) recebe uma senha com acesso a vários vídeos de educadores utilizando diferentes Rotinas de Pensamento, em salas de aula de diferentes etapas do ensino. Para saber mais sobre as Rotinas de Pensamento, veja: <www.youtube.com/watch?v=oKV_S5NpDdc>. Acessos em: 18 fev. 2021.

Figura 4 – RP: Conectar/Ampliar/Testar, reflexões e documentações individuais e em grupo. (Fonte: Daniela Cayuela.)

rias e interpretações dos próprios alunos. A pergunta "O que faz você dizer isso?", muitas vezes feita pelas formadoras, é a mais citada como exemplo de uma boa pergunta, capaz de criar um contexto que possa tornar visível o pensamento dos alunos, engajá-los com suas próprias ideias e ajudá-los a avançar na compreensão de algo, partindo de suas próprias hipóteses. A maioria dos educadores citou as perguntas utilizadas nas Rotinas de Pensamento como uma primeira tentativa de mudança a ser posta em prática nas suas salas de aula.

Também notaram que, quando é dada a oportunidade para os alunos fazerem perguntas, estas são excelentes indicadores sobre o que os engaja, no que estão confusos, ou onde estão buscando clareza. Os educadores também citaram a necessidade de criar contextos em que os alunos se sintam seguros e estimulados a falar sobre seus pensamentos, assim como a importância de oportunizar a escuta e a troca das diferentes ideias dos grupos, de modo que as teorias individuais fossem repensadas e aprofundadas.

A documentação como forma de tornar visível a aprendizagem

Ao trazer o tema da documentação, nossa primeira intenção foi descortinar o que os educadores entendiam por documentação, de forma geral, por meio de questões como: O que e como documentar? Documentar para quem? Por que documentar? Dessa forma, são lançadas as primeiras reflexões sobre como tornar visível a aprendizagem e, o mais importante, para que torná-la visível.

Após algumas dinâmicas de aprendizagem em grupo e provocações por meio de vídeos, textos e práticas de documentação, a intenção foi mostrar aos educadores que a documentação deve ir além de uma retrospectiva. Documentar deve ter o foco não apenas nos produtos da aprendizagem, mas, principalmente, nos processos, tentando capturar eventos, questões, conversas e atos que provocam e fazem avançar a aprendizagem.

A definição de documentação de acordo com os pesquisadores de Harvard (RITCHHART, CHURCH e MORRISON, 2011) e de Reggio Emilia (EDWARDS, GANDINI e FORMAN, 2016) pode ser resumida assim:

> É a prática de observar, gravar, interpretar e compartilhar, através de uma variedade de mídias, os processos e os produtos do ensino e da aprendizagem, com o objetivo de aprofundar e avançar a aprendizagem. (KRECHEVSKY, MARDELL e WILSON, 2013, p. 74)

Essa definição traz uma reflexão fundamental, uma vez que a documentação é vista não apenas para servir a um propósito histórico ou referencial, mas também para elaborar as futuras experiências. Apesar de saber a importância de o que e como documentar, o mais crítico é compreender que a documentação não deve ter um fim em si mesma. Para que a documentação seja útil, os professores precisam fazer algo com ela. Educadores usam práticas de documentação para aprofundar o aprendizado deles mesmos, de seus alunos, de seus colegas, dos pais e até mesmo de um público maior.

Segundo os educadores, a dificuldade está não apenas em escolher (Figura 5) o que é mais relevante para ser documentado e quais ferramentas de documentação são mais apropriadas, mas, principalmente, saber o que fazer com aquele material documentado.

Os educadores de Reggio Emilia percebem desde cedo que documentar sistematicamente o processo e os resultados dos trabalhos com as crianças serve a três funções importantes:

> Oferecer às crianças uma memória concreta e visível do que disseram e fizeram, a fim de servir como ponto de partida para os próximos passos na aprendizagem; oferecer aos educadores uma ferramenta para pesquisas e uma chave para melhoria e renovação contínuas; e oferecer aos pais e ao público informações detalhadas sobre o que ocorre nas escolas, como um meio de obter suas reações e apoio. (EDWARDS, GANDINI e FORMAN, 2016, p. 27)

Tornar visível o trabalho das crianças envolve contar o processo (Figura 6), descrever as várias etapas e a evolução da atividade ou projeto e, ainda, completar com a transcrição dos comentários e das conversas das próprias crianças ocorridos durante a experiência.

Expor o que foi documentado (Figura 7) é um modo de mostrar aos pais, aos colegas e aos visitantes o potencial das crianças, sua capacidade de desenvolvimento e o que ocorre na escola. Também torna as crianças conscientes do valor e da consideração que os adultos têm por seus trabalhos. Finalmente, tornar a aprendizagem visível ajuda os professores na avaliação dos resultados de suas atividades e contribui para seu próprio avanço profissional.

Aprendizagem visível, uma reflexão teórico-prática

Após ter participado de algumas formações em torno dos temas da abordagem Reggio Emilia e do pensamento e da aprendizagem visíveis, duas edu-

Figura 5 – Reflexão sobre as escolhas num processo. (Fonte: Ana Lopes-Mesquita.)

Figura 6 – A observação e o registro de Documentação Pedagógica. (Fonte: Ana Lopes-Mesquita.)

Figura 7 – Referências e exemplos como apoio ao desenvolvimento de ética e estética inerentes ao processo documental. (Fonte: Ana Lopes-Mesquita.)

cadoras do grupo foram convidadas a trazer suas reflexões teórico-práticas a respeito de como essas teorias ganham forma no fazer pedagógico cotidiano.

Com o intuito de orientá-las a respeito dessas reflexões, elaboramos as seguintes questões:

- Qual a ideia central que sintetiza e captura o aspecto-chave dessas formações, e o que você sente ser o mais significativo e importante para sua prática?
- O que faz você pensar que essa foi a principal mensagem? Desenvolva sua hipótese com exemplos concretos.
- Qual o seu entendimento sobre a aprendizagem visível e quais vantagens você encontra nessa prática?
- Como a prática regular de algumas ferramentas e estratégias da aprendizagem visível (Rotinas de Pensamento) influenciou a sua imagem da criança?
- Como educadora, como foi a percepção/articulação do seu papel e funções com essas estratégias e abordagens pedagógicas?
- Diante dessas reflexões teórico-práticas, o que mais a inquietou ou maravilhou?
- Há algum aspecto nessas teorias que faz você questionar?

Sara Silva, educadora de crianças de dois anos em uma Instituição Particular de Solidariedade Social (IPSS), da cidade de Leiria, Portugal, observou que essas formações a ajudaram a planejar sua ação de forma a colocar o foco na criança, o que infelizmente muitas vezes não acontecia. Esse caso específico de tornar o pensamento visível através da documentação trouxe várias contribuições, pois ela percebeu que é possível registrar os processos que envolvem a aprendizagem da criança, seja ela fruto de uma provocação por parte do adulto, seja uma motivação da própria criança. Documentar, de acordo com Sara, é uma das coisas mais importantes na sua prática hoje, pois permite avaliar o que vai acontecendo e ajuda a ajustar a sua ação futura. Documentar, no fundo, é uma bússola que hoje lhe permite saber para onde pode ir amanhã. Tudo isso é visto como um benefício para ela enquanto educadora, para a escola e as famílias, que podem acompanhar de forma mais real o que de fato é vivido e conquistado pelas crianças. Sobretudo beneficia a criança, que, ao se assumir e ser reconhecida como sujeito aprendiz, tem assim um mundo de oportunidades e de vivências que não teria se o intuito fosse a realização de atividades para alcançar os mesmos objetivos, ao mesmo tempo e da mesma forma.

Outra contribuição observada por Sara foi que ela tinha dificuldade de assumir que em certos dias o foco havia sido o brincar e não o aprender algo através de uma proposta que visava, já de antemão, aquilo que as crianças iriam, ou não, aprender. O fato de documentar uma ou mais situações em que as crianças estiveram simplesmente brincando fez com que ela compreendesse que essas situações foram a base de inúmeras experiências, descobertas e vivências, individuais e em grupo. Reconhece que descrever o que aconteceu, refletir sobre isso, destacar aquilo que a criança conquistou, contextualizar a prática com o conhecimento teórico e valorizar a criança é um processo que traz muita riqueza. Ela também reconhece que é algo ainda difícil, pois requer continuidade e aperfeiçoamento, mas já não se vê trabalhando sem ele.

Sara deu especial importância àquilo que é a relação do educador com a criança, ao respeitá-la verdadeiramente em seus processos de aprendizagem. A educadora acredita plenamente que esse processo cria ambientes mais seguros, facilitadores e felizes para as crianças. Até então, a educadora assume que pensava saber o que era o conceito de papel ativo na aprendizagem por parte da criança, porém reconhece que não tinha uma noção de que a forma como conduzia o trabalho em sala de aula não dava espaço para que isso acontecesse. Esse processo de formação de educadores a fez questionar suas ações e perceber que algumas de suas práticas não traziam contribuições à criança e que estavam mascaradas no falso conceito de papel ativo da criança. Entendeu que através da observação e da escuta consegue retirar indícios daquilo que interessa à criança, daquilo que ela conseguiu descobrir e aprender, daquilo que pode ou não fazer para apoiá-la em seu processo. Agora já consegue confiar na criança, confiar na sua capacidade de investigar, de criar, de inventar e de atribuir significado às suas aprendizagens.

Ao retornar para o contexto escolar, reconheceu que tudo tinha que ser repensado e alterado. Teve medo e por isso as mudanças foram surgindo aos poucos. Deixou de fazer muitas coisas que não traziam contribuições, que não tinham impacto na sua relação com as crianças, nas vivências e nas aprendizagens do grupo. Ainda se questiona muitas vezes, pois assume ser um pouco difícil mudar percepções enraizadas.

Milena Branco, educadora de crianças de três e quatro anos de uma escola particular, em Samora Correia, Portugal, diz que a ideia de encontrar na abordagem Reggio e nos conceitos de Loris Malaguzzi uma escola onde a relação serve de ponto de chegada e de destino, reafirma a ideia que ela tem de uma escola em que a criança é acolhida por inteiro. Sempre olhou a criança como ser potente, capaz e com voz. A abordagem trouxe mais essa validação, a de que a escola é feita pelas e com as crianças, e que não pode ser uma preparação para o vir a ser. Iniciar os estudos na abordagem de Reggio definiu essencialmente o caminho que ela não quer seguir como profissional da educação. Esse caminho, segundo ela, abriu mais espaços às dúvidas que às certezas, à reflexão e aos questionamentos que às afirmações fechadas.

A principal alteração prática que fez tem a ver com sua visão do papel do adulto, do espaço e do tempo. Entendeu que importa valorizar e conhecer a individualidade da criança para compreender os seus progressos, pois só um adulto disposto à escuta pode respeitar esse tempo, essa capacidade revelada. Somente na observação se podem ler os interesses e as capacidades comunicadas de cem diferentes modos.

Depois de pousar o seu olhar sobre algumas dimensões da educação, como a imagem da criança, o papel do adulto, a pedagogia da relação, o espaço como terceiro educador, a importância da escuta, agora nasceu outra necessidade na prática pedagógica da Milena: a necessidade da escrita, do registro, da união da imagem num equilíbrio perfeito com a palavra. Segundo ela, a escrita é assumida não como quem conta uma história, mas como quem apresenta uma situação refletida e vivida, um processo mais que um produto, um caminho mais que um destino. A documentação tornou-se alvo de estudo profundo dessa educadora.

Hoje ela entende que a aprendizagem só se torna visível quando escrita, descrita, refletida e partilhada. A documentação, de acordo com Milena, é um processo de formação contínuo para o educador que a produz, que deve ser mais que o verbo documentar, mais que o ato de registrar, a documentação para ela é o questionar-se. Documentar dá visibilidade à forma como a criança aprende, tanto quanto mostra a maneira como o adulto a escuta e como usa a informação que recolhe para ampliar o conhecimento da criança. A educadora passou a entender a documentação como uma investigação profunda.

A sua grande inquietação é pensar, refletir sobre quanto tempo tem o tempo da criança. Como a sua postura lhe permite respeitar e alimentar esse tempo? De que forma o espaço pode permitir mais investigação, mais convites, mais provocações, mais brincar, mais relação? A educadora termina sua reflexão assumindo que não guarda mais espaço para certezas, mas sim para a inquietação, para o desassossego de procurar compreender a criança e a infância, tal como o papel da escola, da família e do educador.

Considerações finais

A hipótese inicial deste estudo foi engajar os educadores na compreensão dos princípios da aprendizagem por meio de provocações teórico-práticas acerca do pensamento e da aprendizagem visíveis. Para finalizar esta análise reflexiva podem ser observadas algumas evidências sobre as mudanças de perspectiva de educadoras da primeira infância a respeito do papel do educador na sua relação com as crianças, o papel da documentação e os processos de aprendizagem.

Quando algumas práticas de aprendizagem visível se tornam um hábito dentro das salas de aula, aos poucos os educadores e as crianças internalizam mensagens sobre o que é aprender e como a aprendizagem acontece. As reflexões das duas educadoras apresentadas neste capítulo deixam claro que elas começam a compreender que aprender não é um processo de absorver as ideias dos outros, mas envolve descobrir, tornar visíveis as nossas próprias ideias e teorias, e ampliá-las através das trocas com as diferentes ideias e teorias do grupo. Entende-se que esse processo é o ponto de partida para uma aprendizagem profunda, significativa e transformadora. De acordo com Loris Malaguzzi:

> É óbvio que, entre a aprendizagem e o ensino, honramos a primeira. Não é o caso de desprezarmos o ensino, mas declararmos: coloque-se de lado por um momento e deixe espaço para aprender, observe cuidadosamente o que as crianças fazem e então, se você entendeu bem, talvez ensine de um modo diferente de antes. (apud EDWARDS, GANDINI e FORMAN, 2016, p. 87)

Referências bibliográficas

EDWARDS, C.; GANDINI, L.; FORMAN, G. *As cem linguagens da criança*: a abordagem de Reggio Emilia na educação da primeira infância. Porto Alegre: Penso Editora, 2016.

GIUDICI, C.; RINALDI, C.; KRECHEVSKY, M. *Making learning visible*: children as individual and group learners. 2ª ed. Reggio Emilia: Reggio Children, 2011.

KRECHEVSKY, M.; MARDELL, B.; WILSON, D. *Visible learners*: promoting Reggio-inspired approaches in all schools. São Francisco: Jossey-Bass, 2013.

RITCHHART, R.; CHURCH, M.; MORRISON, K. *Making thinking visible*: how to promote engagement, understanding and independence for all learners. São Francisco: Jossey-Bass, 2011.

CAPÍTULO 4

PENSAR COM AS MÃOS: EVIDENCIANDO A APRENDIZAGEM EM PROJETOS "MÃO NA MASSA"

Rita Junqueira de Camargo, Simone Kubric Lederman e Paola Salmona Ricci

A natureza das coisas precisa ser sonhada com as mãos.
Gandhy Piorski[1]

O Instituto Catalisador é uma organização da sociedade civil sem fins lucrativos, composta por uma equipe multidisciplinar. Desde 2015 desenhamos, implementamos e disseminamos propostas de aprendizagem criativa e aprendizagem centrada no fazer, junto a espaços formais e não formais de educação. Nossa missão é contribuir para que a educação aconteça com criatividade, por meio de práticas "mão na massa", que proporcionem transformações pessoais e coletivas. Nosso principal compromisso é trabalhar para que a escola pública seja um ambiente instigante e acolhedor, onde estudantes e professores queiram estar. Por meio de nossas ações, resgatamos a curiosidade pelo conhecimento e a confiança na própria capacidade em aprender e em ensinar.

Em todos os projetos que desenvolvemos, catalisar é uma postura. Junto às escolas públicas, participamos como um elemento terceiro, potencializando algo que poderia acontecer sem a nossa presença, mas que se encontra impedido por diversas circunstâncias contingenciais. A me-

---

[1] Educador e artista plástico, Gandhy Piorski estuda o brincar e o brinquedo há mais de vinte anos. Na busca por conhecer as crianças brasileiras, deparou com a intimidade e o manejo que elas têm com os elementos da natureza. É autor de *Brinquedos do chão: a natureza, o imaginário e o brincar* (2016). A afirmação que destacamos foi proferida por ele quando lecionou no curso de pós-graduação em Educação, Infância e Desenvolvimento Social, no Instituto Singularidades, em 2017.

táfora que usamos é a da educação como uma reação química, em que os reagentes seriam os estudantes, os professores, os gestores, as famílias e toda a comunidade escolar. Consideramos como resultado esperado o aprendizado com significado. Nosso papel é atuar como um agente catalisador, junto com outros parceiros estratégicos, contribuindo com uma energia extra, com um olhar de fora e com uma diversidade de recursos pedagógicos que possam apoiar todos no processo cotidiano e coletivo da construção de conhecimento. Participamos dessa ação transformadora com humildade, mas com o compromisso cidadão de torná-la mais "eficiente, eficaz, ética e estética".[2]

O pensamento que nos norteia

Organizamos nossas atuações em práticas "mão na massa", um estilo de aprender fazendo que possibilita engajamento de corpo e alma. Desenvolvemos junto aos estudantes e aos professores atividades e projetos em que constroem protótipos e artefatos inusitados como meio para a autoria e a expressão. Nosso propósito principal é a construção de significados visíveis e compartilháveis. As produções funcionam como andaimes para a (re)invenção e a (re)criação de narrativas relevantes. Acima de tudo, entendemos que as práticas "mão na massa" desencadeiam ciclos de conquistas e abrem possibilidades para que novos caminhos sejam trilhados, não só nos projetos das oficinas, mas também em outros âmbitos da vida escolar e pessoal de cada um.

Encontramos na Aprendizagem Criativa, sistematizada por Mitchel Resnick (2017), uma referência teórico-prática para balizar nossos projetos. Mergulhamos na exploração dessa abordagem desde o primeiro edital pelo qual fomos contempladas em 2015, o Makers Educa.[3] As formulações de Resnik são um desdobramento dos trabalhos desenvolvidos pelo matemático, educador e pesquisador Seymour Papert. Mar-

---

[2] Norteadores de transformação apontados pelos pesquisadores do Projeto Zero (CLAPP et al., 2017) na Rotina de Pensamento Imagine se....
[3] Ação em parceria com a Fundação Lemann e Vivo-Telefônica, a partir da qual surgiu a Rede Brasileira de Aprendizagem Criativa.

tinez e Stager (2013) destacam que Seymour Papert dedicou grande parte de sua carreira a criar ferramentas, teorias e ambientes de aprendizagem para inspirar crianças a desenvolverem suas ideias através de experiências "mão na massa". Papert entendia que as crianças constroem conhecimento de forma mais efetiva quando estão ativamente construindo algo significativo no mundo, e chamou então essa concepção de Construcionismo.

Resnick (2017) aponta para o relevante potencial do ciclo espiral de Imaginar, Criar, Brincar, Compartilhar, Refletir e de novo Imaginar. Em "*Give P's a chance*", o autor apresenta a aprendizagem criativa estruturada em quatro pilares: Projetos, Parcerias, Paixão e Pensar Brincando[4] (RESNICK, 2014). Esses pilares também fazem parte da fundação do pensamento do Instituto Catalisador, quando desenhamos projetos, *workshops* e outras atividades educacionais.

Outro conceito importante que norteia o trabalho do Instituto Catalisador, e que será evidenciado nos exemplos das seções que seguem, é o "tinkerar". O termo "tinkerar" vem da expressão *tinkering* em inglês e usaremos aqui a definição cunhada pelo grupo Tinkerê.[5] "Tinkerar" é, assim, o engajamento em atividades exploratórias "mão na massa", brincantes e espontâneas, onde o inesperado guia o processo de criação e aprendizado. A pesquisa do Tinkering Studio do Museu Exploratorium, em São Francisco, Califórnia, Estados Unidos, tem sido uma fonte de estudo e inspiração para o trabalho desenvolvido pelo Instituto Catalisador. Ao implementar propostas exploratórias "mão na massa", observamos no "tinkerar" a possibilidade de construção de sentido para os aprendizes em diversas situações de aprendizagem. Em distintos momentos, nas nossas ações em escolas e em espaços não formais de educação, criamos oportunidades para o "tinkerar", que tem se mostrado uma abordagem potente em diversas situações:

---

4 No original, *Projects, Peers, Passion and Play*.
5 Tinkerê é uma iniciativa não formal de um grupo multidisciplinar de educadores e pesquisadores brasileiros que estuda, discute e explora experiências de aprendizagem permeadas pelo conceito *tinkering*. Em 2018, o Tinkerê formalizou uma parceria com o Tinkering Studio do Museu Exploratorium em São Francisco (Estados Unidos) para traduzir os seus guias de atividades para a língua portuguesa, que estão disponibilizados em <www.tinkere.org.br>. Acesso em: 4 ago. 2021.

Figura 1 – Oficinas Catalisadoras: explorando e aprendendo com a "mão na massa". (Fonte: Acervo pessoal das autoras.)

- Para promover escuta sensível por parte dos educadores e possibilitar a observação atenta dos estudantes em situações de aprendizagem;
- Para encontrar motivações e disparadores de projetos autorais;
- Para a exploração inicial de novos materiais e ferramentas;
- Para favorecer a construção de vínculos entre os estudantes e com os educadores;
- Para favorecer processos de inclusão (contribuindo com a diferenciação das estratégias de ensino e aprendizagem);
- Para instigar colaboração;
- Para favorecer o aprender brincando.

Observamos, ao longo dos últimos anos, que o espaço e o tempo dedicado para o "tinkerar" nos contextos em que atuamos instigou mais motivação nos alunos. Essa motivação, acreditamos, deriva de uma possibilidade de autonomia ao criar, da sensação de pertencimento decorrente da colaboração, do brincar e do errar junto, além de uma percepção de competência ao construir algo relevante para si e do significado que o processo todo permite.

O desafio que encontramos: tornar a aprendizagem "mão na massa" visível

Apesar do engajamento dos estudantes em nossas oficinas, sentíamos constantemente a necessidade de explicitar, tanto para eles próprios quanto para seus professores, o aprendizado que acontecia durante as nossas propostas "mão na massa".

Tínhamos muita clareza de que as atividades catalisadoras proporcionavam percursos de criação significativos que incluíam, para além das construções de protótipo e engenhocas, processos de pesquisa, de investigação e espaço para reflexão e troca. Faltava-nos, no entanto, conseguir oferecer aos estudantes oportunidades intencionalmente organizadas para que pudessem apropriar-se de todas essas vivências como sendo situações de aprendizagem. "Parece divertido, mas eles estão aprendendo?" – essa pergunta, articulada no título de um artigo escrito por Petrich, Wilkinson e Bevan (2013), ressoava sempre que compartilhávamos com outros educadores relatos e registros das atividades que havíamos realizado:

> Quando as pessoas se envolvem no fluxo de atividades *tinkering*, projetadas para apoiar essas práticas de engajamento, intencionalidade, inovação e solidariedade, elas estão em uma trajetória de aprendizado que corresponde aos seus interesses, capacidades e compromissos particulares (e em evolução). Embora a maioria dos educadores responda positivamente a essas construções, reconhecemos que essa terminologia ainda não faz parte da linguagem comum da aprendizagem, que ainda é dominada pela busca de evidências da capacidade do aluno de reproduzir (geralmente em um novo contexto) um fragmento de conhecimento ou habilidade. [...] Esta é uma tensão contínua. Acreditamos que as atividades *tinkering* têm um grande potencial para expandir o pensamento sobre o que constitui evidência de aprendizado. (PETRICH, WILKINSON e BEVAN, 2013, p. 66)

Descobrindo o Projeto Zero

Buscando estratégias para dar visibilidade à aprendizagem que sabíamos que estava acontecendo nas ações catalisadoras, encontramos as estruturas e ferramentas pedagógicas desenvolvidas pelo Projeto Zero,[6] da Universidade de Harvard, chamadas de Rotinas de Pensamento.

---

[6] Disponível em: <https://pz.harvard.edu/>. Acesso em: 20 fev. 2020.

Em 2012, com a aproximação entre o Movimento Maker[7] e a área da educação, formou-se no Projeto Zero uma nova iniciativa, chamada Agency by Design. Com a atual ênfase na interdisciplinaridade, criatividade e múltiplos modos de aprendizagem, o Movimento Maker apresentou uma oportunidade interessante para o Projeto Zero expandir suas pesquisas e investigar se (e como) intervenções educacionais poderiam apoiar a aprendizagem centrada no fazer – e quais poderiam ser os seus benefícios.

Foi então que decidimos fazer o curso on-line Pensando e Aprendendo na Sala de Aula Centrada no Fazer.[8] Entusiasmadas, e junto a outros educadores brasileiros, organizamos um grupo de estudo para fazer o curso, que incluiu momentos de teoria e de prática, de reflexão e de ação, momentos coletivos e individuais.

Lemos em capítulos a obra *Aprendizagem centrada no fazer: capacitando os jovens a moldar seus mundos*,[9] por meio da qual pudemos compreender os conceitos de sensibilidade ao *design*, de empoderamento pelo fazer e de agência. Nas palavras dos autores, "ter um senso de agência significa sentir-se empoderado para fazer escolhas sobre como agir no mundo" (CLAPP et al., 2017, p. 19, tradução nossa). Um dos pontos fortes do livro é revelar o quanto o aprender fazendo, as práticas "*maker*", ou "mão na massa", podem contribuir para a transformação da educação muito mais do que uma metodologia inovadora capaz de levar ao desenvolvimento de competências práticas: "A aprendizagem centrada no fazer vai além de adquirir conhecimentos técnicos e habilidades específicas, diz respeito a construir caráter, ganhar confiança criativa, ser engenhoso e corajoso" (CLAPP et al., 2017, p. 157, tradução nossa).

---

7   No Brasil, a expressão Movimento Maker já está amplamente disseminada. Mesmo assim, no Instituto Catalisador costumamos usar o termo "*maker*" com cuidado. *Make* é fazer, *maker* seria fazedor, mas nem todo fazer está atrelado a um propósito ou a um significado. Consideramos que quando trazemos o fazer para o campo da educação, as dimensões éticas e estéticas (contemplando uma diversidade de linguagens e referências) são tão ou mais relevantes que a competência para se construir um ou outro artefato com eficiência e eficácia. É por isso que preferimos usar a expressão "mão na massa": uma metáfora para um engajamento, para a conexão intensa que acontece quando estamos envolvidos fazendo algo que nos importa, significativo para nós mesmos e também para outros.

8   No original, "Thinking and Learning in the Maker Centered Classroom (TLMCC)".

9   No original, *Maker-Centered Learning: empowering young people to shape their worlds*.

Para além da possibilidade de conquistas na esfera individual, é na dimensão coletiva, relacional e compartilhável que a experiência do fazer mostra-se mais transformadora:

> "O que a equipe de pesquisa da Agency by Design descobriu rapidamente foi que, enquanto o 'fazer' na sala de aula não era um conceito novo, o 'aprendizado centrado no fazer' sugeria um novo tipo de pedagogia 'mão na massa' – uma pedagogia que instiga colaboração e engendra comunidade (a mentalidade *do-it-together*), ensino e aprendizagem partilhado, atravessamento de fronteiras e práticas docentes atentas e flexíveis." (CLAPP et al., 2017, p. 4, tradução nossa)

O grande objetivo da abordagem apresentada pelo Agency by Design é propiciar o desenvolvimento da sensibilidade ao *design*[10] e do empoderamento por meio do engajamento "mão na massa".[11] A sensibilidade ao *design* é entendida como "aprender a perceber e a engajar-se com o ambiente físico e conceitual, observando e refletindo sobre o *design* de objetos e de sistemas, explorando a complexidade do *design* e encontrando a oportunidade de tornar objetos e sistemas mais eficazes, mais eficientes, mais éticos ou mais belos".[12] Já o empoderamento por meio do engajamento "mão na massa" é entendido como "uma sensibilidade às dimensões do *design* de objetos e de sistemas, junto com uma disponibilidade e uma capacidade de intervir na forma do seu próprio mundo, construindo, explorando, redesenhando, ou 'hackeando'".[13]

Agency, traduzido literalmente para o português, é agência. O que os pesquisadores do Agency by Design discutem é justamente os potenciais de experiências de aprendizagem centradas no fazer, direcionadas para o desenvolvimento da capacidade de agir com intencionalidade. Por meio das práticas "mão na massa", os estudantes ganham condições para atuar como agentes de transformação dos sistemas em que estão inseridos.

---

10 No original, *sensibility to design*.
11 No original, *maker empowerment*.
12 Tradução das autoras. Original disponível em: <www.agencybydesign.org/explore-the--framework>. Acesso em: 12 fev. 2021.
13 Tradução das autoras. Original disponível em: <www.agencybydesign.org/explore-the--framework>. Acesso em: 12 fev. 2021.

De acordo com o Projeto Zero, as Rotinas de Pensamento oferecem elementos pedagógicos que justamente auxiliam a tornar visível o aprendizado para o próprio estudante e para os educadores.[14]

A incorporação das Rotinas de Pensamento em nossa prática foi um ponto de virada importante. Algumas das atividades "mão na massa" que realizamos há muito tempo – como a criação de máquinas desenhistas (Robiscos), circuitos no papel e escorregadores para bolinhas de gude – alcançaram novos níveis de aprendizado e envolvimento dos estudantes depois que começamos a implementar aquelas propostas pelo Agency by Design. Após colocá-las em prática, percebemos que os jovens conseguiam ir além de um entendimento superficial e intuitivo sobre a engenhoca construída e avançavam em direção a uma compreensão mais sofisticada e consciente do que faziam nas oficinas e do que aprendiam por meio desse fazer.

Considerando o impacto que vimos quando incorporamos a estrutura Agency by Design para o aprendizado centrado no fazer, não podíamos deixar de pensar que mais educadores brasileiros deveriam ter acesso a essas ferramentas pedagógicas. Com aval dos autores e pesquisadores da Universidade de Harvard, dedicamo-nos à tradução desse material. Foi uma honra, uma grande responsabilidade e uma importante oportunidade para nos aprofundarmos no sentido e no propósito de cada uma das rotinas elaboradas para evidenciar o pensamento em situações de aprendizagem centradas no fazer.

Robisco: Partes, Propósitos e Complexidades

A atividade do Robisco é a construção de uma engenhoca que, ao se mexer, rabisca.[15] Desde 2015 já realizamos essa proposta em diferentes contextos, da Educação Infantil à formação de educadores e em cursos de pós-graduação. Isso é possível porque usamos a construção da engenhoca como um pretexto para trabalhar diferentes temas com o grupo em questão e não necessariamente explorar apenas os conceitos de eletricidade que envolvem

---

14 Saiba mais na "Introdução" deste livro.
15 O Robisco é uma antiga oficina do Instituto Catalisador, inspirada na *Scribbling Machine* (Máquina de Rabisco) do Tinkering Studio do Exploratorium Museum de São Francisco, Califórnia, Estados Unidos.

a montagem de cada engenhoca. Com educadores usamos o Robisco como metáfora para a pergunta "O que mobiliza você no território escolar?". Nossa intenção é dar a ver como cada um se entende nos ambientes em que atua. Fazemos provocações como "Qual é a energia que move você?", "Qual o seu ritmo?", "O que você carrega em seus percursos?", "Que marcas você deixa pelo caminho?". Narrativas incríveis, ricas em detalhes, impulsionadas pelo engajamento no processo de construção de um objeto visível e compartilhável, são enunciadas no grupo. É assim que a construção de artefatos funciona como andaime para a articulação de significados.

Já nos apoiamos no Robisco para discutir questões didáticas de uma proposta "mão na massa", pondo em questão a evolução da autonomia criativa e/ou a necessidade de familiaridade prévia com conceitos, materiais e ferramentas envolvidas em uma atividade. Experimentamos desenhar a proposta da oficina de Robisco de diferentes maneiras, dosando o grau de instrução passo a passo e o quanto deixamos espaço para uma pesquisa individual ou coletiva sobre o processo como um todo. A resposta para essa questão não é única e depende de muitas variáveis, como o tempo disponível, o grupo com que estamos trabalhando, a periodicidade dos encontros e qual a expectativa dos envolvidos com tal atividade. Em oficinas pontuais costumamos dar um mínimo de instrução que garanta a conclusão da atividade e ainda assim promova aprendizagem significativa. Quando trabalhamos com um grupo fixo podemos deixar a proposta mais aberta, permitindo maior experimentação e exploração das diferentes possibilidades.

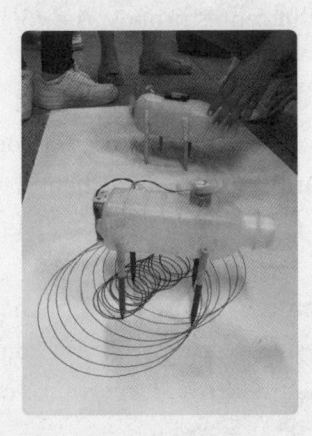

Figura 2 – Robisco: a engenhoca que rabisca. (Fonte: Acervo pessoal das autoras.)

Sendo assim, a atividade do Robisco era "velha conhecida nossa", pois já tínhamos desenvolvido essa oficina em muitos contextos. No entanto, quando colocamos em prática as Rotinas de Pensamento fomos nos dando conta de como ela podia se tornar mais rica e elevar o nível de compreensão dos estudantes a outro patamar. O que antes faziam muito intuitivamente, passaram a fazer com mais intencionalidade, deixando visível para si mesmos cada etapa ou descoberta do processo de construção.

A Rotina de Pensamento chamada de Partes/Propósitos/Complexidades tem como objetivo encorajar os alunos a fazerem observações detalhadas e cuidadosas, incentivando-os a olhar além das características supostamente óbvias de um objeto ou de um sistema. Essa rotina sugere que o educador escolha um objeto ou um sistema e faça a seus alunos três questões centrais:

- Quais são as suas partes? Quais são suas peças ou seus componentes?
- Quais são seus propósitos? Quais são os propósitos de cada uma das partes que o compõem?
- Quais são suas complexidades? Como as partes se conectam entre si? Como se relacionam aos propósitos desse objeto ou desse sistema? Como essas interações acontecem?

Estávamos trabalhando com grupos de estudantes do 6º ao 9º ano em duas escolas estaduais de São Paulo, em Oficinas de Invenções e Criatividade. Eles já haviam realizado o Módulo Robisco, uma série de quatro oficinas em que íamos trazendo diferentes propostas e complicadores para a atividade.

Perguntamos então quais eram as partes que compunham essa engenhoca e pedimos que desenhassem e nomeassem cada uma delas. Quais eram os componentes necessários para o seu funcionamento? Qual era o propósito, a função de cada item que eles tinham acabado de listar? Como eles se conectavam?

Foi surpreendente ver o quão intuitivamente eles estavam realizando a proposta até então e como lhes faltava repertório e conhecimento para compreenderem o funcionamento do que estavam construindo.

Questões levantadas pelos próprios estudantes foram surgindo ao longo das atividades:

- De onde vem a energia que está fazendo o motor funcionar?
- De que material são feitos os fios que conduzem a energia?
- Será que os fios são iguais por dentro e por fora?
- Por que os fios têm cores diferentes?
- Como a gente diferencia os polos de uma pilha/bateria?
- Por que elas têm polos diferentes?
- Por que essa fita se chama fita isolante? Por que essa peça se chama interruptor?
- Como o interruptor faz o motor ligar e desligar?

A partir da introdução da Rotina de Pensamento, tivemos a oportunidade de discutir uma série de conceitos com os estudantes. Eles tiveram a possibilidade de olhar realmente de perto, com atenção e curiosidade, cada um dos componentes da engenhoca, o que permitiu que eles levantassem genuinamente todas essas questões. Puderam refletir sobre elas tendo partido de observações pessoais e isso permitiu que se interessassem e se engajassem nas pesquisas das respostas de uma maneira inédita para aquele grupo.

A beleza e a potência das Rotinas de Pensamento estão justamente na simplicidade de implementá-las, fazendo com que se tornem um hábito,

Figura 3 – Robisco: Partes/Propósitos/Complexidades. (Fonte: Acervo pessoal das autoras.)

uma forma de olhar o mundo, questionando os porquês do funcionamento de objetos e sistemas, mesmo os já conhecidos e familiares. Isso contribui para a construção de novas perspectivas, novas formas de enxergar o entorno, os modos de funcionamento das coisas que usamos e das instituições em que estamos inseridos, o que os pesquisadores do Projeto Zero chamam de "sensibilidade ao *design*". Desenvolver essa sensibilidade permite que possamos encontrar oportunidades para imaginar o que é possível ou necessário ser redesenhado e transformado para funcionar de uma maneira mais interessante e pertinente para cada um e para todos nós.

> **PARA SABER MAIS**
>
> Robisco: Engenhocas que Rabiscam é uma proposta "mão na massa" que catalisa aprendizagem criativa (projeto, paixão, parceria e pensar brincando) e possibilita aprendizagem centrada no fazer (promovendo sensibilidade ao *design* e empoderamento *maker*). Saiba mais acessando os QR Codes. Acessos em: 15 set. 2021.

Rodas de Invenções: Imagine se...

As primeiras experiências de Rodas de Invenções aconteceram em 2016, ao longo de um projeto em que conectamos estudantes e professores[16] de escolas municipais paulistanas aos recém-inaugurados laboratórios da rede Fab Lab Livre SP,[17] na cidade de São Paulo (LEDERMAN, RICCI e CAMARGO, 2019). Costumávamos ler um livro infantil ou juvenil que contribuísse para criar um ambiente de criatividade e impul-

---

16 Simultaneamente em uma escola municipal de Educação Infantil, em uma escola municipal de Ensino Fundamental I e outra de Ensino Fundamental II, na cidade de São Paulo.

17 Rede de laboratórios públicos, espaços de criatividade, aprendizado e inovação acessíveis a todos os interessados em desenvolver e construir projetos. Através de processos colaborativos de criação, compartilhamento do conhecimento e do uso de ferramentas de fabricação digital, traz à população a possibilidade de aprender, projetar e produzir diversos tipos de objetos. Disponível em: <https://www.fablablivresp.prefeitura.sp.gov.br/>. Acesso em: 20 fev. 2020.

sionar as propostas "mão na massa". Fomos aos poucos percebendo o quão importantes eram os momentos de leitura inicial, não só como certo aquecimento para a imaginação, mas principalmente porque a leitura era capaz de criar um solo comum de significados para que, depois, cada um pudesse mergulhar em suas criações, expressando-se de forma singular, mas a partir de algum contorno compartilhado. Testemunhando o quão ricas eram as trocas que aconteciam a partir desse "ritual", passamos a desenvolver uma prática com certas especificidades, que batizamos de Rodas de Invenções.

Em 2017, nos organizamos para testar um ciclo já mais estruturado, em uma biblioteca municipal também na cidade de São Paulo. Após as sessões de leitura, as crianças se engajavam na criação de artefatos a partir dos quais pudessem se expressar e brincar. Escolhemos a biblioteca como espaço especial para fazer o piloto por entendermos que são espaços que possibilitam a transmissão do passado, a experiência do presente e a imaginação do futuro.

Desde então a proposta evoluiu e se espalhou por diversos espaços educativos não formais, tanto quanto em escolas públicas e particulares. As Rodas de Invenções têm acontecido com estudantes e professores da Educação Básica, envolvendo bibliotecários, técnicos de Fab Labs e outros agentes da educação. Também têm sido mediadas por jovens para outras crianças como forma de promover uma escuta sensível, interação autêntica por meio da "mão na massa", e uma interlocução diferenciada por meio do compartilhamento das criações resultantes (tanto os artefatos quanto as novas narrativas).

Para que a disseminação das Rodas de Invenções fosse possível, desenvolvemos uma estrutura pedagógica que sintetiza a proposta e também um Kit Catalisador,[18] sustentável e aberto. Licenciado como Creative Commons, o desenho das peças de MDF que compõem o kit pode ser reproduzido por meio de uma cortadora laser em um Fab Lab ou espaço

---

18 O Kit Catalisador das Rodas de Invenções foi criado por Paola Ricci durante o curso Tools and Toys for Knowledge Construction (Ferramentas e Brinquedos para a Construção do Conhecimento), no Teachers College (Escola de Professores) da Universidade Columbia, Nova York, Estados Unidos.

"maker". Encorajamos também os educadores a remixarem o kit, incorporando outros elementos para que seja viável usar os recursos disponíveis em cada contexto. Além das peças de MDF, o kit é composto por outros itens que incrementam as construções (conectores, elementos estruturantes, componentes elétricos, motores e materiais decorativos), um guia de mediação e uma sugestão de livros disparadores para as Rodas de Leitura.

A estrutura das Rodas de Invenções foi projetada depois de uma avaliação cuidadosa de muitas delas. As Rodas de Invenções são compostas por três momentos distintos: a Roda de Leitura, a Roda Mão na Massa e a Roda de Narrativas.

Na Roda de Leitura, a história funciona como imersão em um território comum de significados (palavras e imagens). A escolha de livros nesse contexto, para criar um "micromundo" intencional, é muito relevante para seu objetivo:

> Um micromundo, portanto, pode ser interpretado como um refúgio intelectual seguro – um espaço cognitivo no qual as ideias podem ser exploradas independentemente das complicações de coisas [...]. (EISENBERG, 2003, p. 39)

Quando pensamos em desenvolver a agência em estudantes e engajá-los em questões do mundo real sobre crescentes desafios sociais e ambientais, escolhemos o livro *O jardim curioso*, de Peter Brown (2015), porque as crianças são provocadas a pensar sobre suas cidades, natureza, poluição e como cada uma pode desempenhar um papel na criação de um futuro mais inclusivo e sustentável.

Foi então que surgiu a oportunidade de utilizarmos Rotinas de Pensamento, contribuindo para que os participantes pudessem partir dos elementos apresentados e ter um norteador para mergulharem no fazer. As rotinas passaram a nos ajudar a deixar mais claras nossa proposta, nossas intenções pedagógicas, amparando os participantes em seu processo reflexivo e criativo. A primeira que oferecemos após a leitura de *O jardim curioso* foi a Imagine se...: os participantes foram convidados a começar a **Roda Mão na Massa** depois de imaginar de que forma algo, pensado pelo educador e relacionado com o livro, poderia ser mais **eficaz**, mais **eficiente**, mais **ético** e mais **bonito** (CLAPP, 2017).

A Roda Mão na Massa não é um momento para representar o entendimento da história, mas para mexer, pensar com as mãos sobre as questões levantadas pelo educador na provocação feita após a leitura, a qual deve ser cuidadosamente elaborada para desencadear a possibilidade de investigação e um processo criativo liderado pelos alunos, individual ou coletivamente. O paradigma construcionista de Seymour Papert é evidente na proposta das Rodas de Invenções, pois as crianças são convidadas a criar e construir objetos significativos e compartilháveis para brincar.

Aqui, a ideia de micromundo surge novamente quando a própria construção se torna um micromundo para novas narrativas e possibilidades para os temas em questão. Nessa etapa, o objetivo é que os participantes criem rascunhos tridimensionais de ideias, esperanças, sonhos ou histórias, que vemos como arcabouços para a construção de novos significados.

Para fomentar as criações, temos utilizado o material físico criado e selecionado para o Kit Catalisador das Rodas de Invenções. A ideia de ter peças em MDF que se ligam umas às outras de maneiras muito abertas foi uma forma de afastar o uso de materiais reciclados e ter a possibilidade de reutilização. Os critérios de reutilização e o fato de que as crianças desmontam suas produções no final da sessão também são relevantes no processo dos participantes, entendendo que o que está sendo construído não são coisas e sim ideias. A intenção é também repensar e remixar essas peças usando ferramentas de fabricação digital. O kit físico está em constante desenvolvimento e conta com a contribuição dos usuários para torná-lo relevante e culturalmente sensível, não importa onde esteja.

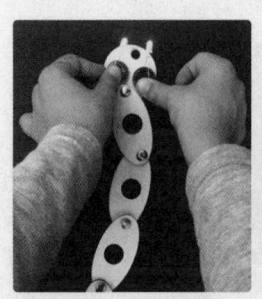

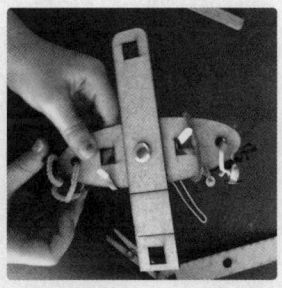

Figuras 4 e 5 – Construindo significados e novas narrativas. (Fonte: Acervo pessoal das autoras.)

A **Roda de Narrativas** é uma parte fundamental do processo, em que os participantes têm espaço e tempo para compartilhar suas invenções e histórias. Novas narrativas surgem sobre os assuntos em questão, mas também novas narrativas sobre os autores de cada artefato à medida que encontram espaço para se expressar, ser ouvidos e ouvirem os colegas. Essas trocas desencadeiam novas possibilidades para histórias, explorações, *feedback*, remixes, ideias e, principalmente, novos relacionamentos e construções de comunidades. Nesses círculos de narrativas também encontramos oportunidade de envolver os participantes em Rotinas de Pensamento como Ver/Pensar/Maravilhar-se; Conectar/Estender/Desafiar.

As Rodas de Invenções funcionam na lógica da espiral da aprendizagem criativa (RESNICK, 2017, p. 11): imaginar, criar, brincar, compartilhar, refletir, imaginar... É assim que cada roda (a de leitura, a de "mão na massa" e a de narrativas) não se encerra em si mesma, pelo contrário, abre a possibilidade de o próximo ciclo ser iniciado.

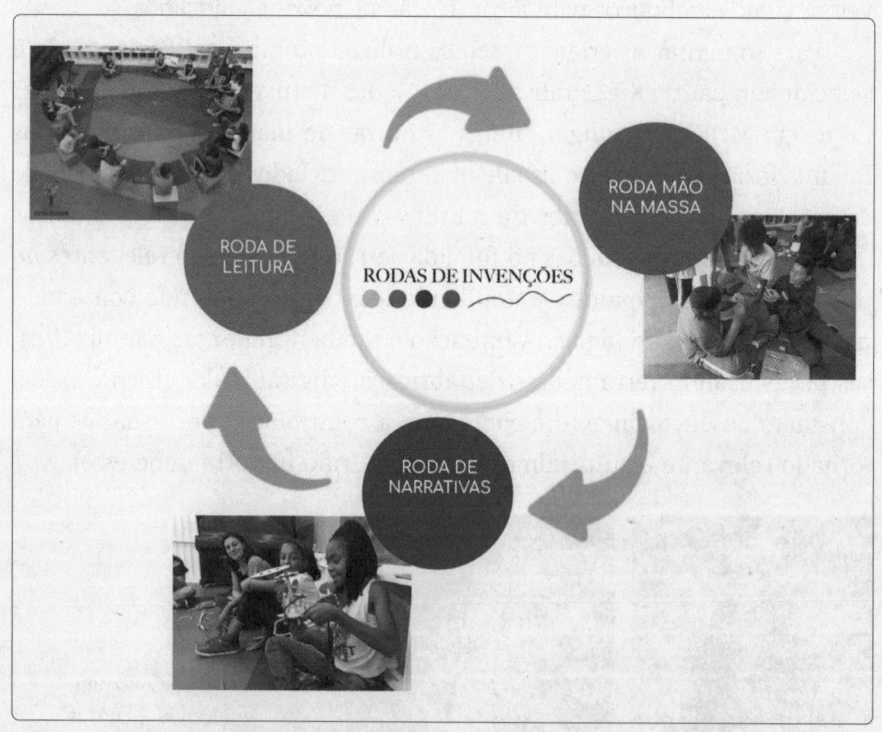

Figura 6 – Estrutura pedagógica das Rodas de Invenções. (Fonte: Acervo pessoal das autoras.)

> **PARA SABER MAIS**
>
> Rodas de Invenções: experiências de criatividade participativa que mobilizam a imaginação, mesclando diferentes linguagens. A proposta oferece uma estrutura para que a espiral da aprendizagem criativa seja vivenciada: imaginar, criar, brincar, compartilhar, refletir, imaginar... Visite o site e assista aos vídeos do projeto. Acessos em: 15 set. 2021.

Considerações finais

Levando em conta o estilo de nosso percurso catalisador, por meio do qual pesquisamos, estudamos e colocamos em prática projetos "mão na massa" com o intuito de possibilitar aprendizagem e construção de significados pessoais e coletivos, pudemos observar um relevante incremento de qualidade no desenvolvimento de nossas propostas a partir do momento em que incorporamos as estratégias do Projeto Zero, em especial as da iniciativa Agency by Design.

Podemos sintetizar o impacto dessa abordagem em nosso trabalho, e o potencial que traz para outras propostas centradas no fazer, em três pontos principais:

- "Pensar com as mãos", ou seja, construir artefatos visíveis e compartilháveis é algo potente em si, pois permite que os estudantes produzam e externalizem ideias que por meio de outras estratégias talvez não chegassem a ser arquitetadas. Quando usamos Rotinas de Pensamento para apoiar o processo de construção de conhecimento centrado no fazer, as ideias que tomam forma com o uso de ferramentas e o recurso de materiais diversos – que funcionam como andaimes – podem se tornar ainda mais explícitas por meio de representações abstratas, como o desenho, esquemas, gráficos, a palavra oral ou escrita. Isso contribui para que cada "fazedor" possa reconhecer e se apropriar do pensamento formulado. Para além da "fazeção", advém a enunciação, que promove a elaboração de significados e uma aprendizagem mais profunda. Nesse movimento, é possível que o educador atento recolha perguntas pertinentes dos estudantes, que sustentam a curiosidade e impulsionam novas investigações e projetos.

- Nesses processos de fazer, de *tinkering*, em que as Rotinas de Pensamento auxiliam na visualização das concepções, no compartilhamento das ideias e na apreensão de sentidos, os estudantes desenvolvem habilidades de metacognição que avivam a confiança criativa e a disposição para agir no mundo ao seu redor. Isto é, quando o fazer e o pensar entram em sinergia, não só reflexões mais complexas se tornam possíveis como também ações motivadas por propósitos relevantes, que se tornam viáveis pela aquisição de destrezas relacionadas às mais diversas técnicas e ao domínio de linguagens nos âmbitos da arte e da tecnologia.

- Por último, um aspecto que muitas vezes fica em segundo plano e que temos nos esforçado para evidenciar é o caráter participativo e coletivo da criatividade, o que não equivale necessariamente a um trabalho em grupo. Quando protótipos permitem o compartilhamento de ideais e dão visibilidade a soluções, e a reflexão a partir do fazer é fomentada por hábitos mentais que deslocam o ponto de vista (do particular para o sistêmico), pode-se constituir um ambiente de inovação genuíno e autêntico.

Encerramos destacando os esforços que têm sido feitos por Edward Clapp, pesquisador do Agency by Design, sobre a importância de que a criatividade seja compreendida como um processo distribuído socialmente e não como um atributo pessoal (CLAPP, 2017). O valor dessa perspectiva a respeito da criatividade, que se desloca do pessoal para o coletivo, implica outro olhar para o fazer em ambientes de aprendizagem, porta intenções pedagógicas comprometidas que costumam estar além da sala de aula e requer intervenções e mediações que apoiem cada estudante, a partir de suas singularidades, a transitar em um cenário comum. Mais uma vez, encontramos nas Rotinas de Pensamento ferramentas para nos amparar nesse sentido, já que subsidiam tanto os educadores quanto os estudantes a sair de uma perspectiva micro e particular em direção a uma perspectiva macro e conjuntural.

Referências bibliográficas

BROWN, P. *O jardim curioso*. São Paulo: WMF Martins Fontes, 2015.

CLAPP, E. P. *Participatory creativity*: introducing equity and access to the creative classroom. Nova York: Routledge, 2017.

_____ et al. *Maker-Centered Learning*: empowering young people to shape their worlds. São Francisco: Jossey-Bass, 2017.

EISENBERG, M. "Mindstuff". *Convergence*, v. 9, n. 2, 2003.

LEDERMAN, S. K.; RICCI, P. S.; CAMARGO, R. J. "Conectando Fab Labs e escolas públicas na cidade de São Paulo". In: CAMPOS, F. R.; BLIKSTEIN, P. (org.). *Inovações radicais na educação brasileira*. Porto Alegre: Penso Editora, 2019.

MARTINEZ, S. L.; STAGER, G. *Invent to learn*: making, tinkering, and engineering in the classroom. Califórnia: Constructing Modern Knowledge Press, 2013.

PAPERT, S. *Mindstorms*: children, computers and powerful ideas. Nova York: Basic Books, 1993.

PETRICH, M.; WILKINSON, K.; BEVAN, B. "It looks like fun, but are they learning?" In: HONEY, M.; KANTER, D. E. *Design, make, play*: growing the next generation of STEM innovators. Nova York: Routledge, 2013.

RESNICK, M. *Lifelong kindergarten*: cultivating creativity through projects, passion, peers and play. Cambridge, MA: MIT Press, 2017.

_____. *Give P's a chance*: Projects, Peers, Passion, Play. Constructionism and creativity: Proceedings of the Third International Constructionism Conference, 2014. Disponível em: <https://web.media.mit.edu/~mres/papers/constructionism-2014.pdf>. Acesso em: 20 fev. 2020.

RICCI, P. *Circles of invention*: a management and scaffolding strategy for maker-centered classrooms. Integrative project for MA in Instructional Technology and Media at Teachers College, Columbia University, 2019. Disponível em: <https://drive.google.com/file/d/1tjLjMRu8RF_QEMkbA-FiTwhGS92wxdT4/view>. Acesso em: 20 fev. 2020.

_____; CAMARGO, R.; LEDERMAN, S. "Aprendizagem mão na massa: quando o engajamento impulsiona transformações criativas no espaço escolar". In: FRANZIM, R.; LOVATO, A. S.; BASSI, F. (org.). *Criatividade:* mudar a educação, transformar o mundo. São Paulo: Ashoka/Instituto Alana, 2019. Disponível em: <https://escolastransformadoras.com.br/wp-content/uploads/2019/04/CRIATIVIDADE_mudar_a_educacao.pdf>. Acesso em: 20 fev. 2020.

CAPÍTULO 5

VAMOS "TINKERAR"? UMA PROPOSTA "*MAKER*"
PARA UMA APRENDIZAGEM MAIS VISÍVEL

Simone Kubric Lederman e Carmen Sforza

O presente relato visa compartilhar a experiência, os aprendizados e os desdobramentos pedagógicos resultantes do trabalho realizado por um grupo independente de educadores/pesquisadores interessados no aprofundamento dos conceitos que embasam abordagens e estratégias diferenciadas para uma aprendizagem mais significativa e visível. Juntos, resolveram desenvolver o projeto que chamaram Faz de Conta[1], para colocar esse conhecimento em prática. Note-se que todos os participantes do grupo – Carmen Sforza, Julia P. Andrade, Paola Ricci, Rita J. Camargo, Rui Zanchetta e Simone K. Lederman – colaboraram com seus olhares para a elaboração do presente artigo.

A jornada desse coletivo teve início na Viagem Catalisadora 2017[2] para São Francisco e Palo Alto (Estados Unidos), organizada pelo Instituto Catalisador[3] com o propósito de visitar espaços inovadores, fazer conexões significativas e debates instigantes sobre práticas educacionais transformadoras. O grupo pôde conhecer escolas públicas e privadas, espaços educativos não formais considerados referência em projetos peda-

---

1 O nome original em inglês é Make Believe; em português, Faz de Conta, um jogo de palavras para significar a essência lúdica das abordagens da proposta.
2 Viagem Catalisadora 2017. Disponível em: <https://www.catalisador.org.br/viagem--catalisadora-2017>. Acesso em: 28 jun. 2020.
3 O Instituto Catalisador é uma organização da sociedade civil sem fins lucrativos composta por uma equipe multidisciplinar. Desde 2015 desenha, implementa e dissemina propostas de aprendizagem criativa e aprendizagem centrada no fazer, junto a espaços formais e não formais de educação (<www.catalisador.org.br>).

gógicos relacionados ao Movimento Maker[4] e à aprendizagem criativa.[5] Entre outras, tivemos a oportunidade de conhecer a proposta da Lighthouse Community School e do Tinkering Studio do Museu Exploratorium, visitas que inspiraram diretamente nosso trabalho.

A Lighthouse é uma *charter school*[6] localizada em Oakland, cidade na periferia de São Francisco, que surpreendeu o grupo. Com participação ativa da comunidade de pais, a escola transforma a vida de seus alunos. A "cultura *maker*" estava impregnada em todos os espaços, não apenas no seu incrível espaço "*maker*" ou "mão na massa" (Creativity Lab), mas em cada sala de aula e nos próprios corredores.

Também conhecemos o Tinkering Studio, um espaço de brincadeiras, construções e invenções dentro do Museu Exploratorium em São Francisco, perfeito para desenvolver a criatividade e o espírito coletivo de crianças, jovens e adultos. O que tinha começado com uma pequena mesa de atividades dez anos antes já era o coração do museu e um relevante centro de pesquisa e produção de conhecimento educacional.

A Viagem Catalisadora foi planejada para que os participantes pudessem também ir à conferência FabLearn[7] 2017, sediada na Universidade Stanford. Tendo o professor brasileiro Paulo Blikstein[8] como idealizador e anfitrião, o tema principal do evento foi "Criando um

---

4 Expressão já comentada no capítulo 4. Podemos ler na nota de rodapé número 7: "No Brasil, a expressão Movimento Maker já está amplamente disseminada".
5 Abordagem que será apresentada a seguir.
6 Tipo de escola que recebe verba governamental e também tem autonomia financeira, pedagógica e ideológica. Na Lighthouse tivemos a oportunidade de ver um exemplo de sucesso desse modelo de gestão, o que nem sempre é uma realidade. *Lighthouse* significa "farol" em português.
7 FabLearn é uma rede, uma pesquisa colaborativa e uma visão de aprendizagem para o século XXI. A FabLearn divulga ideias, melhores práticas e recursos para apoiar uma comunidade internacional de educadores, pesquisadores e formuladores de políticas comprometidos em integrar os princípios do aprendizado construcionista, popularmente conhecido como "*maker*", na educação formal e informal, do Ensino Fundamental ao Médio. Disponível em: <https://fablearn.org>. Acesso em: 28 jun. 2020.
8 Na época professor assistente (*assistant professor*) da Escola de Educação (School of Education) na Universidade Stanford e atualmente professor associado de *design* de comunicação, mídia e tecnologia de aprendizagem (*associate professor of communications, media and learning technology design*) da Faculdade de Professores (Teachers College) da Universidade Columbia.

Ecossistema Sustentável para o Fazer na Educação".[9] Além da oportunidade de ouvir palestras e participar de *workshops* diferenciados, membros de nosso grupo apresentaram trabalhos sobre suas próprias atuações no contexto brasileiro.

De volta a São Paulo, continuamos a nos encontrar motivados pelo interesse comum por abordagens pedagógicas centradas nos estudantes. Entusiasmados, criamos um grupo de estudo para acompanhar o curso livre on-line Aprendendo Aprendizagem Criativa[10] lançado pelo grupo de pesquisa Vida Longa ao Jardim de Infância,[11] do Laboratório de Mídia do Instituto de Tecnologia de Massachusetts (Massachusetts Institute of Technology – MIT). Cabe ressaltar que todos nós já éramos membros ativos da Rede Brasileira de Aprendizagem Criativa.[12]

A sintonia de olhares resultou na continuidade do grupo. Decidimos nos inscrever juntos no curso on-line de quatro meses intitulado Pensando e Aprendendo em uma Sala de Aula Maker,[13] oferecido pelo Projeto Zero, da Faculdade de Educação de Harvard.[14] Idealizamos então o projeto Faz de Conta, criando uma oportunidade coletiva e colaborativa para estudar e colocar em prática abordagens pedagógicas diferenciadas junto a estudantes do Ensino Fundamental II da rede pública de ensino. Os encontros aconteceram à tarde, horário já organizado pela escola para disciplinas eletivas ou oficinas, e foram realizados em um ambiente voltado

---

9 Em inglês: "Creating a Sustainable Ecosystem for Making in Education".
10 Disponível em: <https://learn.media.mit.edu/lcl>. Acesso em: 22 jun. 2020.
11 Em inglês: Lifelong Kindergarten.
12 Rede de educadores, artistas, pais, pesquisadores, empreendedores, alunos e organizações voltada para a implantação de abordagens educacionais "mão na massa", criativas e interessantes em escolas, universidades, espaços não formais de aprendizagem e residências de todo o Brasil, que ao longo do ano organiza eventos gratuitos e participativos, com formatos inovadores. Iniciada em 2015, surgiu a partir de uma parceria entre a Fundação Lemann e o Departamento Vida Longa ao Jardim de Infância, do Laboratório de Mídia do MIT. Atualmente, conta com milhares de participantes em todo o Brasil. Disponível em: <https://aprendizagemcriativa.org/>. Acesso em: 28 jun. 2020.
13 Em inglês: "Thinking and Learning in a Maker-Centered Classroom".
14 Conheça mais em Project Zero, Harvard Graduate School of Education. Disponível em: <https://pz.harvard.edu>. Acesso em: 22 jun. 2020.

para o aprendizado "mão na massa", a Casa de Makers,[15] um espaço muito próximo da escola.

Ao longo desse projeto, trabalhamos com aprendizagem criativa, metodologias ativas diversas e estratégias de investigação e registro, com o apoio das chamadas Rotinas de Pensamento, que funcionam como ferramentas para entrelaçar processos de aprendizagem e de avaliação. As Rotinas de Pensamento auxiliam na tomada de consciência sobre o pensamento construído e o percurso realizado, contribuindo para incrementar a autoconfiança dos estudantes, que passam a perceber sua capacidade de aprender, seus conhecimentos e habilidades, desenvolvendo competências relevantes para poder agir e transformar o mundo.

O relato aqui apresentado está organizado em três partes. Inicialmente introduzimos os principais conceitos que fundamentam nosso trabalho, relacionados a aprendizagem criativa, abordagens exploratórias "mão na massa" e propostas centradas no fazer para a construção do conhecimento. Na sequência, apresentamos o contexto educacional em que se desenvolveu o projeto Faz de Conta e uma narrativa de nossa experiência prática com as Rotinas de Pensamento, assim como os desdobramentos desse projeto no percurso dos educadores que compunham o grupo de estudo. Por fim, compartilharemos resultados, contribuições e outros comentários em torno dessa experiência educacional.

Destaca-se no relato uma situação de aprendizagem em que uma das Rotinas de Pensamento foi colocada em prática por meio de uma dinâmica de jogo de interpretação de papéis, muito bem-sucedida. Apresentamos aos estudantes Lúmina, uma cidade imaginária devastada por uma grande chuva que ficara sem energia elétrica. Diferentes personagens envolveram-se para resolver o problema coletivo, cada um com uma perspectiva singular e própria a respeito da circunstância que enfrentavam.

---

15 Espaço em que foram desenvolvidas as oficinas do projeto, é uma iniciativa privada que leva o Movimento Maker a crianças e adolescentes. A casa foi criada por professores de ciências e equipada com os mais variados equipamentos, como ferramentas de marcenaria, uma impressora 3D e uma cortadora a laser para incentivar experiências "mão na massa". Saiba mais em <http://casademakers.com>.

> **PARA SABER MAIS**
>
> [QR] Projeto Faz de Conta. Vídeo "Oficinas de invenções e criatividade", que apresenta os principais momentos do projeto. Acesso em: 28 jun. 2020.
>
> [QR] Projeto Faz de Conta. Mural colaborativo digital: O Padlet. Acesso em: 28 jun. 2020.

Aprendizagem criativa

O conceito de aprendizagem criativa foi formulado pelo pesquisador Mitchel Resnick, do Laboratório de Mídia do MIT, e tem como base as ideias construcionistas do matemático e educador Seymour Papert, também do MIT. Nascido na África do Sul em 1928, Papert concluiu o seu doutorado em matemática pela Universidade de Cambridge em 1959 e, encantado com os trabalhos de Jean Piaget, mudou-se para Genebra para trabalhar diretamente com o psicólogo suíço. Com ele, Papert aprendeu que o conhecimento não é apenas transmitido para as crianças, e sim que elas estão constantemente criando, revisando e testando suas próprias teorias sobre o mundo. Conforme observa Resnick (2020), no começo dos anos 1960 Papert assumiu um cargo de professor no MIT, de volta aos Estados Unidos, e passou do epicentro da revolução do desenvolvimento infantil para o epicentro da revolução de tecnologia computacional. Nas décadas seguintes ocupou-se em estabelecer correlações entre essas duas revoluções.

Outro pesquisador do Laboratório de Mídia do MIT, o brasileiro Leo Burd (1999), define o construcionismo como uma síntese da teoria de Piaget e das oportunidades oferecidas pela tecnologia para o desenvolvimento de uma educação contextualizada, que possibilita aos estudantes trabalhar na construção de elementos que lhes são significativos e por meio da qual determinados conhecimentos e fatos possam ser aplicados e compreendidos. Sendo assim, Burd ressalta que um dos pontos importantes do construcionismo é que ele vai além do aspecto cognitivo, incluindo também as facetas social e afetiva da educação.

Resnick, que nessa linha formula a abordagem da aprendizagem criativa, foi colega de trabalho de Papert no MIT e atualmente é coordenador do departamento Jardim de Infância Para a Vida Toda, no qual pesquisadores se dedicam a encontrar estratégias para que a aprendizagem "mão na massa" seja pertinente ao longo de toda a vida escolar e acadêmica. Assim, dentre as diversas abordagens consideradas como metodologias ativas, a aprendizagem criativa propõe especialmente o desenvolvimento de projetos a partir da exploração livre de materiais, sejam eles equipamentos tecnológicos ou somente pedaços de papelão, fitas adesivas ou massinha de modelar. O objetivo é possibilitar uma reflexão profunda por meio do pensar brincando, proporcionando autonomia e desenvoltura para a solução de problemas. Paixão pelo que se faz e a aprendizagem em parceria são também molas propulsoras nesse contexto.

Resnick (2014) apresenta a aprendizagem criativa estruturada nos seguintes pilares:

- Projetos (*projects*): as pessoas aprendem melhor quando estão trabalhando ativamente em projetos significativos para elas, gerando novas ideias, criando protótipos e aperfeiçoando-os uma e outra vez.
- Parcerias (*peers*): a aprendizagem é mais frutífera quando inserida em um contexto social, quando pessoas compartilham ideias, colaboram em projetos e quando cada um constrói a partir do trabalho do outro.
- Paixão (*passion*): quando as pessoas participam de projetos que são realmente importantes para si, elas trabalham com mais dedicação, persistem em frente aos desafios e aprendem mais ao longo do processo.
- Pensar brincando (*play*):[16] aprender envolve experimentação – tentar coisas novas, explorar materiais, testar limites, correr riscos e fazer muitas vezes de diferentes formas.

É nesse contexto que o estudante imagina o que quer fazer, cria um projeto pessoal, brinca e explora suas criações, compartilha as ideias e produtos, e reflete sobre as experiências, numa verdadeira espiral

---

16 Saiba mais em: "Pensar brincando (play) – Uma conversa com Karen Wilkinson e Mike Petrich, vídeo que faz parte do curso Aprendendo Aprendizagem Criativa. Disponível em: <www.youtube.com/watch?v=15toZvWMbAI>. Acesso em: 28 jun. 2020.

criativa. Resnick ressalta que, na realidade, as etapas desse processo não ocorrem necessariamente na ordem apresentada. Imaginar, criar, brincar, compartilhar e refletir se misturam em diferentes combinações (RESNICK, 2017).

Como grupo de estudo, além de aprofundarmos estes conceitos acompanhando o curso Aprendendo Aprendizagem Criativa,[17] apresentamos trabalhos em eventos, como as Conferências Brasileiras de Aprendizagem Criativa, que aconteceram na cidade de Curitiba (PR) em 2018 e de São Bernardo do Campo (SP) em 2019, e também o Festival de Invenção e Criatividade FIC Maker 2019, na Universidade de São Paulo (USP), no *campus* da cidade de São Paulo.

Agência pelo Design

Para evidenciar aos próprios estudantes e à comunidade escolar (professores, coordenadores, diretores e pais) que por meio de propostas "mão na massa" é possível aprender de forma significativa e contextualizada, o grupo buscou também estudar e colocar em prática outra abordagem complementar nomeada Agency by Design, elaborada por uma equipe vinculada ao Projeto Zero.

A proposta central da Agency by Design é promover junto aos estudantes tanto a sensibilidade ao *design* quanto o *empoderamento* por meio do fazer, que nomearam de *agência*, numa concepção mais ampla. Sensibilidade ao *design* significa estar ciente e alerta para a dimensão construída e "desenhada" do mundo ao nosso redor, e ao fato de que tudo que foi desenhado por alguém (seja um objeto ou um sistema) pode ser redesenhado para atender a outro propósito e melhorar a relação entre as pessoas, os objetos e os sistemas.

Cabe enfatizar que despertar a consciência da autoria e tirar os estudantes do lugar de meros usuários é a intenção ética que sustenta cada estratégia pedagógica formulada pela equipe da Agency by Design. E para que seja

---

[17] Mitchel Resnick, "Os 4 P's da aprendizagem criativa". Curso Aprendendo Aprendizagem Criativa. Disponível em: <www.youtube.com/watch?time_continue=323&v=VaSSFKgIBss>. Acesso em: 28 jun. 2020.

viável agir e transformar o mundo por meio do redesenho de objetos e sistemas é importante não somente estar ciente do caráter editável das coisas, mas apto a realizar tais modificações ou invenções. É aí que comparece o empoderamento por meio do fazer – ou empoderamento "*maker*" –, oferecendo a familiaridade com linguagens diversas, ferramentas, tecnologias, para que cada um possa literalmente colocar a "mão na massa" e intervir em sua própria realidade, percebendo-se também como parte de sistemas.

Instigar o desenvolvimento dos estudantes tanto no que se refere a essa sensibilidade ao *design* quanto a esse empoderamento "*maker*" está na essência da abordagem teórico-prática proposta pela Agency by Design. A sensibilidade ao *design* é definida como a disposição para "aprender a perceber e engajar-se com o ambiente físico e conceitual observando e refletindo sobre o *design* de objetos e sistemas, explorando a complexidade do *design* e encontrando a oportunidade de tornar objetos e sistemas mais eficazes, mais eficientes, mais éticos ou mais belos".[18]

Já o empoderamento "*maker*" é considerado "uma sensibilidade às dimensões do *design* de objetos e sistemas, junto com uma disponibilidade e capacidade de intervir na forma do seu próprio mundo construindo, explorando, 're/desenhando, ou hackeando'[19]".[20]

Para apoiar o desenvolvimento da sensibilidade ao *design* e do empoderamento "*maker*", os pesquisadores da Agency by Design propõem o uso das Rotinas de Pensamento, estratégias pedagógicas que têm sido elaboradas há anos pelo Projeto Zero para promover um pensamento mais analítico e profundo nas salas de aula, que permitem também evidenciar o processo de aprendizagem assim como desenvolver nos estudantes o conceito de sistema,

---

18 Tradução das autoras. Original disponível em: <www.agencybydesign.org/explore-the-framework>. Acesso em: 22 jun. 2020.
19 O termo "hacker" surgiu na década de 1960, nos Estados Unidos. Começou com o uso da expressão "hack" para designar uma solução inovadora para qualquer problema. Com o passar dos anos, o termo foi associado a programadores de computador, que na época estavam se destacando no Instituto de Tecnologia de Massachusetts (MIT) e em outras partes do mundo. Eles aliavam conhecimento específico de computação ao instinto criativo. Disponível em: <https://brasilescola.uol.com.br/informatica/o-que-e-hacker.htm>. Acesso em: 12 fev. 2021.
20 Tradução das autoras. Original disponível em: <www.agencybydesign.org/explore-the-framework>. Acesso em: 22 jun. 2020.

crucial para que sejam capazes de desvendar um mundo tão complexo (RIT-CHHART, CHURCH e MORRISON, 2011; CLAPP et al., 2017).

Quando as crianças aprendem sobre sistemas, suas visões de mundo mudam. Não veem mais a natureza, as pessoas, os eventos, os problemas ou a si mesmos como separados e desconectados (MARSHALL, 2006). A educadora Linda Booth Sweeney explica que:

> A alfabetização em sistemas representa esse nível de conhecimento sobre inter-relações complexas. Combina conhecimento conceitual (conhecimento dos princípios e comportamentos do sistema) e habilidades de raciocínio (por exemplo, a capacidade de ver situações em contextos mais amplos, ver vários níveis de perspectiva dentro de um sistema, rastrear inter-relações complexas, procurar influências endógenas ou "dentro do sistema", perceber mudanças de comportamento ao longo do tempo e reconhecer padrões recorrentes que existem em uma ampla variedade de sistemas). (SWEENEY, 2016, tradução nossa)

Em nossas práticas, podemos observar o quanto atividades "mão na massa" ou propostas centradas no fazer costumam ser oportunidades potentes para o desenvolvimento de uma compreensão sistêmica. As Rotinas de Pensamento formuladas pela Agency by Design têm intencionalmente o propósito de ajudar os estudantes a perceberem os sistemas em que estão inseridos, os sistemas dos quais fazem uso, os contornos desses sistemas, cada elemento e a maneira como se relacionam.

Por meio das práticas "mão na massa", os estudantes também ganham condições para atuar como agentes de transformação das estruturas em que estão inseridos. Os pesquisadores da Agency by Design estão especialmente interessados nessa capacidade de agir: *"Agência*, no entanto, envolve não somente a habilidade deliberada de fazer escolhas e planos de ação, mas também a habilidade de construir cursos de ação, motivar e regular sua execução" (BANDURA, 2000, apud CLAPP et al., 2017, p. 91, tradução nossa).

Nunca vivemos em ambientes de certezas, mas hoje há mais incerteza do que nos últimos cem anos – quanto daquilo que os estudantes aprendem na escola realmente lhes valerá no futuro? O conhecimento é rapidamente desatualizado. As habilidades rapidamente se tornam obsoletas.

As tecnologias abrem novas possibilidades, novas formas de pensar, comunicar e interagir. Novos problemas surgirão e muitos dos desafios que nossos filhos herdarão são altamente irrefreáveis (GROTZER, 2012).[21]

Tina A. Grotzer nos convida a refletir como podemos fazer escolhas curriculares neste mundo incerto, que será muito diferente daquele que nossos filhos herdarão quando adultos. Como podemos lhes dar ferramentas para raciocinar sobre a complexidade causal – os padrões que governam os modos como o mundo funciona e como interagimos com ele. Esses padrões existem em nossas interações em nossas escolas, casas e comunidades. Eles governam como pensamos sobre riscos, analisamos ações e tomamos decisões.

Nessa perspectiva, o propósito do "mão na massa" na vida escolar dos estudantes é que eles se enxerguem como capazes de fazer intervenções autorais em sua própria realidade, ou seja, que desenvolvam um senso de empoderamento *"maker"*. E é por isso que buscamos estratégias para que os estudantes consigam perceber-se como parte de sistemas, munindo-os de um repertório de linguagens diversas, ferramentas, tecnologias, e dando oportunidades para que aprendam a lidar com a incerteza.

As abordagens *"maker"* e *"tinkering"*

Outra concepção fundamentada na teoria do construcionismo e que também contribui para ressignificar o sentido do aprender é chamada de *"tinkering"*. O termo não encontra na língua portuguesa uma tradução literal, mas pode ser entendido como a inventividade que acontece a partir da exploração "mão na massa" de um conjunto peculiar de materiais, o "tinkerar".[22]

---

21 Este artigo foi escrito pouco antes do começo da pandemia da Covid-19, que trouxe uma nova realidade à qual precisamos abruptamente nos adaptar. O que vivenciamos em 2020 mostrou o quanto a visão de Grotzer era sábia, já que as incertezas se intensificaram, os conhecimentos e as habilidades de todos se mostraram insuficientes para resolver a questão da crise de saúde pública mundial e os dilemas econômicos enfrentados. As tecnologias de fato abriram novas possibilidades de pensar, comunicar e interagir durante o tempo de isolamento social, trabalho em casa e aulas remotas.

22 Veja o vídeo *Uma perspectiva pedagógica*, de Edith Ackermann, pesquisadora do MIT. Disponível em: <https://vimeo.com/144683857>. Acesso em: 28 jun. 2020.

Para os idealizadores do Tinkering Studio, o *"tinkering"* é brincar diretamente com fenômenos, ferramentas e materiais. É pensar com as mãos e aprender ao fazer. É diminuir o ritmo e poder ficar curioso sobre os mecanismos e mistérios de tudo o que nos cerca no cotidiano (WILKINSON e PETRICH, 2013).

Em momentos de "tinkerar" acontece uma investigação sobre a maneira como algo funciona, sendo que o modo pelo qual essa pesquisa se dá é bastante particular: explorar, desmontar, testar, mexer nisso e naquilo, tudo isso faz parte do processo, sem que um passo a passo seja seguido, sem roteiro prévio. É nesse pensamento difuso que a imaginação flui e as oportunidades de criação se apresentam.

Karen Wilkinson acredita que o desenvolvimento de confiança e competência ajuda os estudantes a se sentirem mais confortáveis com a incerteza do processo de *"tinkering"*, permitindo que fiquem mais dispostos a mergulhar nessas atividades, mesmo sem um objetivo claro em mente (CLAPP et al., 2017).

No curso Aprendendo Aprendizagem Criativa tivemos a oportunidade de assistir a vários vídeos nos quais Mitchel Resnick apresenta sua proposta de abordagem educacional, que coloca o "tinker" em um lugar central. Para Resnick (2020), em uma espiral criativa, estudantes "tinkers", numa prototipagem rápida e na interação, trabalham em um projeto, constroem algo rapidamente, experimentam, obtêm reações de outras pessoas e criam uma nova versão – uma e outra vez. "Realizam mudanças e revisões constantemente. Para solucionar problemas, chegam a uma solução rápida, algo que funciona até certo ponto, para depois investigar formas de aprimorá-lo" (RESNICK, 2020, p. 126).

Isso não significa que as propostas sejam improvisadas; ao contrário, o planejamento faz diferença para que se proporcione uma experiência rica. E, planejar esse tipo de atividade requer tempo e reflexão. Petrich, Wilkinson e Bevan (2013) destacam a importância da organização do ambiente e das práticas de mediação envolvidas.

Nesse sentido, nos guias de atividades[23] elaborados pelo Tinkering Studio para apoiar os educadores a organizar situações de aprendizagem,

---

23 Disponível em: <www.exploratorium.edu/tinkering>. Acesso em: 22 jun. 2020.

os pesquisadores ressaltam a importância de oferecer certas estruturas para que a exploração livre possa acontecer de maneira interessante, significativa e com intencionalidade pedagógica.

> **PARA SABER MAIS**
>
> Em 2018, o Tinkerê, outra iniciativa não formal de um grupo multidisciplinar de educadores e pesquisadores brasileiros, estabeleceu uma parceria com o Tinkering Studio para traduzir os seus guias de atividades, inaugurando no Brasil o uso da palavra "tinkerar". Acesse o site pelo QR code.[24]

Nesses guias, os pesquisadores do Tinkering Studio também explicitam para os educadores a origem teórica de sua abordagem:

> O construcionismo sugere que os aprendizes estão mais propensos a ter novas ideias quando estão ativamente envolvidos na criação de um artefato externo. O Tinkering Studio encoraja a construção de conhecimento no contexto da construção de artefatos pessoalmente significativos. Nós projetamos oportunidades para que as pessoas pensem "com as mãos" com o objetivo de construir significado e entendimento.[25]

Libow Martinez e Stager (2013) aprofundam as diferenças e sutilezas em cada um desses modos de "fazer", de colocar a "mão na massa":

- A "mão na massa" ou *making* refere-se ao papel ativo da construção na aprendizagem. A dimensão "fazedora" ou *maker* tem um produto em mente ao trabalhar com ferramentas e materiais.
- O *tinker* como um *mindset*, ou seja, uma mentalidade, uma maneira divertida de abordar e resolver problemas através da experiência direta, experimentação e descoberta.

---

24 Em 2019, houve um evento em São Paulo, organizado pela Rede Brasileira de Aprendizagem Criativa e pela equipe Tinkerê, para disseminar essa abordagem a educadores brasileiros e lançar o site <www.tinkere.org.br>. Esse evento contou com a presença de Sebastian Martin, especialista em projetos no Tinkering Studio.

25 Disponível em: <www.tinkere.org.br>. Acesso em: 12 fev. 2021.

- A dimensão de engenharia ou *"engineering"* extrai princípios da experiência direta. Constrói uma ponte entre a intuição e os aspectos formais da ciência, sendo capaz de explicar, medir e prever melhor o mundo ao nosso redor.

Para esses autores, o fazer, ou *"making"*, é um ato de criação com novos materiais e também com materiais familiares. As crianças sempre fizeram coisas, mas sua paleta de ferramentas e o espaço para criação expandiram-se notavelmente nos últimos anos. Apontam que o efeito do *"making"* é algo poderoso, já que se trata de uma expressão pessoal do intelecto, que gera um senso de autoria e propriedade, mesmo quando o produto não fica perfeito.

Libow Martinez e Stager (2013) acrescentam que a inteligência não está apenas no ato do fazer, mas que ela se expande por meio do uso de materiais e ferramentas interessantes. Quando usados suficientemente, os materiais e as ferramentas do *"maker"* tornam-se parte do repertório intelectual que pode ser usado para resolver problemas.

Os mesmos autores vão além: falam do *"tinkering"* como um ato de mexer e até mesmo bagunçar com os materiais (*"messing about"*), que é o momento em que a aprendizagem acontece. A expressão e o conceito de *"messing about"* não é algo novo. Já em 1965 David Hawkins intitulou seu trabalho "Messing About in Science", argumentando que essa abordagem se mostrava bastante significativa na pesquisa científica.

Contexto educacional

O grupo de estudo que formamos com o projeto Faz de Conta tinha, desde o início, o objetivo de estudar e desenvolver na prática propostas centradas no estudante por meio do fazer – levando também em consideração a "bagagem" pedagógica diversa que cada um de nós já trazia de outros percursos.

Com o apoio e a interlocução constante de uma professora-supervisora do curso Pensando e Aprendendo em uma Sala de Aula Maker, que estávamos fazendo juntos, planejamos e desenvolvemos uma série de oficinas com estudantes do Ensino Fundamental II, em parceria com uma escola estadual de período integral da cidade de São Paulo.

Com base nas nossas experiências prévias e no que era abordado no curso do Projeto Zero, elaboramos cuidadosamente propostas de Oficinas de Criatividade e Invenções. Como havia muitos estudantes interessados em participar, a coordenação priorizou adolescentes com algum tipo de dificuldade na escola e que se sentiriam motivados por terem sido convidados a participar do projeto.

Um de nossos maiores desafios foi adaptar e aplicar o *framework* (estrutura pedagógica) proposto pela Agency by Design para o contexto desses estudantes, possibilitando que começassem a desenvolver uma nova maneira de ver e perceber a cidade. O *framework* apresenta os seguintes eixos para a elaboração de um percurso de aprendizagem centrado no fazer:

- Observar de perto;
- Explorar complexidades;
- Encontrar oportunidades.

Realizamos dez encontros com três horas de duração cada um, que se iniciavam na porta da escola e se desenvolviam na Casa de Makers. No percurso, os estudantes foram incentivados a observar a cidade a partir dos temas relacionados aos Objetivos de Desenvolvimento Sustentável (ODS)[26] do Fundo das Nações Unidas para a Infância (Unicef).

Para que agir e transformar o mundo por meio do redesenho de objetos e sistemas seja viável, é importante não estar ciente somente do caráter editável das coisas (sensibilidade ao *design*) e apto a realizar tais modificações ou invenções (empoderamento "*maker*"), mas também é necessário estar ciente das dificuldades e dos desafios que enfrentamos em nível mundial e quais são os objetivos estabelecidos para superá-los. Junto com os Objetivos de Desenvolvimento Sustentável, as descobertas e os comentários dos estudantes foram tomados como um disparador nas atividades desenvolvidas. Em função dos assuntos

---

26 Os 17 Objetivos de Desenvolvimento Sustentável nasceram na Conferência das Nações Unidas sobre desenvolvimento sustentável, Rio de Janeiro, 2012. Buscou-se produzir um conjunto de objetivos que suprisse os desafios ambientais, políticos e econômicos mais urgentes que nosso mundo enfrenta. Disponível em: <https://nacoesunidas.org/pos2015/agenda2030/>. Acesso em: 22 jun. 2020.

que foram se apresentando nas discussões, as oficinas acabaram girando em torno do conceito científico de energia elétrica e da investigação dos sistemas que possibilitam a geração, a distribuição e o seu uso no dia a dia.

Nessa experiência de aprendizagem concentramo-nos em colocar em prática as Rotinas de Pensamento formuladas pela equipe da Agency by Design ao desenvolver estratégias para tornar visível o processo de aprendizagem e para trabalhar com os estudantes o conceito de sistema.

Ter aulas fora do ambiente escolar, em um contexto de espaço "*maker*" (tão diferente da sala regular, com mesas em fileiras), era uma experiência completamente nova para eles. Embora os estudantes já tivessem construído brinquedos ou maquetes na escola, aprender por meio de uma abordagem "*maker*" era inaugural. Na percepção imediata dos jovens, nem mesmo consideravam que estavam aprendendo algo formal. As Rotinas de Pensamento possibilitaram documentar e explicitar que um processo de aprendizagem estava realmente acontecendo e, para isso, várias adaptações – incentivadas pelos próprios pesquisadores do Projeto Zero – foram importantes.

Figuras 1, 2, 3, 4, 5, 6 e 7 – Estudantes em diferentes momentos do projeto: caminhando pela cidade; explorando o espaço "*maker*", as ferramentas e os equipamentos disponíveis; criando dispositivos com circuitos elétricos; registrando suas percepções, discernimentos e perguntas por meio das Rotinas de Pensamento. (Fonte: Acervo pessoal das autoras.)

Rotinas de Pensamento na prática

O objetivo geral das dez oficinas realizadas foi desenvolver experiências práticas de aprendizado, usando a estrutura da Agency by Design para desenvolver "agência", sensibilidade ao *design* e empoderamento por meio do fazer, oferecendo ferramentas e repertório para que os estudantes possam vir a ser autores de transformações no mundo ao seu redor.

Um dos nossos maiores desafios foi desenhar e redesenhar experiências de aprendizagem realmente baseadas nas respostas dos estudantes ao que estavam vivenciando a cada oficina. Por exemplo, tínhamos planejado incorporar as Rotinas de Pensamento na segunda parte de cada oficina, mas percebemos que isso não estava funcionando. Também nas primeiras aulas as rotinas pareciam muito burocráticas e "tarefeiras" para os estudantes. Então tivemos que descobrir como introduzi-las de uma maneira significativa, de modo que não interrompessem o fluxo desencadeado pelas atividades "*tinker*" e "*maker*". Começamos a apresentá-las por meio de linguagens que despertavam maior interesse, como a gravação de áudios e vídeos, compartilhados em tempo real no mural digital,[27] em que todos podiam revisitar as atividades, adicionar comentários, fazer contribuições e compartilhar com colegas e familiares.

Entender o papel e os objetivos das Rotinas de Pensamento foi um ponto-chave para esse grupo. Os estudantes não estavam familiarizados com essas dinâmicas e, para embarcar nisso, precisavam desaprender para aprender: precisavam de algum tempo para entender que as Rotinas de Pensamento faziam parte de seu processo de aprendizado, tornando visível para eles o que estavam aprendendo e que não representavam uma avaliação como as da escola tradicional. Quando elas foram adaptadas por meio de outras linguagens e se tornaram um hábito mental em nossos encontros, passaram a fazer sentido e os estudantes começaram a se mostrar mais dispostos a fazê-las. Isso tornou possível também retomar o registro de forma mais convencional, no papel, fazendo uso de desenho esquemático, da escrita de listas e até explicações sobre o que estavam percebendo

---

27 Para isso utilizamos um mural colaborativo digital, o Padlet. Disponível em: <www.bit.ly/oficinadeinvencoes>. Acesso em: 22 jun. 2020.

e descobrindo nas explorações e construções "mão na massa". Para esses momentos preparamos materiais gráficos que apresentavam visualmente as etapas das Rotinas de Pensamento e ajudavam os estudantes a organizar e evidenciar suas aprendizagens.

Logo no primeiro dos encontros, compartilhamos com o grupo de estudantes que o objetivo geral de nossas oficinas era explorar as oportunidades para redesenhar a cidade. Mas o que isso significava? O que poderia ser transformado nos lugares em que circulavam e habitavam? Queríamos despertar nos estudantes a sensibilidade para a dimensão editável do mundo, ou seja, queríamos que pudessem enxergar que tudo que está ao nosso redor (para além da natureza) foi inventado por alguém, em algum momento. Todo objeto ou sistema pode ser analisado, reconsiderado e reformulado.

Esse redesenho pode levar em conta novas necessidades ou desejos, precisa considerar os recursos disponíveis e vislumbrar os impactos que tais mudanças podem ter na vida cotidiana de todos os envolvidos. A intenção pedagógica de desenvolver a sensibilidade ao *design* porta, mais do que uma visão técnica, uma visão ética dos processos de transformação que se tornam viáveis com o uso das mais diversas tecnologias.

Cada uma das Rotinas de Pensamento proposta pela Agency by Design contribui para esse ganho de perspectiva, em diferentes dimensões, propondo sempre um exercício de mudança de foco, de movimento do olhar:

- Do micro para o macro em cada objeto/sistema (Partes/Propósitos/Complexidades);
- Do objeto concreto para o humano e o contexto de relações (Partes/Pessoas/Interações);
- Do eu para o outro (Pense/Sinta/Se importe);
- Do funcionamento operacional para o significado e os valores das invenções (Imagine se...).[28]

Para provocar os jovens a desconstruírem uma visão estática e imutável sobre o seu entorno, desafiamos o grupo a imaginar e experimentar,

---

28 Rotinas de Pensamento em língua portuguesa. Disponível em: <www.agencybydesign.org/thinking-routines-tools-practices>. Acesso em: 22 jun. 2020.

por meio de uma proposta *"tinkering"*, a cidade do futuro (no século XXII), focando em alguns aspectos específicos como moradia, alimentação, vestuário e transporte.[29] Nos encontros seguintes, os desafios dos Objetivos de Desenvolvimento Sustentável do Unicef seriam introduzidos no tema gerador, especialmente o 11º: como tornar cidades e assentamentos humanos inclusivos, seguros, resilientes e sustentáveis.

Foi assim que realizamos com os estudantes, ao longo dos dez encontros, uma sequência de atividades didáticas "mão na massa" centradas no fazer, tendo como pano de fundo os ODS, e apoiadas pelas seguintes Rotinas de Pensamento:

- **Veja/Pense/Pergunte:**[30] encorajamos os alunos a observar a cidade, as ruas, as pessoas, experimentando olhar de perto, encontrar complexidades e fazer uso de oportunidades de investigação autênticas.
- **Partes/Propósitos/Complexidades:** essa Rotina de Pensamento ajuda os estudantes a desacelerar e a fazer observações detalhadas e cuidadosas, incentivando-os a olhar além das características óbvias de um objeto ou de um sistema. Aplicamos esta rotina relacionada à observação de um LED, desenvolvendo uma atividade que é chamada "O que faz seus olhos brilharem?", em que eles desenham os elementos que receberam e refletem sobre por que têm determinado formato, por que são feitos daquele material específico, e exploram como as partes poderiam ser conectadas para fazer um circuito funcionar.
- **Partes/Pessoas/Interações:** essa Rotina de Pensamento instiga os estudantes a olharem atentamente para um sistema. Ao fazer isso, os jovens são capazes de situar objetos dentro de sistemas e reconhecer as várias pessoas que participam – direta ou indiretamente – de determinado sistema. No caso, provocamos os estudantes para que refletissem sobre sistemas elétricos, apresentando a eles situações hipotéticas (como falta de luz na rua ou a necessidade de trocar uma lâmpada em casa), pedindo que identificassem e pensassem sobre cada elemento envolvido (pessoas, coisas, instituições etc.) e como esses elementos precisariam

---

29 Atividade inspirada em uma proposta desenvolvida por Leo Burd para a Rede Brasileira de Aprendizagem Criativa (Brasil Século XXII).
30 Acrescentamos essa rotina não específica da Agency by Design.

interagir ou se relacionar para resolver cada situação. Os alunos foram convidados a compartilhar seu trabalho através de um vídeo pessoal. Acabaram construindo sua própria definição de sistema: um dos alunos concluiu que "Sistema é harmonia".

- **Pense/Sinta/Se importe:** essa rotina encoraja os estudantes a considerar as diversas perspectivas de quem interage em um sistema particular. Seu objetivo é ajudar os estudantes a entender que as diversas pessoas que participam de um sistema pensam, sentem e se importam de uma forma particular em função de sua posição nele.

Para continuar refletindo sobre sistemas e interações, criamos um jogo de interpretação de papéis para pensar holisticamente e exercitar a abordagem de perspectiva (empatia com a perspectiva dos outros) sobre sistemas. Nessa nossa proposta, identificaram as partes de um sistema de energia elétrica, suas interações em cadeia, e refletiram sobre as pessoas envolvidas: os moradores de Lúmina, uma cidade imaginária que, devastada por uma grande chuva, ficara sem energia elétrica. A situação apresentada contava que a vizinhança ficaria sem energia por alguns dias por causa desse desastre natural. Descrevemos alguns dos habitantes da cidade, destacando que cada um dos envolvidos tinha uma preocupação e um ponto de vista diferente quanto à circunstância enfrentada. Cada grupo de estudantes representaria um desses personagens e deveria criar um diálogo entre as pessoas envolvidas.

Dessa forma, com jogo de papéis, colocamos em prática a rotina Pense/Sinta/Se importe, refletindo continuamente sobre sistemas e interações. O processo de aprendizagem envolvendo empatia e tomada de perspectiva sobre as necessidades de diferentes pessoas levou os alunos a:

- Investigar como os sistemas elétricos funcionam (olhando de perto);
- Explorar alguns *gadgets* que poderiam gerar energia (explorando complexidades);
- Construir um modelo representando uma cidade e seu sistema elétrico (encontrando oportunidades).

- **Imagine se...:** Inicialmente, essa rotina estimula o pensamento divergente, à medida que os estudantes pensam em novas possibilidades para

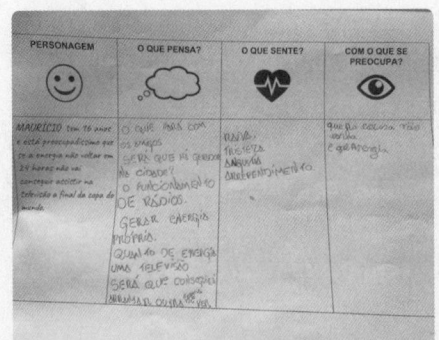

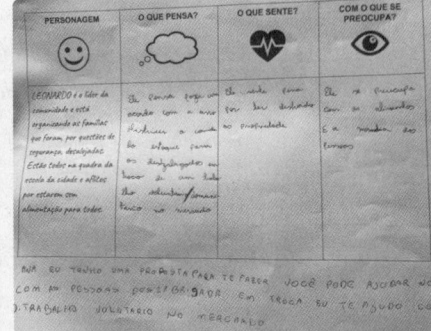

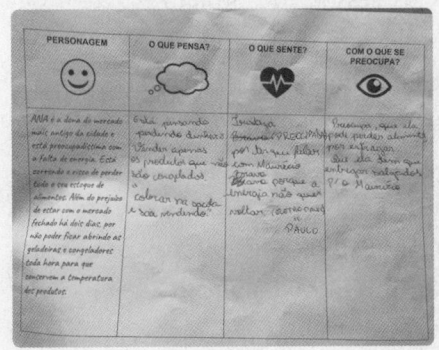

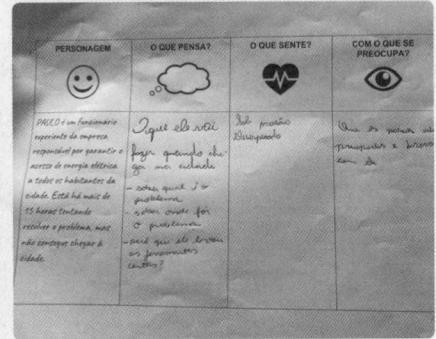

Figuras 8, 9, 10 e 11 – Rotina de Pensamento Pense/Sinta/Se importe. Jogo reflexivo sobre os personagens de Lúmina, uma cidade imaginária que, devastada por uma grande chuva, ficara sem energia elétrica. (Fonte: Acervo pessoal das autoras.)

um objeto ou um sistema; depois, o pensamento convergente é encorajado, à medida que eles decidem a maneira mais eficaz de construir, explorar, re/desenhar ou "hackear" esse objeto ou esse sistema.

Para promover as invenções coletivas apresentamos a atividade de forma a abrir uma criação final, um convite para refletir sobre todas as oficinas do projeto Faz de Conta. Discutimos a integração das três capacidades "*maker*": olhando de perto, explorando a complexidade e encontrando oportunidades para pensar mais sobre elas.

O uso da Rotina de Pensamento Imagine se... foi um suporte para a criação de protótipos de um minissistema elétrico, conectando a ação com a reflexão sobre as pessoas envolvidas nesse sistema, bem como na identificação das conexões no sistema.

Começamos imaginando com o grupo como seria se pudéssemos gerar energia de forma autônoma e o que poderíamos construir para fazer

Capítulo 5   **141**

isso de forma eficiente, eficaz, ética e estética. Com a "mão na massa", exploramos com eles o funcionamento de bobinas, recuperamos a aprendizagem sobre circuitos elétricos e seus componentes, exploramos mecanismos simples de engrenagens e manivelas e ampliamos o repertório, pesquisando vídeos sobre o funcionamento de usinas de energia.

Vislumbrando que não haveria tempo suficiente nos nossos encontros para a prototipação de algo mais complexo que pudesse de fato gerar energia, mas com o compromisso de tornar visível e tangível todas as aprendizagens construídas e concluir as sessões do projeto Faz de Conta, elaboramos uma proposta final: desenhar e prototipar uma iluminação portátil. Com materiais diversos os estudantes se dedicaram a fazer o que chamamos de "esboços tridimensionais", para tirar ideias da cabeça e apresentar suas invenções aos pares.

Para estimular o compartilhamento das ideias e descobertas, propusemos outra vez a Rotina de Pensamento Vejo/Penso/Pergunto, instigando-os a olhar de perto a produção de um colega, a demonstrar curiosidade e querer saber mais sobre o que o outro construiu, como e por quê. Dessa vez, os estudantes mostraram-se muito disponíveis para fazer a dinâmica e registrá-la no papel. Entendemos que isso aconteceu tanto porque já estavam familiarizados com esse hábito mental quanto porque estavam motivados pelas produções autorais que haviam construído.

Ressaltamos novamente que as propostas iniciais do Projeto Zero estimulavam Rotinas de Pensamento escritas ou desenhadas. Inovamos trazendo a gravação de áudios via WhatsApp e criando jogos reflexivos com papéis para as rotinas Pense/Sinta/Se importe e Imagine se... Os estudantes valorizaram as adaptações, que ficaram em sintonia com o contexto criativo proposto e possibilitaram uma diversidade de registros, sem a necessidade da mediação da escrita.

Resultados e contribuições

A proposta da Agency By Design de promover tanto a sensibilidade ao *design* quanto o empoderamento por meio do fazer mostra que quando o protagonismo e a autoria são princípios em um projeto dos próprios alunos, eles não apenas desenvolvem capacidades, mas também disposições e sensibilidade para usar suas próprias habilidades e conhecimentos. Se para qualquer estudante isso gera um impacto muito significativo, para estudantes que enfrentam dificuldades cotidianas em seu processo de escolarização esse efeito é ainda mais importante. As abordagens que colocamos em prática não apenas favorecem o desenvolvimento de habilidades técnicas mas, principalmente, promovem um movimento de (re)conhecimento pessoal, contribuindo para a autoconfiança dos estudantes, que acabam resgatando a curiosidade pelo conhecimento e a convicção na própria capacidade de aprender.

Quanto ao papel das Rotinas de Pensamento, o que achamos de mais precioso foi a possibilidade de funcionarem tanto para tornar o pensamento e a aprendizagem profundos e visíveis quanto como uma ferramenta de avaliação formativa, que documenta e mostra aos estudantes e professores o que e como seus conhecimentos e habilidades se desenvolveram ao redor do objeto estudado.

Para o âmbito da aprendizagem centrada no fazer, as Rotinas de Pensamento possibilitam reflexões aguçadas e ao mesmo tempo tangíveis sobre o funcionamento de cada elemento em jogo, contribuindo para o aprofundamento de um pensamento sistêmico.

As jornadas de aprendizagem dos alunos foram registradas no referido mural digital Padlet, construído de forma colaborativa ao longo das oficinas. De nosso lado, editamos um vídeo[31] retrospectivo, apresentado aos estudantes no último encontro com a intenção de mostrar a todos o percurso realizado, evidenciando o que aprenderam em cada momento. Também convidamos os alunos a preencherem um diário reflexivo como uma atividade pessoal para concluir esse ciclo de aprendizagens. Com surpresa presenciamos estudantes entusiasmados em colocar suas anotações no papel, o que no começo do ciclo de encontros não havia sido possível.

Considerando todos esses aspectos, podemos afirmar que em cada estratégia que realizamos conseguimos reunir evidências de que os jovens

---

31 Disponível em: <www.youtube.com/watch?time_continue=18&v=einPG3JO1z8>. Acesso em: 22 jun. 2020.

estavam aprendendo. Pudemos observar e analisar seu processo de aprendizado através do uso das Rotinas de Pensamento (às vezes feito em áudio, às vezes por escrito e desenhos). Além disso, com uma escuta atenta, coletamos as ideias e os pensamentos que os estudantes manifestavam enquanto estavam imersos em experiências *"tinkering"*. Coletamos evidências também nos depoimentos que davam uns aos outros quando compartilhavam seus planos em reuniões dos minigrupos ou apresentavam o trabalho feito a todo o grupo. As Rotinas de Pensamento também tornaram explícitas algumas compreensões equivocadas que os estudantes tinham sobre conceitos que estávamos explorando, o que foi muito valioso para planejarmos melhor nossas intervenções.

Depois da experiência do Faz de Conta, cada um dos educadores/pesquisadores que compunha o grupo de estudo pôde levar as aprendizagens teórico-práticas desse projeto para seus próprios contextos de atuação.

O Instituto Catalisador incorporou as Rotinas de Pensamento às oficinas "mão na massa" do Projeto Pontapé, que abrangia mais de quatrocentos alunos em duas escolas estaduais na região de Pirituba, na cidade de São Paulo (em parceria com o Instituto MRV). Também, no Espaço Catalisador em Pirituba, no Mirante Cultural, uma iniciativa "mão na massa" que visa contribuir para que cada criança e cada jovem participante possa se tornar um agente de transformação de sua própria realidade, impulsionados pela curiosidade, pelo desejo de explorar, de descobrir e de construir. Como resultado, foi produzida a Biblioteca de Práticas Catalisadoras,[32] guias temáticos de atividades "mão na massa" para apoiar educadores que queiram promover atividades centradas no fazer, incluindo o uso de diferentes Rotinas de Pensamento.

Por sua vez, Carmen Sforza levou esse repertório de estratégias e de visão da educação "mão na massa" para a escola estadual Buenos Aires, na cidade de São Paulo, em uma disciplina eletiva com conteúdo prático de eletrônica – atividades "mão na massa" que fossem realmente significativas e abrangentes para 45 alunos, desenvolvendo o projeto Fuscamakers! Levando a "Cultura Maker" para a escola pública. Outra iniciativa de Carmen foi o

---

32 Disponível em: <https://www.catalisador.org.br/praticas>. Acesso em: 28 jun. 2020.

projeto Ligue o Fusca!,[33] que vem sendo desenvolvido desde maio de 2018 com um grupo de estudo que se reúne semanalmente no Fab Lab da Galeria Olido, o Clube de Arduino, com um grande objetivo: aproximar a "cultura *maker*" da educação, em espaços formais e não formais, para todo o público, para qualquer idade, universalizando o acesso a "cultura *maker*" com o Fusquinha de embaixador (SFORZA, SAMÁRIA e SAITO, 2019).

Além disso, Julia P. Andrade desdobrou o projeto Faz de Conta em duas pesquisas:

- Para o Centro de Referências em Educação Integral (ANDRADE, COSTA e WEFFORT, 2019), a estratégia de autoavaliação visível por gráficos de radar que permite aos estudantes e professores, em um encontro de formação, tomarem consciência sobre os temas e objetivos de aprendizagem de um curso. Esta estratégia foi bastante trabalhada pela instituição[34] em formações de professores e coordenadores da UNDIME (União Nacional dos Dirigentes Municipais de Educação) do estado de São Paulo; e também no Festival de Aprendizagem Criativa (FIC *Maker*) ocorrido na USP em 2019 (ANDRADE, 2019).
- Os fundamentos dos pilares da ATIVA – Abordagem para Tornar Visível a Aprendizagem (ver Capítulo 7 deste livro, "Da discursividade à visualidade").

Quando Paola Ricci e Rui Zanchetta passaram a integrar a equipe de educadores da Avenues: The World School, encontraram um ambiente pedagógico em que as estratégias do Projeto Zero são bastante valorizadas e puderam continuar a estudar e a colocar em prática Rotinas de Pensamento no cotidiano das atividades centradas no fazer, desenvolvidas com seus estudantes.

---

33 Acesse as publicações no site do Instituto Newton C. Braga: <www.newtoncbraga.com.br/index.php/kits/16573-ligue-o-fusca-uma-forma-de-ensinar-a-soldar-art4182> e do CODE IOT na Escola: <http://naescola.codeiot.org.br/relatos/ligue-o-fusca-que-tal-entrar-no-mundo-do-arduino-na-mao-de-um-fusquinha-com-o-auxilio-das-sushi-cards-programar-suas-luzes-zero-stress/>. Acesso em: 22 jun. 2020.

34 Como metodologia desenvolvida para a proposta de currículo na Educação Integral (ANDRADE, COSTA e WEFFORT, 2019), a estratégia de autoavaliação rápida está disponível em: <https://educacaointegral.org.br/curriculo-na-educacao-integral/materiais/etapa-1-met-autoavaliacao-rapida/>. Acesso em: 22 jun. 2020.

Por fim, cabe comentar que o projeto Faz de Conta obteve um reconhecimento relevante quando foi aceito para ser apresentado em uma mesa-redonda de educadores na conferência FabLearn 2019,[35] no Teachers College da Universidade Columbia em Nova York, bem como no congresso Web Currículo 2019[36] realizado pelo Programa de Pós-Graduação em Educação da Pontifícia Universidade Católica de São Paulo (PUC-SP).

Comentários finais

A experiência do projeto Faz de Conta nos mostra que a estrutura da Agency by Design favorece o planejamento das atividades "*maker*" e integra a avaliação e o aprendizado por meio das Rotinas de Pensamento. As rotinas facilitam a documentação, o registro de portfólio, e apoiam o pensamento do estudante, que se torna mais explícito e pode ser apreendido de forma mais consciente, em um processo de metacognição. Os resultados evidenciados pela fluidez e solidez no desenvolvimento conceitual dos diferentes assuntos apresentados foram satisfatórios. A estratégia de organizar momentos práticos que se alternavam com turnos de discussões em grupo (ou minigrupos) contribuiu também para possibilitar a percepção (recuperar, conectar e articular ideias e percepções).

No âmbito pessoal, percebemos que a criação e articulação de comunidades de educadores permite experiências ricas e novas possibilidades de atuação prática, aproveitando-se o desempenho de cada um dos membros.

Referências bibliográficas

ANDRADE, J. P. "Como tornar a aprendizagem criativa visível". *Catálogo do Festival de Invenção e Criatividade – FIC Maker*. São Paulo: Rede Brasileira de Aprendizagem Criativa, 2019.

---

35 FabLearn Roundtable 7: Professional Development. "Integrating meaningful evaluation and tinkering learning through creative workshops and thinking routines". Disponível em: <http://nyc2010.fablearn.org/wp-content/uploads/2019/04/FL2019_paper_156.pdf>. Acesso em: 22 jun. 2020.

36 Comunicação oral realizada no IV Seminário Internacional Web Currículo da PUC-SP. Disponível em: <http://www4.pucsp.br/webcurriculo/downloads/ANAIS-VI-SEMINARIO-WEB-CURRICULO-EDUCACAO-E-HUMANISMO.pdf>. Acesso em: 22 jun. 2020.

_____; COSTA, N. G.; WEFFORT, H. F. *Currículo e educação integral na prática*: uma referência para estados e municípios. Cadernos 1 e 2. Plataforma-Metodologia de Currículo para a Educação Integral. São Paulo: Centro de Referências em Educação Integral/British Council, 2019. Disponível em: <https://educacaointegral.org.br/curriculo-na-educacao-integral/>. Acesso em: 22 jun. 2020.

BURD, L. *Desenvolvimento de software para atividades educacionais*. (Dissertação de mestrado) Faculdade de Engenharia Elétrica e de Computação da Universidade Estadual de Campinas, Campinas, SP, 1999. Disponível em: <www.repositorio.unicamp.br/handle/REPOSIP/261788>. Acesso em: 22 jun. 2020.

CLAPP, E. P. et al. *Maker-Centered Learning*: empowering young people to shape their worlds. São Francisco: Jossey-Bass, 2017.

GROTZER, T. *Learning causality in a complex world*: understanding of consequence. Maryland: Rowman & Littlefield Education, 2012.

HAWKINS, D. *The informed vision*: essays on learning and human nature. Nova York: Algora Publishing, 2003.

MARSHALL, S. *The power to transform*: leadership that brings learning and schooling to life. São Francisco: Jossey-Bass, 2006.

MARTINEZ, S. L.; STAGER, G. *Invent to learn*: making, tinkering, and engineering in the classroom. Califórnia: Constructing Modern Knowledge Press, 2013.

PETRICH, M.; WILKINSON, K.; BEVAN, B. "It looks like fun, but are they learning?". In: HONEY, M.; KANTER, D. *Design, make, play*: growin the next generation of stem innovators. Londres: Routledge, 2013.

RESNICK, M. *Give P's a chance*: Projects, Peers, Passion, Play. Constructionism and creativity: Proceedings of the Third International Constructionism Conference, 2014. Disponível em: <https://web.media.mit.edu/~mres/papers/constructionism-2014.pdf>. Acesso em: 22 jun. 2020.

_____. *Jardim de infância para a vida toda*: por uma aprendizagem criativa, mão na massa e relevante para todos. Porto Alegre: Penso Editora, 2020.

_____. *Lifelong kindergarten*: cultivating creativity through projects, passion, peers and play. Massachusetts: MIT Press, 2017.

RITCHHART, R.; CHURCH, M.; MORRISON, K. *Making thinking visible*: how to promote engagement, understanding, and independence for all learners. São Francisco: Jossey-Bass, 2011.

SILVA, C. S. G.; GIL, M. C. S. "Creando material educativo: innovación, Arduino y movimiento maker". *Cuadernos de Documentación Multimedia*, v. 30, 2019. Disponível em: <https://doi.org/10.5209/CDMU.62980>. Acesso em: 22 jun. 2020.

SFORZA, C.; SAMÁRIA, C.; SAITO, R. "FuscaMakers! Levando a cultura *maker* para a escola pública". *Anais do Workshop de Informática na Escola*, 2019.

Disponível em: <https://br-ie.org/pub/index.php/wie/article/view/8665>. Acesso em: 22 jun. 2020.

SWEENEY, L. B. "Learning to connect the dots: developing children's systems literacy". *The Solutions Journal*, 22 fev. 2016. Disponível em: <www.thesolutionsjournal.com/article/learning-to-connect-the-dots-developing-childrens-systems-literacy/>. Acesso em: 22 jun. 2020.

WILKINSON, K.; PETRICH, M. *The art of tinkering*. São Francisco: Weldon Owen Inc., 2013.

CAPÍTULO 6

EQUALIZADOR DA INTELIGÊNCIA MAKER: TORNE VISÍVEL A REFLEXÃO SOBRE SUA PRÁTICA PEDAGÓGICA

Daniela Lyra e Soraya Lacerda

No contexto de um interesse global por formas dinâmicas, acolhedoras e relevantes de ensinar e aprender, este capítulo descreve o desenvolvimento, formas de aplicação e desdobramentos pedagógicos do uso do Equalizador da Inteligência Maker, ferramenta desenvolvida pela equipe do Thomas Maker, iniciativa *"maker"* educacional do centro binacional Casa Thomas Jefferson (Brasília). A ferramenta pedagógica foi desenvolvida a partir de resultados da pesquisa sobre Aprendizado Centrado no Fazer[1] do Projeto Zero, da Escola de Educação de Harvard. Nosso objetivo é promover o compartilhamento de rotinas entre pessoas dos mais diversos setores em prol do desenvolvimento contínuo e intencional de educadores interessados na cultura *"maker"* ao redor do mundo.

O Equalizador

No mundo da música, um equalizador é um dispositivo que atua nas diferentes frequências sonoras, podendo ser utilizado para corrigir ou melhorar determinados aspectos de um áudio ou ressaltá-los. O Equalizador da Inteligência Maker (Figura 1), cujo nome foi emprestado da música, é uma ferramenta de autoavaliação desenvolvida a partir de resultados da pesquisa sobre o Aprendizado Centrado no Fazer do Projeto Zero. Quando o professor utiliza a ferramenta para avaliar sua sequência didática *"maker"*, ele busca capturar um raio X de determinados aspectos de sua

---

1 No original, Maker-Centered Learning (MCL).

Figura 1 – Equalizador da Inteligência Maker em uso. (Fonte: Thomas Maker.)

aula, a fim de identificar pontos de ajuste e aproximar sua prática cada vez mais da pedagogia "*maker*", de acordo com parâmetros da pesquisa do Projeto Zero.

O Equalizador aponta características específicas da pedagogia "*maker*" conforme definidas pela pesquisa. Ao ser usado sistematicamente por docentes, ele tornará cada vez mais acessível a percepção dos tipos de interação e práticas presentes.

Abordagem Baseada em Sintomas

O Projeto Zero se inspirou em uma percepção do filósofo Nelson Goodman, fundador do projeto, que analisou o conceito de arte sob a ótica da Abordagem Baseada em Sintomas (*symptoms-based approach*), utilizada na medicina (CLAPP et al., 2016). Essa abordagem estabelece que a maioria dos diagnósticos de doenças deve considerar um conjunto de sintomas e não apenas um único. Goodman fez um paralelo com esse princípio buscando definir arte, não por meio de identificação de uma essência universal única, mas a partir de um conjunto de "sintomas" (características) frequentemente presentes em diferentes obras de arte.

O Projeto Zero expandiu esse paralelo para outras áreas da educação, inclusive para a educação "*maker*". Diante da dificuldade de definir o que realmente constitui a educação "*maker*", considerando suas multiplicidades e nuances, os pesquisadores usaram a Abordagem Baseada em Sintomas para apontar um conjunto de características relevantes da pedagogia "*maker*".

As Constelações

Em seu livro, Edward Clapp (CLAPP et al., 2016) discorre sobre como, durante a pesquisa do Projeto Zero, três grupos de características da pedagogia *"maker"*, que ele denominou Constelações, ficaram bem nítidos: características relacionadas à **comunidade**, à **aprendizagem** e aos **espaços**.

Na Constelação **Comunidade** (Figura 2), temos aspectos relacionados à colaboração, ao aprendizado horizontal e a uma combinação de habilidades e competências alinhadas a uma disposição para compartilhar ideias, ferramentas e soluções.

Na Constelação **Aprendizagem** (Figura 3), temos características pertinentes ao processo de aprendizagem em si, como motivação intrínseca, experimentação, prototipagem rápida e estímulo ao erro (como uma ferramenta necessária, saudável e multidisciplinar para achar soluções para problemas e desafios).

E na Constelação **Espaços** (Figura 4), observamos características que vão além do espaço físico, como transdisciplinaridade, acessibilidade, flexibilidade, diversidade e oferta de recursos educacionais como mídia, materiais e ferramentas.

O Equalizador foi desenhado de forma que as características norteadoras da pedagogia *"maker"* ficassem mais claras para o professor.

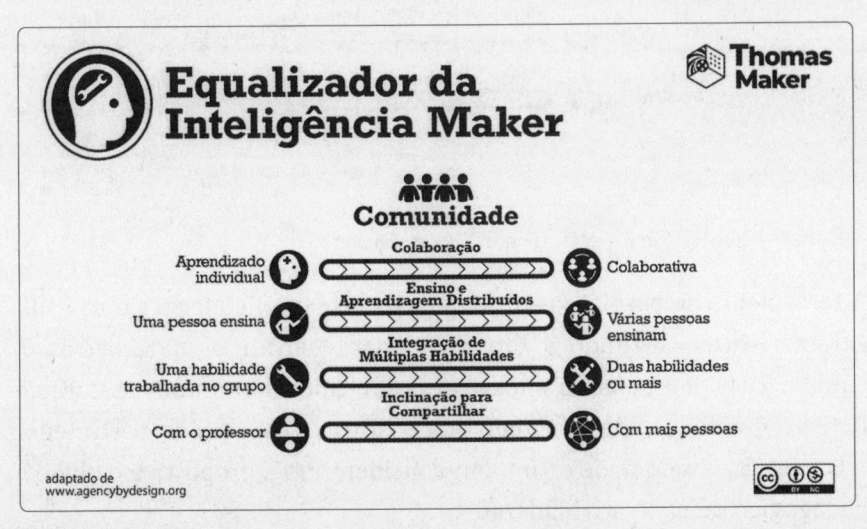

Figura 2 – Constelação Comunidade. (Fonte: Thomas Maker.)

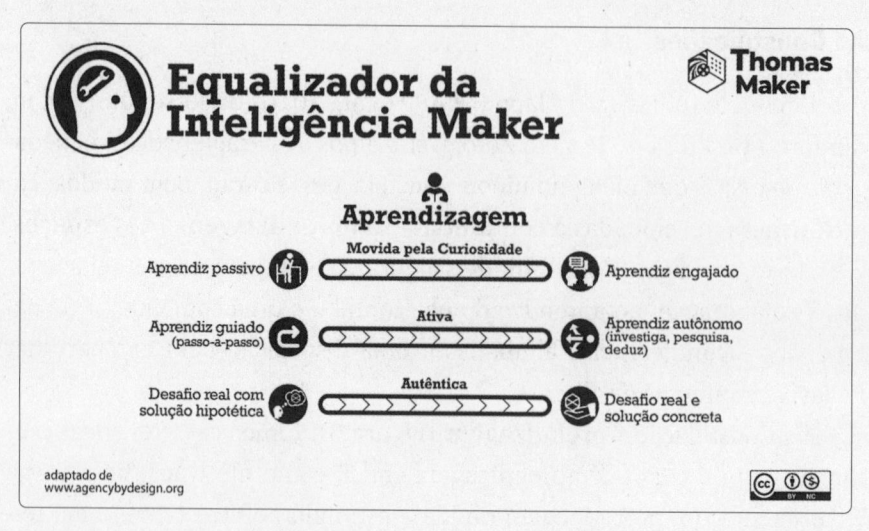

Figura 3 – Constelação Aprendizagem. (Fonte: Thomas Maker.)

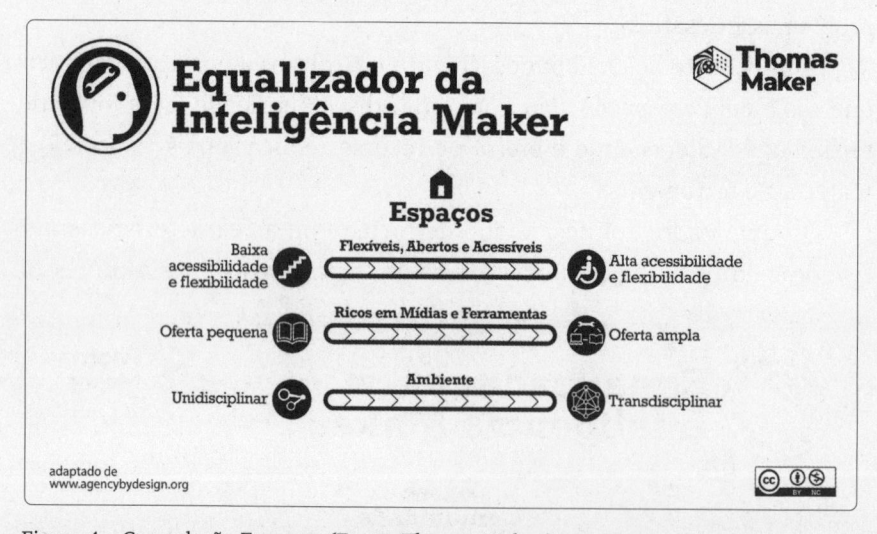

Figura 4 – Constelação Espaços. (Fonte: Thomas Maker.)

A ferramenta se baseia nos princípios das três Constelações e usa suas características, segundo a literatura, para definir os parâmetros da equalização. Seu objetivo é motivar o educador a ponderar as características apontadas, identificando que posturas, disposições e estratégias metacognitivas ele pode estimular, considerando a proposta e o objetivo pedagógico de cada atividade/aula.

O que nos motivou a desenvolver o Equalizador

De forma geral, até 2015, artigos e recursos sobre o movimento do fazer ainda eram escassos no Brasil. No exterior, seguiam duas narrativas: como melhorar a educação STEM (acrônimo formado pelas iniciais das palavras "ciência", "tecnologia", "engenharia" e "matemática", em inglês), que teria se tornado ineficaz, e como reaquecer a economia.

Ao buscar introduzir a pedagogia "*maker*" em nossa instituição, sentimos falta de um arcabouço teórico que nos ajudasse a sistematizar o desenho de experiências educacionais que promovessem o "aprender fazendo", a inventividade, o modelo mental "eu consigo" e as capacidades e processos característicos do movimento do fazer na educação. Na pesquisa do Projeto Zero, encontramos base teórica e protocolos de implementação e os usamos em aulas e oficinas "*maker*" desde então.

Resolvemos criar uma ferramenta, embasada nos resultados da pesquisa do Projeto Zero, que nos ajudasse a sistematizar a autoavaliação de atividades "*maker*" e incentive o aperfeiçoamento e desenvolvimento profissional contínuo de educadores. Esse instrumento precisa ser de fácil manuseio para nortear professores com capacidade "*maker*" e maturidade profissional diversas.

Por que equalizar?

Reconhecer e honrar a autonomia do professor é essencial. Um número cada vez maior de pesquisas indica que os profissionais raramente se sentem motivados quando têm pouca autonomia. Os pesquisadores Amabile et al. (1994) esclareceram por que a autonomia é essencial para a motivação e por que mudanças exclusivamente de cima para baixo quase sempre fracassam.

O Equalizador coloca nas mãos do educador uma possibilidade concreta de exercitar sua autonomia, de visualizar a sua prática pedagógica e poder agir sobre ela. A ferramenta, que resume anos de pesquisa em pedagogia "*maker*", estimula o desenvolvimento da sensibilidade e da motivação para empregar nossas habilidades e ressignificar o processo de ensino e aprendizagem. Também constitui um instrumento eficaz para melhor qualificar a interação entre educadores, na discussão e na defesa de suas práticas pedagógicas.

Com o Equalizador, o educador tem a oportunidade de estimular em si o tipo de cultura que o Projeto Zero prega na sua literatura sobre a **aprendizagem centrada no fazer:** acalmar o olhar, observar, fazer perguntas, explorar as complexidades e achar oportunidades para tornar a aula mais ativa, motivadora, colaborativa e significativa. Assim, o Equalizador encoraja o desenvolvimento da capacidade de construir um repertório de práticas pedagógicas diferenciadas, relevantes e significativas.

Como equalizar?

No Equalizador, faixas contínuas foram projetadas (Figura 5) para definir pontos de ancoragem em cada extremidade: características que podem, em cada quesito, ser mais fortes ou mais fracas.

Ao equalizar, não é necessário que todas as características sejam identificadas para que uma atividade seja considerada "*maker*", pois existem vários tipos de atividades e a ideia não é excluir nenhuma prática.

Cada atividade terá sua "equalização", pois terá aspectos diferenciados que atendem às necessidades daquele momento, daquele público-alvo e daquele resultado esperado. Quanto mais **características** presentes, mais elaborado e completo é o "arranjo" da experiência, sob a ótica "*maker*".

Os pontos de partida – lado esquerdo de cada contínuo, em vermelho – não significam aspectos negativos, mas sim basilares (Figura 6). São os pontos de partida, fundamentais para o processo de aprendizagem, a base sobre a qual outras habilidades e competências são construídas.

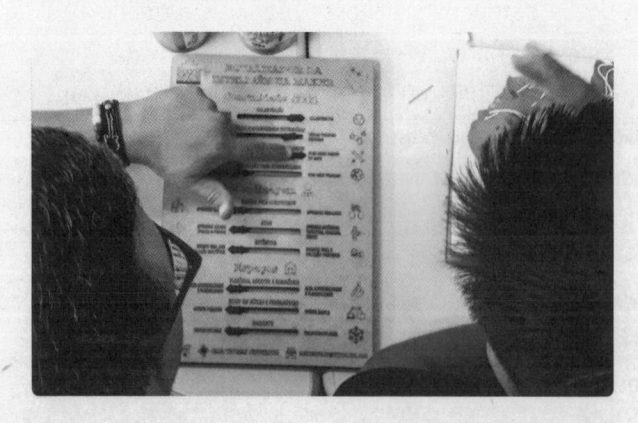

Figura 5 – O Equalizador e suas configurações. (Fonte: Thomas Maker.)

Figura 6 – O Equalizador. (Fonte: Thomas Maker.)

Os pontos do lado direito de cada contínuo são critérios mais complexos a serem buscados, de acordo com a necessidade de cada atividade e prática, considerando os preceitos da **aprendizagem centrada no fazer**.

Vale destacar que não há conflito entre o lado esquerdo e o lado direito do Equalizador, tampouco é objetivo ter todos os critérios alinhados na extrema direita. Aprendizes gradualmente ganham confiança no uso das competências e habilidades necessárias para enfrentar o caráter multidisciplinar dos desafios do mundo real. Assim como a equalização de uma música é diferente da outra e exige tons diferenciados de graves e agudos, a equalização das características "*maker*" também irá diferir de uma aula/atividade para outra.

Após a aula, o professor pode então refletir sobre as características de cada uma das Constelações. Na Constelação **Aprendizagem**, o que está em jogo é o papel do aluno. De um lado, o aluno mais passivo, recebendo informações, do outro lado do contínuo o aluno mais ativo, engajado, investigativo e protagonista.

Na Constelação **Comunidade**, forte característica da abordagem, os professores refletem sobre a natureza da colaboração, o aprendizado horizontal, a disposição para o compartilhamento de ideias, ferramentas e soluções, quem detém o conhecimento, se houve integração de disciplinas e como o conhecimento foi construído e compartilhado.

Já na Constelação **Espaços** reflete-se sobre os tipos e a diversidade de materiais e ferramentas usados, acessibilidade, equidade e transdisciplinaridade.

O Equalizador não projeta um programa ou uma intervenção em si, mas incentiva o desenvolvimento disposicional "*maker*" dos educadores. Para que ele funcione, reconhecemos que os professores devem primeiro abraçar o objetivo de transformar o ensino conteudista em um modelo no qual os alunos são incentivados a refletir sobre como aprendem e a fazer perguntas, motivados a encarar os erros como parte do processo de aprendizagem.

Relatos de uso

A seguir, mostraremos como uma aula "*maker*" foi equalizada e quais foram os ajustes que o professor identificou como possíveis após o uso do Equalizador da Inteligência Maker.

AULA: Projeto Maker – A Cinemática do Carrinho de Papelão

- **AUTOR:** Clebes André da Silva, professor do Colégio Estadual José Lobo, da rede pública de ensino, Goiás

- **SÉRIE:** 1º ano do Ensino Médio

- **COMPONENTE CURRICULAR:** Cinemática: Deslocamento, velocidade média, movimento uniforme e movimento variado.

- **DETALHAMENTO DA TRILHA:** O intuito da trilha é que ao final dela os alunos tenham montado um protótipo de carro de papelão em que o motor seja um balão de festa.

  - **1ª Aula** – Tempo de aula: 45 minutos
    - 1º momento [20 min] – Definir os conceitos de Cinemática.

  - **Aula expositiva** – Ator: Professor
    - Trabalhar os conceitos de cinemática e tipos de energia.
    - Perguntar aos alunos como funciona um carro.
    - Verificar qual o conhecimento prévio dos alunos a respeito do funcionamento de um carro.
    - 2º momento [25 min] – Desenvolvimento / Propor a construção de um carrinho de papelão.
      - Atores: Alunos
      - Dividir a sala de aula em grupos de até cinco alunos, para desenhar o modelo do carro que irão construir.
      - Olhar de perto: Por que o carro anda?
    - 3º momento [10 min] – Provocação – Pontos fortes e pontos fracos do carrinho.
      - Atores: Alunos
      - Pesquisas realizadas na internet em dispositivos móveis dos próprios alunos.
    - É uma escola pública em que não há laboratórios.

  - **2ª Aula** – Tempo de aula: 45 minutos
    - 1º momento [5 min]: Entrada / Retomada.
      - Ator: Professor

- Relembrar o que foi feito e discutido na aula anterior.
- 2º momento [35 min] – Desenvolvimento / Prototipagem do carrinho.
  - Atores: Alunos
  - Nesse momento os alunos irão construir os carrinhos, utilizando papelão, cola quente, palitos de churrasco, canudos e balão de festa.
  - Os grupos poderão construir seu carrinho do jeito que desejarem, mas o motor de todos os carros terá que ser um balão de festa.
  - Assim poderão trabalhar o conceito de massa: quanto maior a massa, maior o seu peso, o que vai exigir mais do motor.
  - Os alunos deverão procurar uma solução criativa com o material que está à disposição.

- **3ª Aula** – Tempo de aula: 45 minutos
  - 1º momento [5 min] – Entrada / Retomada.
    - Ator: Professor
    - Relembrar o que foi feito e discutido na aula anterior.
  - 2º momento [30 min] – Prototipagem
    - Atores: Alunos
    - Prototipagem, teste dos protótipos no corredor da escola.
    - Nesse momento os alunos se apoderaram do conhecimento adquirido na construção dos carrinhos e fizeram alguns ajustes para os carrinhos se movimentarem, observaram os erros cometidos e aprenderam com eles.
  - 3º momento [10 min] – Conclusão / Fechamento do projeto.
    - Professor e alunos

- **4ª Aula** – Tempo de aula: 45 minutos
  - 1º momento [10 min] – Entrada / Retomada.
    - Ator: Professor
    - Relembrar o que foi feito e discutido na aula anterior.
  - 2º momento [25 min] – Roda de conversa sobre o projeto e os impactos ambientais.
    - Atores: Alunos
  - 3º momento [10 min] – Conclusão do projeto.
    - Professor e alunos

Equalizando a primeira aula do Projeto Maker – A Cinemática do Carrinho de Papelão

Para se autoavaliar quanto à primeira aula do projeto, o professor fez uso do Equalizador (Figura 7) para refletir sobre as características de cada Constelação.

Figura 7 – Equalização da primeira aula. (Fonte: Thomas Maker.)

A partir do uso do Equalizador, o professor tem, de forma bastante visível, o mapeamento das características de cada Constelação. Essa reflexão aponta alguns aspectos que podem ser mais bem trabalhados. Na primeira aula, por exemplo, na Constelação **Comunidade**, a característica "Inclinação para Compartilhar" pode ser aprimorada se o professor pedir que os alunos compartilhem entre si o que foi feito, quais foram as dificuldades e como podem melhorar o projeto antes do término da aula, ou, alunos podem gravar um áudio para ser compartilhado na aula seguinte. Documentar e tornar o pensamento dos alunos visível nesse ponto do trabalho pode auxiliar na retomada do projeto na aula seguinte.

Ainda na mesma Constelação, na característica "Ensino e Aprendizagem Distribuídos", o professor pode substituir a parte expositiva por uma pergunta norteadora: "Como podemos usar conceitos de cinemática e tipos de energia para construir algo móvel?". Os alunos podem fazer uma lista do que precisam saber e pesquisar sobre o assunto. A explanação do professor, necessária e importante, pode acontecer depois da pesquisa e investigação dos alunos, para verificar e acrescentar valor às informações coletadas.

Outra Constelação que pode ser potencializada é a **Espaços**. Os alunos poderiam ter tido acesso a mais diversidade de materiais, de modo a dar maior margem para o processo criativo e para a exploração do conceito de cinemática.

Equalizando a quarta aula do Projeto Maker – A Cinemática do Carrinho de Papelão

Após o uso do Equalizador para refletir sobre as características de cada Constelação (Figura 7), pudemos identificar as seguintes possibilidades de aproximação da narrativa com o formato da pedagogia *"maker"* (Figura 8).

A Equalização dessa aula aponta algumas das características que podem ser aperfeiçoadas na Constelação **Comunidade**, por exemplo. A característica "Inclinação para Compartilhar" pode ser melhorada se o professor pedir que os alunos façam um *podcast* ou um tutorial, compartilhando o projeto com outros alunos e famílias, usando uma *hashtag* ou em um painel virtual colaborativo. Outra Constelação que pode ser melhorada é a **Espaços**. Os alunos poderiam ter tido acesso a maior diversidade de materiais.

Equalizador da Inteligência Maker

Comunidade

Aprendizado individual	Colaboração	Colaborativa
Uma pessoa ensina	Ensino e Aprendizagem Distribuídos	Várias pessoas ensinam
Uma habilidade trabalhada no grupo	Integração de Múltiplas Habilidades	Duas habilidades ou mais
Com o professor	Inclinação para Compartilhar	Com mais pessoas

Aprendizagem

Aprendiz passivo	Movida pela Curiosidade	Aprendiz engajado
Aprendiz guiado (passo-a-passo)	Ativa	Aprendiz autônomo (investiga, pesquisa, deduz)
Desafio real com solução hipotética	Autêntica	Desafio real e solução concreta

Espaços

Baixa acessibilidade e flexibilidade	Flexíveis, Abertos e Acessíveis	Alta acessibilidade e flexibilidade
Oferta pequena	Ricos em Mídias e Ferramentas	Oferta ampla
Unidisciplinar	Ambiente	Transdisciplinar

adapted from: www.agencybydesign.org

@thomasmaker_edu | #equalizadormaker

CASA THOMAS JEFFERSON — Thomas Maker

Figura 8 – Equalização da quarta aula. (Fonte: Thomas Maker.)

PARA SABER MAIS

Conheça o Equalizador em detalhes, acessando um **rápido tutorial visual** para entender como ele funciona – clique nos ícones pulsantes da imagem.

Faça uma cópia deste **Google Slide do Equalizador** e utilize-a para fazer uma autoavaliação (sua ou com seus alunos), refletindo sobre uma aula, uma atividade ou um projeto, PINTANDO a trilha de cada critério das Constelações.

Quer conhecer outras práticas pedagógicas do **Projeto Zero** relacionadas ao Aprendizado Centrado no Fazer? Explore essa trilha gratuita sobre **Rotinas de Pensamento**.

Referências bibliográficas

AMABILE, T. M.; HILL, K. G.; HENNESSEY, B. A. et al. "The work preference inventory: assessing intrinsic and extrinsic motivational orientations". *Journal of Personality and Social Psychology*, v. 6, n. 5, 1994. Disponível em: <www.semanticscholar.org/paper/The-Work-Preference-Inventory%3A-assessing--intrinsic-Amabile-Hill/1458ada18d02de6e8faa364960c72d1900fb2786>. Acesso em: 30 jul. 2021.

CLAPP, E. P.; ROSS, J.; RYAN, J. O. et al. *Maker-Centered Learning*: empowering young people to shape their worlds. Nova Jersey: John Wiley & Sons, 2016.

CAPÍTULO 7

DA DISCURSIVIDADE À VISUALIDADE: COMO UTILIZAR FERRAMENTAS DE *DESIGN* PARA TORNAR A FORMAÇÃO DE PROFESSORES MAIS VISÍVEL

Ana Paula Gaspar Gonçalves

De onde nasce a inovação educativa?

A escola como instituição social passa por um crescente movimento de busca por inovação e transformação diante dos desafios contemporâneos. O esforço de gestores e educadores para a mudança de práticas e criação de caminhos alternativos ao tradicional funcionamento das escolas vem sendo constatado em casos isolados, e as evidências de transformações com impactos sistêmicos relevantes e suficientes para a maioria da sociedade ainda não foram percebidas. Ao observarmos esses casos isolados de escolas inovadoras, percebemos peculiaridades e um *modus operandi* muito específico de cada realidade.

A noção de inovação educativa como a entendida aqui pode vir de dois movimentos: os de reforma, de cima para baixo, como as reformas governamentais de âmbito municipal, estadual ou federal, a depender da competência política e administrativa; e os de caráter horizontal, que nascem dentro das próprias escolas e comunidades, relacionados ao contexto situacional de cada instituição. As inovações advindas do primeiro tipo de movimento alcançaram alguns resultados positivos ao longo da história, e reformas recentes trazem esta intenção em seu bojo de propostas, como a atual Base Nacional Comum Curricular (BNCC). Já o segundo tipo de movimento está presente na maioria dos casos de inovação educativa encontrados por nós.

Ao se inovar em educação, alteram-se não somente práticas pedagógicas, mas sobretudo marcos conceituais e paradigmas. Algumas condições e características da inovação educativa foram mapeadas por estudos anteriores (CUNHA, 2008; BACICH e MORAN, 2018) e nos ajudam a compreender e localizar o que chamamos de inovação em educação neste artigo. São elas:

- **A ruptura com a forma tradicional de ensinar e aprender:** o ponto de partida do processo de ensino-aprendizagem se desloca da transmissão de informação cientificamente comprovada para a problematização e o desejo de aprender decorrente da resolução de problemas reais e contextualizados.
- **A gestão participativa:** reconhecimento de que a centralidade do saber e da organização das práticas pedagógicas não está apenas na figura do educador. Estudantes participam ativamente da escolha dos problemas a serem abordados, dos percursos de aprendizagem, da intensidade das atividades, das formas de avaliação e reformulam possibilidades ao longo do processo. Educadores não deixam de assumir seu papel profissional, mas deixam de tomar as decisões de forma solitária.
- **A reconfiguração dos saberes:** a complexidade e seus desdobramentos levam à diluição das fronteiras entre o saber científico e o saber popular; entre o corpo e a alma; entre a teoria e a prática; entre a objetividade e a subjetividade; e entre outras dicotomias clássicas dos paradigmas da ciência moderna. A inovação na educação se aproxima de uma compreensão integradora do ser humano e da natureza.
- **A reorganização da relação teoria/prática:** esta é uma das características mais observadas nas iniciativas inovadoras. A teoria não é mais o ponto de partida das unidades de aprendizagem, mas sim a observação da realidade e o levantamento de questões sobre ela. Desse modo, a teoria é acessada para dar sentido à prática social. Além disso, é importante ressaltar que a prática é única e multifacetada, por isso demanda uma intervenção refletida da teoria com base em uma visão interdisciplinar. A interdisciplinaridade como condição e característica da inovação educativa será o foco da nossa análise e vamos nos aprofundar nela adiante.
- **A perspectiva orgânica no processo de concepção, desenvolvimento e avaliação da experiência vivida:** a metáfora da jornada de aprendizagem acompanha esta característica, permite que processos de criação e

aplicação de avaliação sejam coerentes com o caminho percorrido e consintam mudanças ao longo de seu percurso.
- **A mediação:** a mediação faz a ponte entre o mundo das emoções e afetos e o mundo do conhecimento, significa reconhecer que sujeitos aprendem também com seu aspecto não cognitivo e que vínculos emocionais com sujeitos e objetos fazem parte do processo.
- **O protagonismo:** a aprendizagem se torna significativa para estudantes e educadores na medida em que todos se tornam autores e sujeitos de suas descobertas. A condição da experiência única para cada participante é o que faz com que a aprendizagem seja particular e estimula processos cognitivos complexos e não repetitivos.

Este novo fazer na educação emerge dos sujeitos, e não apenas dos governos. Ganha força e se alastra sobretudo por conta das tecnologias digitais, que empoderam participantes da comunidade escolar com ferramentas e metodologias de autoria e colaboração, e possibilitam a formação de redes que ultrapassam os muros de diversos espaços de aprendizagem, dentre os quais os da própria instituição escolar. Além disso, os novos caminhos surgem na medida em que educadores se veem em situações-problema e encontram ao seu alcance ferramentas e contextos favoráveis à proposição de novas maneiras de fazer e experimentar.

Escolas inovadoras são para este trabalho, portanto, as que colocam em ação as mudanças necessárias à inovação em educação, que passam justamente pelas características e condições citadas anteriormente: o redesenho de práticas pedagógicas, das ferramentas pedagógicas e pela sua relação com os sujeitos do processo educativo.

A reorganização da relação teoria e prática e as metodologias ativas

Conforme vimos em um dos critérios apresentados anteriormente, a interdisciplinaridade e a reorganização da relação teoria e prática se apresentam como uma das características e condições da inovação em educação. Não se trata de um esquecimento ou redução da teoria, mas de uma reorganização de percurso metodológico, no qual um propósito de aprendizagem gera uma ação, uma prática que é fomentadora da reflexão mediada pelo professor e consequente construção do conhecimento pelos estudantes. Esta condição, junto às demais, também pode se relacionar com um termo com que já estamos familiarizados, as chamadas "metodologias ativas". Para os principais autores, as metodologias ativas consistem na transformação do percurso metodológico, por meio da mediação do professor, de ações ativas dos estudantes com engajamento nas questões intelectuais e com reflexão sobre suas próprias aprendizagens. As metodologias ativas consideram o "desenvolvimento de uma integração maior entre diferentes áreas do conhecimento – materiais, metodologias – e sua abrangência – intelectual, emocional, comportamental" (BACICH e MORAN, 2018).

Uma das áreas de conhecimento e suas ferramentas – frequentemente também chamada de metodologia ativa em si mesma – que mais têm apoiado a inovação na educação é o *design*.

Mas, afinal de contas, o que é *design*?

O termo *"design"*, apesar de ter origem na língua inglesa, já está amplamente disseminado em nosso cotidiano e é geralmente associado ao aspecto estético de objetos e situações visíveis. Dizemos que uma cadeira ou um ambiente tem um *design* sofisticado e moderno quando queremos comunicar que a aparência única ou o conjunto de disposições em um determinado espaço nos parece agradável, por exemplo. Esta associação pode ser explicada historicamente, uma vez que, como campo de saber, o *design* nasceu para escalar produções gráficas na época do surgimento da imprensa e se tornou uma disciplina científica a partir do momento em que veio para organizar a produção de artefatos durante a Revolução Industrial. O *design* vem desde então se desdobrando em possibilidades diversas de conexão com diferentes áreas de conhecimento, entre elas a educação. Segundo Buchanan (1990), as práticas e as pesquisas no campo continuam a expandir seus significados e conexões, revelando inesperadas dimensões do exercício e do entendimento de *design*. Grande parte desses deslocamentos diz respeito à aplicação do *design* não somente a bens e artefatos, mas também a serviços e experiências que são intangíveis e invisíveis.

Dessa forma, o amadurecimento do *design* foi se aproximando da educação como um dos campos que mais conversam com a inovação educativa e as experiências de ensino e aprendizagem. O modelo mental projetual necessário para o exercício do *design* e sua aplicação na resolução de problemas complexos, como a educação, começaram a ser descritos desde o início da década de 1990, quando os pensadores do campo apontaram a capacidade do pensamento do *design* – *design thinking*, na língua inglesa – para integrar quatro variações temáticas de possíveis áreas de aplicação: comunicação, construção, planejamento e integração sistemática (BUCHANAN, 1990).

Essas quatro áreas de aplicação do *design* apontam para certos tipos de objetividade em torno da diversidade e da invisibilidade da experiência humana e estão interconectadas. As partes e o todo de uma experiência são de muitos tipos e podem ser definidos em diversas formas. Dependendo de como um *designer*[1] deseja explorar e organizar certa experiência humana ou qualquer coisa intangível, seu trabalho pode simplesmente considerar um movimento de observação de um ambiente caótico e, em seguida, desencadear um movimento de organização do caos em uma unidade fornecida por símbolos e imagens, resultando em um diagrama, uma interface visual que ajudaria a compreender a experiência por meio de visualizações, por exemplo. Dessa forma poderíamos dizer que *designers* se esforçam para tornar visíveis as experiências. Sendo assim, signos, objetos, ações e pensamentos não estão apenas interconectados, mas também se interpenetram e se fundem no *design* contemporâneo, com contribuições para a educação. Estas quatro áreas do *design* sugerem a própria narrativa da história da área, assim como um lugar para onde o *design* aponta no futuro: a complexidade. Além disso, a aproximação do *design* de outras áreas de conhecimento tem a potência de colocar suas ferramentas nas mãos de pessoas que talvez nunca tenham pensado em si mesmas como *designers* e aplicá-las a uma variedade ampla de problemas.

Assim sendo, o *design* – como campo flexível, conectivo e sua especialização aplicada aos sistemas e ambientes complexos – se propõe a ser

---

[1] O termo *designer* para nós significa qualquer pessoa que desenvolve as competências de *design* em suas atividades profissionais, seja por meio de formações específicas ou pela prática cotidiana da abordagem, e não somente as pessoas com graduação específica.

um mediador em questões que se preocupam com as pessoas participantes de um processo, nesse caso, as pessoas afetadas por um produto, serviço ou experiência.

A progressão das duas áreas – educação e *design* – parece chegar a um lugar de maturidade científica e empírica, onde ambas reconhecem seus problemas no campo comum da complexidade. Não se fala em educação e *design* e seus problemas sem considerar a complexidade envolvida em seus cenários, que abrangem múltiplos sujeitos, relações, circunstâncias, expectativas, impactos, fazeres e realidades. Morin explica que:

> O complexo requer um pensamento que capte relações, inter-relações, implicações mútuas, fenômenos multidimensionais, realidades que são simultaneamente solidárias e conflitivas, que respeite a diversidade, ao mesmo tempo que a unidade, um pensamento organizador que conceba a relação recíproca entre todas as partes. (MORIN, 2008, p. 23)

A partir dessa perspectiva, educação e *design* se apresentam como campos policompetentes, uma vez que abarcam enorme variedade de circunstâncias que permitem quebrar o isolamento de ambos por meio da troca e circulação de conceitos, esquemas cognitivos, sobreposições, interferências e do surgimento de novas hipóteses explicativas. Também contribuem para a constituição de concepções organizativas que permitem articular conteúdos científicos num sistema teórico e prático comum, em nosso caso, a inovação educativa.

O encontro do *design* com a educação escolar

Na prática, como o *design* se relaciona com a educação escolar e com práticas pedagógicas inovadoras? Podemos relacionar o *design* com a educação a partir das quatro áreas de aplicação já citadas: comunicação, construção, planejamento e integração sistemática. Abordaremos brevemente cada uma delas, enfatizando a área de comunicação e, em seguida, integrando-a às outras três áreas: construção, planejamento e integração sistemática.

Comunicação

O *design* da informação, como um dos campos do *design* aplicado à educação, vem sendo analisado em diversas frentes por pesquisas recentes e reconhecido como campo fundamental para a comunicação, apreensão e aprendizagem. Historicamente, a cultura visual na escola esteve restrita aos artefatos e produtos entregues já prontos à comunidade escolar – como o uso de mensagens visuais, fichas de aula, livros didáticos e, mais recentemente, as interfaces digitais e estéticas midiáticas. A criação autoral de interfaces visuais foi limitada à área de artes, como afirma Coutinho (2006): seriam as aulas de artes as responsáveis pelo enriquecimento da linguagem visual e pela criatividade na escola.

A contribuição do *design* para a comunicação na Educação Básica é apontada como possibilidade de enriquecimento do repertório e criação de linguagens visuais, mas não se indica o caminho preciso para a incorporação das linguagens visuais nas instituições educacionais (COUTINHO, 2006, 2015). Observamos que, apesar da legislação que dispõe sobre a obrigatoriedade do ensino de artes, a participação de professores de educação artística não foi garantida na escola, e a entrada de profissionais de *design* da informação está reservada a projetos muito específicos, quase sempre ligados a iniciativas de pesquisa e extensão junto às universidades e às faculdades de *design*. O impacto na transformação da educação e a democratização das linguagens gráficas almejada pelos profissionais de *design* da informação não chegaram às instituições escolares, conforme leituras investigativas do estado da arte, posicionando-se num estágio muito inicial (BONSIEPE, 2011; PORTUGAL, 2013; COUTINHO, 2015; MIRANDA, 2016).

A maneira como conhecimentos e informações são apresentados tem um papel importante, e o *design* de informação pode facilitar sua recepção e interpretação. O *design* tem os meios para reduzir a complexidade cognitiva e contribuir na apresentação de informações de forma amigável, por meio do desenvolvimento de interfaces adequadas. Não se trata de assumir um papel secundário, como a elaboração de ilustrações para apoiar o domínio de um texto ou conteúdo, mas da visualidade como domínio próprio e do incremento da pesquisa em *design*, uma vez que "a teoria do *design* poderia alcançar avanços significativos com a realização de pesquisa das relações entre visualidade e discursividade. Dessa maneira, a palavra chegaria à imagem e a imagem chegaria à palavra" (BONSIEPE, 2011, p. 184).

Construção, planejamento e integração sistemática

Apesar de ter surgido na década de 1940 e de ter se consolidado entre estudiosos do *design* no início da década de 1990, o termo e os significados em torno do *design thinking* se popularizaram no início do século XXI, por meio das obras de autores advindos de consultorias empresariais (BROWN, 2010). No entanto, vale lembrar que o termo não nasceu para este fim, e sim para resolução de problemas complexos. O *design thinking* começou a ser acionado para resolução de problemas sociais, entre eles a educação.

O *design thinking* começou a entrar nas escolas de Educação Básica não mais pela via das aulas de artes, mas por meio de um modelo mental projetual, pois não se trata mais da defesa da arte como disciplina, e sim da inclusão de todo o percurso projetual para se chegar a uma solução e da participação de toda a comunidade escolar. O *design thinking*, entendido como o pensamento do *design*, aglutina a comunicação, área vista no tópico anterior, e as outras três: construção, planejamento e integração sistemática. Ele traz consigo o elemento de transformação da educação por meio da participação efetiva, da experimentação, da colaboração e – nosso foco neste capítulo – da visualidade e tangibilização das experiências dos sujeitos participantes de uma proposta educativa inovadora (CAVALLO, SINGER, GOMES et al., 2016). O *design thinking* teve maior aderência do que o *design* da informação na Educação Básica por se tratar de uma área essencialmente conectada com a experiência humana e por chegar em um momento de crescimento exponencial do acesso às tecnologias da informação e da comunicação nas escolas brasileiras. O *design thinking* abre novos campos de atuação nas escolas, não mais enquanto conteúdo específico das artes visuais, mas de forma transversal, ao alcance das mãos de todos os profissionais da instituição.

O *design thinking* se conectou às escolas de Educação Básica por diferentes caminhos: por meio de materiais gratuitos disseminados por pessoas, grupos e instituições interessados na inovação e, em especial, na introdução das tecnologias digitais na educação; de cursos de formação para educadores; de investimento social privado em inovação em escolas públicas; e de práticas pedagógicas inspiradas no *design thinking*. Todas essas são frentes com caráter predominantemente prático. No encontro com a educação, o *design thinking* é potente na promoção de condições e critérios para a inovação educativa apresentados, sobretudo aqueles que propõem a integração de saberes e a reorganização da teoria e da prática. As produções científicas sobre o tema começaram a ser desenvolvidas na medida em que o *design thinking* se disseminava no campo de inovação em educação. Os primeiros estudos brasileiros a respeito foram voltados para a análise do impacto do encontro do *design thinking* com a educação e de uma possível inovação educativa que não fosse apenas um modismo (ROCHA, 2018).

Nossa análise de diversos trabalhos (TABAK, 2012; REGINALDO, 2015; GOMES, 2016; ROCHA, 2018) permitiu observar a influência de todas as quatro áreas do *design* e seu impacto: nas práticas pedagógicas; nas relações interativas e competências cognitivas, como colaboração e resolução de problemas; na organização social da escola; na utilização dos espaços e do tempo; na organização dos conteúdos; nos materiais curriculares; nos critérios de avaliação; e, principalmente, na formação de professores e na visualização das experiências de aprendizagem – tema deste capítulo. Gomes destaca que

> A concepção de novos métodos e técnicas de ensino-aprendizagem pode ocorrer usando o raciocínio de *design*. Mudando de paradigma, em lugar de conceber uma nova aula, educadores podem conceber novas situações didáticas ou novas experiências de aprendizagem, ricas em vivências, materiais, interações, colaborações, formas de expressão, papéis e mídias. A concepção de novas experiências é a essência do trabalho do professor (ALVES e MATOS, 2010). Esse processo de planejamento ocorre conforme as fases de um processo de *design*, a saber: imersão, análise e síntese, ideação e prototipagem. O que as técnicas de *design* agregam à prática docente de planejamento é a possibilidade de permitir antecipar a experiência

por meio de representações e protótipos que viabilizam uma análise mais profunda da realidade. Uma experiência inovadora de aprendizagem precisa ser ao mesmo tempo realizável, desejável e viável para todos os envolvidos. (GOMES, 2016, p. 81)

Constatamos que a relação do *design thinking* com a escola abriu um território maior entre os sujeitos e as instituições do que o *design* da informação, levando para um amplo público diversas técnicas e métodos que permitiram inovar em um espectro mais abrangente de possibilidades. Desse modo, o encontro transcendeu as competências técnicas reservadas aos *designers* de formação (NEVES, 2011). É por isso também que, recentemente, professores têm sido chamados de *designers* de experiências de aprendizagem.

A partir desse entendimento, utilizaremos daqui em diante a palavra "*design*" de forma que um único termo englobe as quatro possibilidades de atuação e evidencie a visualização, tema que será aprofundado adiante. Dessa maneira, sempre que nos referirmos ao *design*, estaremos nos referindo à parte visível (desenho e visualização) e à intencionalidade (pensamento e desígnio).

Aprendizagens visíveis para professores e homologia de processos

Parte da transformação na educação passa por tornar as aprendizagens dos estudantes mais visíveis (RITCHHART, CHURCH e MORRISON, 2011). Isso também se faz necessário para o desenvolvimento profissional de professores, uma vez que, na escola, ambos vivenciam experiências de aprendizagens simbólicas compartilhadas (CARVALHO, 2016).

Outra razão para defendermos dar visibilidade às aprendizagens dos professores passa pela escolha da homologia de processos como abordagem para o desenvolvimento de competências docentes referentes às suas práticas pedagógicas (SCHON, 1998). O reconhecimento da importância de utilizar, na formação de professores, as mesmas práticas pedagógicas que se deseja que atuem com os estudantes se reflete no campo da pesquisa, das práticas e das políticas públicas de educação. Vale ressaltar o recente esforço de gestores públicos, organizações da sociedade civil e universidades para a criação de referenciais de competências docentes (BRASIL, 2019) alinhados às novas reformas educacionais, a fim de gerar transformação e inovação educacionais. Parte importante desses referenciais diz respeito especificamente à prática profissional docente, àquela que se faz necessária para um comprometimento com a aprendizagem efetiva dos estudantes.

A partir do potente encontro entre *design* e educação, e das duas premissas para a formação de professores – a importância de tornar visíveis as aprendizagens dos docentes e da homologia de processos na formação de professores –, apresentamos a seguir o relato de uma experiência que utilizou ferramentas de *design* para tornar visíveis as aprendizagens de professores. Em nosso relato, utilizamos a homologia de processos ao convidarmos os professores para visualizarem e refletirem sobre suas práticas em uma escola particular recém-inaugurada.

Relato de prática: como o *design* pode tornar as aprendizagens de professores visíveis

Compartilhamos uma experiência realizada no âmbito de uma pesquisa de mestrado ocorrida entre 2015 e 2017, que nos apresentou evidências da potência da introdução das ferramentas de *design* na formação de educadores com o objetivo de tornar mais visível os processos de desenvolvimento profissional e gerar maior alinhamento entre os docentes e a proposta pedagógica das escolas (GONÇALVES, 2017). Abordar todo o escopo da pesquisa não é o nosso objetivo. Este relato é, portanto, um recorte, acrescido de novas referências e atualizações.

Vamos relatar o desenvolvimento profissional de educadores no contexto de uma escola privada que tem como pilar do seu Projeto Político-Pedagógico (PPP) a Aprendizagem Baseada em Projetos (ABP), uma metodologia proposta e sistematizada há décadas e que antecede as discussões mais recentes sobre a inovação na educação. Diferentes autores já apresentaram o tema sob diferentes perspectivas (HERNANDEZ e VENTURA, 1998; KRAJCIK e BLU-

MENFELD, 2006). Em nosso caso, a principal referência teórica é a do Buck Institute for Education, para o qual a aprendizagem baseada em projetos é:

> Um método sistemático de ensino que envolve os alunos na aquisição de conhecimentos e habilidades por meio de um extenso processo de investigação estruturado em torno de questões complexas e autênticas e de produtos e tarefas cuidadosamente planejados. (BIE, 2008, p. 18)

Apesar de antiga, a abordagem passou recentemente a ser considerada uma metodologia ativa em si mesma. Ainda que diferentes fontes descrevam estruturas e percursos próprios, o trabalho com projeto, de forma geral, já se apresenta como contraponto às metodologias tradicionais. Desenvolver projetos é um caminho intencional para colocar os estudantes em processos ativos e significativos na construção de suas aprendizagens. Dessa maneira, as escolas inovadoras buscam cada vez mais inserir esta abordagem em seus projetos político-pedagógicos e foi este o caso da escola investigada.

Participar da fundação de uma escola inovadora e seus desafios

Participei da jornada, que aqui relato como coordenadora pedagógica de tecnologia durante o processo de fundação de uma escola inovadora. A prática profissional me permitiu observar um problema específico: a dificuldade dos educadores em executar o planejamento de um projeto didático trimestral, mesmo após diversas oportunidades de formação sobre aprendizagem baseada em projetos. O material apresentado e disponibilizado nessas formações era de origem textual e discursiva, com poucos elementos visuais e de apoio aos procedimentos da prática pedagógica. Além das características dos materiais, as formações foram integralmente teóricas e não permitiram a imediata experimentação, interação e reflexão por parte dos educadores, uma vez que a escola ainda seria inaugurada e as rotinas escolares não estavam estabelecidas, ou seja, não havia aulas, nem estudantes; não havia ainda uma cultura escolar instalada. Na Figura 1 é possível visualizar a linha do tempo na qual este relato está localizado.

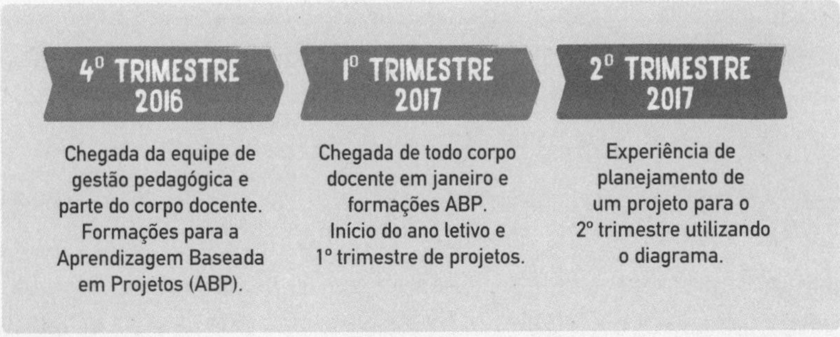

4º TRIMESTRE 2016
Chegada da equipe de gestão pedagógica e parte do corpo docente. Formações para a Aprendizagem Baseada em Projetos (ABP).

1º TRIMESTRE 2017
Chegada de todo corpo docente em janeiro e formações ABP. Início do ano letivo e 1º trimestre de projetos.

2º TRIMESTRE 2017
Experiência de planejamento de um projeto para o 2º trimestre utilizando o diagrama.

Figura 1 – Linha do tempo do relato de experiência. (Fonte: Acervo da autora.)

A hipótese inicial para solucionar o problema foi de que haveria maior apropriação do planejamento do trabalho com projetos por parte dos docentes se oferecêssemos recursos visuais – como diagramas de *design* representativos dos elementos do projeto pedagógico da escola – que pudessem servir de modelos organizadores do pensamento e da prática pedagógica. A fim de verificar a validade da hipótese, transcrevemos uma parte do projeto político-pedagógico da escola – representado pela Jornada do Professor ao longo de um trimestre de projetos – para um diagrama de alinhamento de *design* – a Jornada do Usuário. O objetivo da escolha foi apoiar os professores no entendimento da proposta pedagógica e no planejamento trimestral dos projetos didáticos e, dessa forma, trazer mais elementos visuais que ajudassem a tornar visíveis os pensamentos e as ações da equipe escolar.

A escolha do *design* para trazer mais visualidade para os processos formativos dos professores se deu exatamente pelo fato de que a visualização das experiências das pessoas envolvidas em um processo é um dos importantes princípios do campo de conhecimento e de prática do *design* (KALBACH, 2017). Nesse sentido, enxergamos as ferramentas de *design* como solução didática e artefato pedagógico para tornar as aprendizagens visíveis no processo de formação de professores.

Para esta formação utilizamos a abordagem do *design* em quatro etapas bem definidas (Figura 2). Este diagrama de representação da abordagem do *design* foi criado pelo Design Council, um órgão governamental do Reino Unido que disponibiliza recursos, materiais e pesquisa sobre o *design* aplicado a diversos desafios da sociedade, inclusive a educação. Este

ABORDAGEM DO DESIGN

DESCOBRIR — DEFINIR — DESENVOLVER — ENTREGAR

ENTENDIMENTO — (PROPOSIÇÃO) — (VALIDAÇÃO) — (IMPLEMENTAÇÃO)

Transcrição do PPP em Jornada

Utilização da jornada para planejamento de um projeto

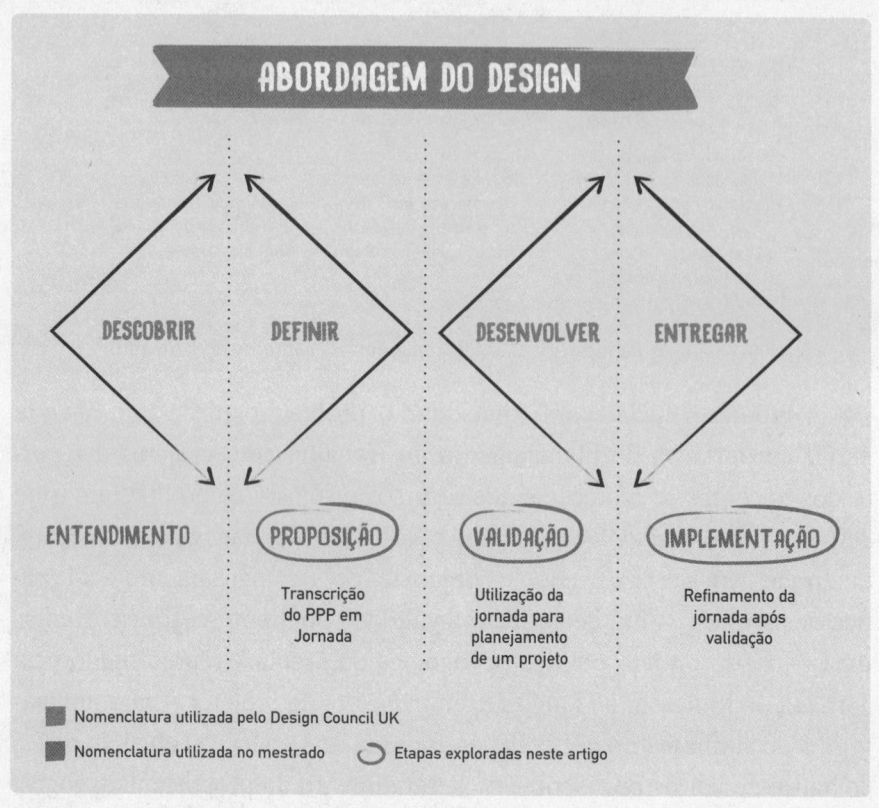

Refinamento da jornada após validação

■ Nomenclatura utilizada pelo Design Council UK
■ Nomenclatura utilizada no mestrado
◯ Etapas exploradas neste artigo

Figura 2 – Abordagem do *design*. (Fonte: Acervo da autora.)

diagrama é conhecido como duplo diamante e representa o processo do *design* por meio de setas que divergem e convergem em movimentos que caracterizam quatro etapas. Falaremos brevemente sobre cada uma e em seguida nos aprofundaremos em três delas.

No começo de um projeto de *design*, nem sempre o problema está bem definido. A primeira etapa é um processo divergente de abertura para descobrir, entender, pesquisar e mergulhar em um problema, situação ou cenário. Nesta etapa, o objetivo é de se abrir para uma escuta ativa, a fim de definir um problema acionável e que tenha proposições viáveis e desejáveis para as pessoas envolvidas. Em nossa experiência essa etapa foi vivida quando percebemos as dificuldades dos professores em entender o projeto político-pedagógico da escola em que haviam acabado de começar a trabalhar. Além do contexto, as pessoas também são analisadas e, para apoiar a compreensão, se define uma *persona*, um arquétipo representativo das pessoas envolvidas. Em nosso caso, a *persona* que representou os professores recebeu o nome de Márcia. O problema tinha impactos para a equipe pedagógica, famílias, alunos e demais membros da comunidade escolar. Em nossa pesquisa, os problemas foram captados por meio de diversas pesquisas primárias e secundárias, além de entrevistas com diferentes atores. No entanto, não entraremos nos detalhes dessa etapa aqui.

A segunda etapa do *design* é a definição de um problema para o qual irá se propor uma solução (terceira etapa) e em seguida implementá-la (quarta etapa). Em nosso caso, havia inúmeros problemas em uma escola inovadora recém-inaugurada, como comunicar o projeto pedagógico para as famílias; compreensão das abordagens metodológicas pelos professores; ausência de registros e documentação de práticas anteriores para apoiar professores e alunos; diferença de cultura escolar dos alunos que vinham de escolas em que nunca haviam experimentado a aprendizagem baseada em projetos; e o ineditismo da aprendizagem baseada em projetos para muitos professores, gestores, além das poucas e exclusivamente teóricas oportunidades de formação. A definição de um problema envolve um recorte e um foco que nem sempre são de feitura confortável, mas são necessários para se avançar na criação de soluções. Assim, a segunda etapa é caracterizada por um movimento convergente, por meio do qual esforços e ideias precisam confluir para uma única proposição.

Como dito, e com base em nossa experiência, escolhemos usar o desenho de um diagrama de *design* que representasse a Jornada do Professor em um trimestre de projetos para apoiá-los no planejamento pedagógico, que nos mostrou o quanto a formação de professores ainda lança mão de métodos e abordagens antigos, promovendo encontros que deem conta do maior número de professores possível e privilegiando quantidade em detrimento de qualidade (GATTI, 2019). Nessas situações, a transformação de práticas é pouco efetiva. Outra observação possível é o quanto a escola, em seus momentos de formação continuada, ainda é discursiva na maioria dos seus processos e níveis de ensino, explorando poucos recursos visuais para preparação, condução, reflexão, compreensão e documentação das experiências escolares e dos aprendizados de seu corpo docente.

Na terceira etapa, o *design* abre-se novamente para colocar a proposição em seu contexto de uso, desenvolvem-se as atividades propostas para a solução e passa-se à validação com as pessoas em situações reais de uso, para testar se o *design* da solução foi efetivo para resolver o problema definido. Em nosso caso, utilizamos o diagrama com professores em encontros de planejamento trimestrais.

Na quarta etapa realiza-se o segundo movimento de fechamento e convergência, refinando, melhorando e redefinindo a solução final para o problema que decidimos trabalhar no início. Desse modo, refinamos a Jornada do Professor e criamos um modelo de planejamento de projetos que pudesse ser usado pelos professores da escola e, também, por outras instituições. Em seguida vamos detalhar como foram realizadas as etapas de proposição, validação e implementação.

Proposição: ferramentas de *design* para tornar visível a formação de professores e a Jornada do Professor

A Jornada do Usuário é um mapeamento visual da experiência que algum sujeito percorre para completar um objetivo ao longo do tempo e no espaço. Esse modelo permite aos envolvidos enxergar quais pontos funcionam bem e quais precisam de melhorias (ALVES e NUNES, 2013).

A jornada é um esquema pelo qual conseguimos capturar e ilustrar um processo completo, que inclui os aspectos emocionais, materiais e procedimentais do ponto de vista das pessoas (STICKDORN e SCHNEIDER, 2011). Os pontos de contato em que os diversos sujeitos interagem em determinado processo são essenciais para compreender a jornada das pessoas envolvidas. A análise de uma experiência já existente, como em nosso caso, inclui avaliar se os pontos de contato estão posicionados de forma correta. A jornada torna-se uma evidência visual e tátil para a compreensão das experiências, que são invisíveis (ERLHOFF e MARSHALL, 2008).

A Jornada do Usuário não traz toda a complexidade de uma experiência, mas representa uma parte do processo. Ela apresenta as seguintes características:

- Começa por escolher um escopo e identificar uma experiência cronológica, que pode ser um passo a passo da experiência geral. É preciso decidir o quanto se quer olhar para o micro ou o macro de uma experiência. Pode ser um mapa de processo futuro ou em andamento, que ajude a identificar problemas na experiência. Em nosso caso trata-se da segunda possibilidade, com base em um trimestre letivo de projetos na escola.
- É focada em um sujeito principal, em nosso caso os educadores.
- Possui passos claros e foca no que deve ser feito em cada etapa, no caso, as etapas de um projeto que um professor precisa cumprir em um trimestre letivo.
- É formada por camadas ou linhas de informação e pode conter camadas adicionais, em forma de imagens, textos, gráficos, entre outros.

A Jornada do Professor

De acordo com os fundamentos e princípios das aprendizagens visíveis que preveem que o processo de ensino e aprendizagem seja mais profundo, significativo e autoconsciente, cocriamos com os professores um diagrama visual de *design* que representasse sua própria jornada docente ao longo de um trimestre de projetos, ou seja, os passos e etapas a serem percorridos pelos professores no contexto dessa escola, que tinha a aprendizagem baseada em projetos como principal abordagem metodológica. A proposição foi, portanto, a transposição da experiência dos professores no que diz respeito a esse tema para uma Jornada do Usuário.

A Jornada do Usuário é uma representação visual que ilustra a interação entre duas partes: as pessoas e as instituições, em nosso caso entre os professores e a escola. Na parte referente às pessoas, os diagramas trazem as descrições sequenciais escritas ou imagéticas – até mesmo cenografadas – das ações, necessidades e comportamentos, mapeados por meio de pesquisa ou de conhecimento prévio, que se espera para determinado processo (linhas 1, 2 e 3 da Figura 3). Na parte referente às instituições, visualizam-se as ofertas e os processos disponíveis ou desejáveis para a realização das atividades das pessoas (linha 4 da Figura 3). Os pontos de interação entre as duas partes revelam o sentido da relação entre elas. Em nosso caso, transcrevemos as ações dos professores previstas pelo Projeto Político-Pedagógico da escola em uma Jornada do Professor referente a um trimestre de projetos, acrescentando elementos não visíveis no documento ou na prática docente. Dessa maneira, tornamos visível uma parte da prática pedagógica dos professores prevista no documento (Figura 3).

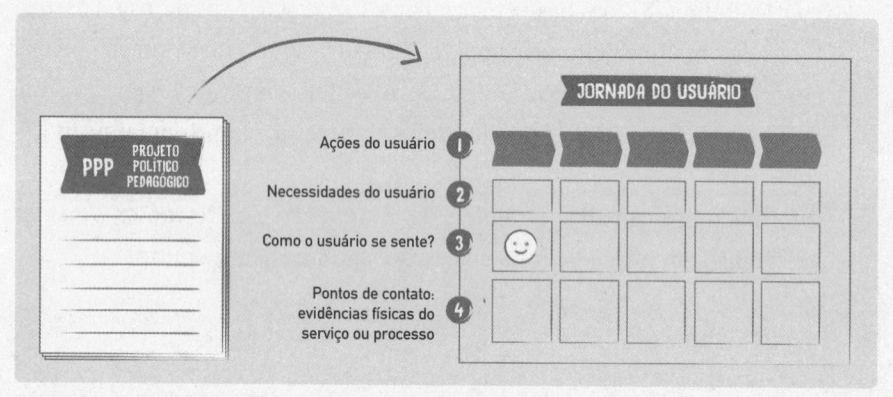

Figura 3 – Proposição da Jornada do Professor a partir do Projeto Político-Pedagógico. (Fonte: Acervo da autora.)

Sabemos que o Projeto Político-Pedagógico traz muito mais do que as ações docentes, mas, em nosso caso, o esforço foi direcionado para tornar a apropriação de parte dele mais visível para os próprios educadores.

A Jornada do Professor foi construída a partir da etapa de entendimento com os próprios professores e trouxe a visualização dos itens que eles apontaram como os mais importantes: a definição das etapas de um projeto, as pessoas envolvidas, a descrição do que o professor faz em cada etapa do projeto, referências que apoiem sua execução e os canais e recursos disponíveis para cada etapa do projeto (Figura 5).

O resultado final da Jornada do Professor foi a elaboração de um grande diagrama visual impresso, que organizou a experiência dos docentes em uma interface tangível depois do primeiro trimestre de trabalho na escola. Este é um dos principais papéis dos *designers*: organizar experiências em suportes visíveis. Neste relato, nós, formadores, também nos colocamos como *designers* de experiências de aprendizagem com os professores.

Validação: as oportunidades de visualização e utilização da Jornada do Usuário

A Jornada do Usuário foi apresentada aos docentes em dois momentos: nos encontros de formação que ocorreram ao longo de duas semanas e, posteriormente, em uma oficina de planejamento de projeto, que contou com a participação de duas educadoras e uma coordenadora pedagógica.

Figura 4 – Etapas de validação. (Fonte: Acervo pessoal da autora.)

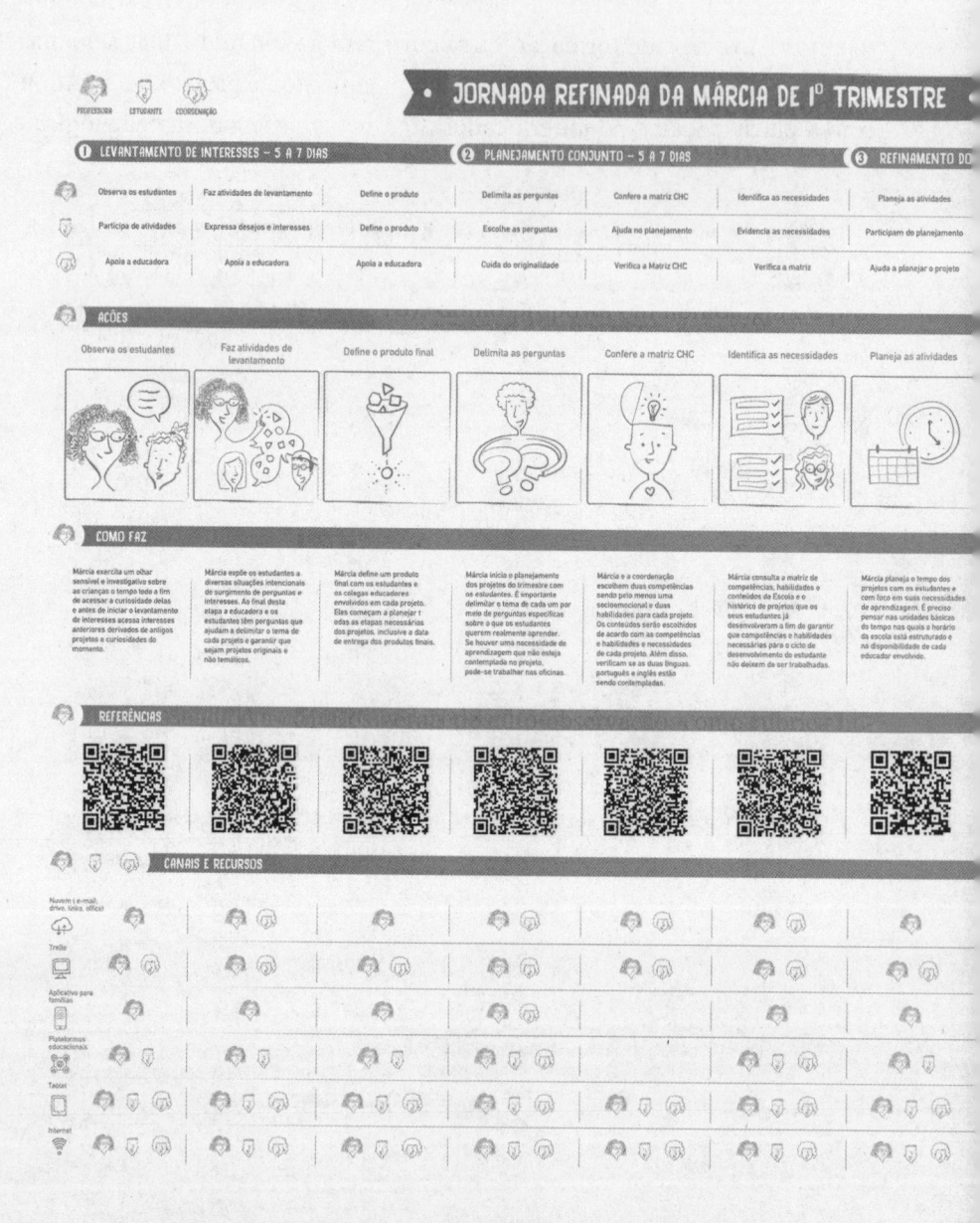

Figura 5 – Jornada do Usuário. (Fonte: Ilustração com base em GONÇALVES, 2017, p. 108.)

Baixe aqui o quadro completo.

PROFISSIONAL EM DESIGN – ANA PAULA GASPAR – 08 JUNHO 2017

4 VALIDAÇÃO E DEVOLUTIVA – 1... 5 EXECUÇÃO E APRESENTAÇÃO – 8 A 9 SEMANAS

Planeja com as coordenações	Valida o planejamento	Realiza as atividades	Produz o produto final	Realiza as atividades	Apresenta os projetos	Avalia os aprendizados
Ajuda no planejamento	Valida o planejamento	Participa das atividades	Passa por avaliações	Prepara atividades	Prepara a apresentação	Faz avaliação do trimestre
Fecha o planejamento	Agenda os encontros	Traz formações	Verifica as avaliações	Verifica relatórios	Apoia no evento	Registra os desafios

Planeja com as coordenações	Valida o planejamento	Realiza as atividades	Produz o produto final	Realiza as atividades	Apresenta os projetos	Avalia os aprendizados
A coordenação apoia Márcia na adequação do projeto ao tempo, ao trabalho e planejamento em grupo entre os educadores de cada projeto, à matriz de competências, habilidades e conteúdos e às metodologias ativas de aprendizagem. A timetable do trimestre é definida e cada educador saberá como atuará nos projetos.	Márcia analisa as informações coletadas das fases anteriores e as atividades planejadas certificando-se que todos os registros de planejamento estão completos e compartilhados com os estudantes, coordenação e comunica às famílias sobre o início dos projetos.	Márcia inicia as atividades de execução de cada projeto, posta nos canais de informações de cada projeto. Além disso, Márcia fica atenta aos registros das atividades e processo avaliativo criando os relatórios do Educador e do Estudante desde o início do projeto e preenchendo-os ao longo do trimestre.	Márcia conduz as atividades dos projetos a fim de responder às questões iniciais dos estudantes e produzir o produto final. Pode ser que no meio caminho surja a necessidade de um re-planejamento e o produto final sofra alterações.	Márcia e os educadores que a ajudaram nos projetos finalizam o preenchimento dos relatórios e planejam juntos com os estudantes a coordenação o evento de apresentação dos projetos.	Márcia, demais educadores e estudantes preparam momentos de apresentação dos projetos para as famílias. A coordenação verifica o preenchimento dos relatórios, montagem dos portfólios e exibição dos produtos finais.	Um momento de formação é o suficiente para ouvir todos envolvidos e compartilhar. Uma pesquisa em formato digital pode ser útil para aprofundar a escuta a fim de captar informações para melhorias no próximo trimestre.

Capítulo 7

Durante os encontros de formação, a jornada ficou exposta nos ambientes da escola por 15 dias. Os recursos visuais expostos com intencionalidade são suportes para provocar o pensamento e atender às necessidades de estudantes e docentes de comunicar, discutir, compartilhar, debater e engajar uns com os outros (RINALDI, 2014; RITCHHART, CHURCH e MORRISON, 2011). Em seguida, deu-se início ao período de planejamento dos projetos do 2º trimestre letivo. No encontro de planejamento, solicitamos que as duas educadoras envolvidas realizassem uma atividade de seu cotidiano profissional utilizando a jornada, a fim de verificar se o artefato visual as ajudaria no planejamento. A atividade solicitada consistiu em:

- Observar a jornada (10 minutos);
- Realizar o planejamento de um projeto para o 2º trimestre recorrendo aos passos descritos na jornada (80 minutos);
- Avaliar a efetividade da jornada para a atividade proposta (30 minutos).

A oficina de validação foi preparada em parceria com a coordenadora pedagógica do Ensino Fundamental I a fim de confirmar as ações que as educadoras deveriam realizar.

Ao convidarmos as educadoras, nosso objetivo era coletar opiniões, promover a discussão e avaliar a jornada dos pontos de vista prático e teórico. A principal atividade da oficina consistiu no planejamento de um projeto para o 3º ano do Ensino Fundamental.

Planejar a prática docente, sobretudo a baseada em projetos, é fundamental para o percurso de ensino e aprendizagem que educadores e estudantes irão trilhar. As observações das educadoras com relação ao diagrama foram analisadas e sistematizadas em duas principais contribuições: uma relacionada à referência visual de processos inovadores e a outra relacionada à visualização das experiências de aprendizagem.

Contribuição 1 – Imagem de um processo de inovação

A primeira contribuição que identificamos diz respeito à aparência geral do diagrama e a quais tipos de representações visuais as educadoras a associaram. Conforme Rafael Cardoso (2014), buscamos em nossa me-

Realiza as atividades | **Produz o produto final**

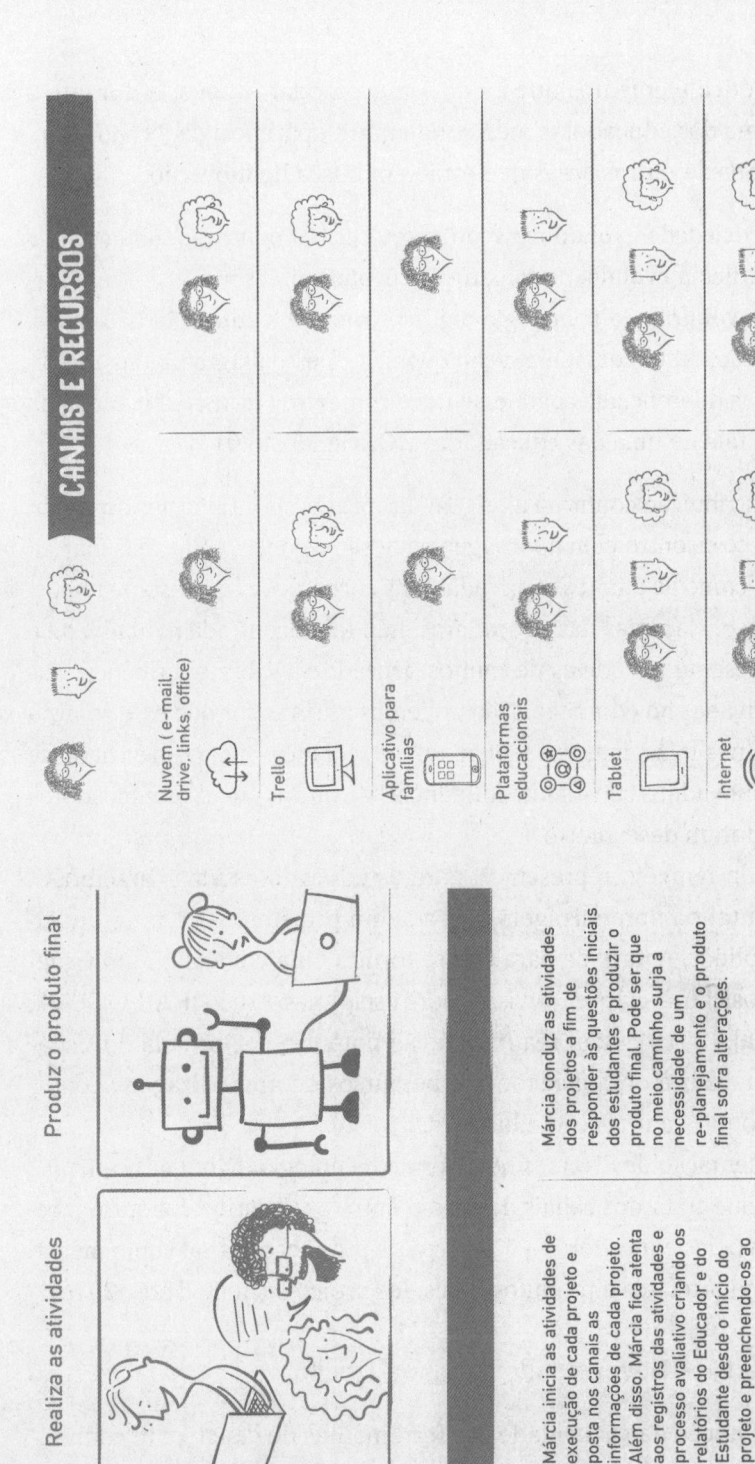

CANAIS E RECURSOS

Nuvem (e-mail, drive, links, office)

Trello

Aplicativo para famílias

Plataformas educacionais

Tablet

Internet

Márcia inicia as atividades de execução de cada projeto e posta nos canais as informações de cada projeto. Além disso, Márcia fica atenta aos registros das atividades e processo avaliativo criando os relatórios do Educador e do Estudante desde o início do projeto e preenchendo-os ao longo do trimestre.

Márcia conduz as atividades dos projetos a fim de responder às questões iniciais dos estudantes e produzir o produto final. Pode ser que no meio caminho surja a necessidade de um re-planejamento e o produto final sofra alterações.

Figura 6 – Detalhe da jornada. (Fonte: Elaboração com base em GONÇALVES, 2017, p. 124.)

Capítulo 7   **185**

mória imagética elementos que ajudam a acomodar o novo, e durante a atividade uma das educadoras mencionou que a aparência da jornada lembrava imagens de outras áreas que estão em busca de inovação:

> a sociedade evoluiu em muitos setores e a educação ainda não, a medicina evoluiu, as construções evoluíram, os meios de transporte evoluíram, a tecnologia digital evoluiu e a educação não inova. Então, resumidamente, acho que é isso, esse diagrama ilustra práticas diferenciadas para esse novo contexto. (Transcrição adaptada da fala de uma das educadoras. GONÇALVES, 2017)

Esta contribuição confirma a origem das primeiras influências do *design* nas escolas: o encontro com abordagens que são também utilizadas em outros setores, como as empresas privadas e as corporações que estão em busca de inovação. Nas falas das educadoras, não foi encontrada a dualidade e o conflito presente nas ideias de muitos pensadores sobre a influência das empresas privadas na educação. Não podemos afirmar por que esse conflito não aparece nas falas, mas um indício talvez seja o de que, por se tratar de uma escola inovadora que admite influências de outras áreas, as educadoras não apresentaram desconforto.

A jornada também representou para as educadoras uma característica fundamental da aprendizagem baseada em projetos e não mais dividida por disciplinas. A jornada para elas se tornou uma nova metáfora visual em contraposição à clássica divisão por disciplinas (TOYOHARA, SENA, ARAÚJO et al., 2010). Aqui reafirmamos a potência da Jornada do Usuário para visualizar a organicidade dos percursos de aprendizagem, condição e critério para a inovação educativa.

A representação de diversos recursos de tecnologia digital nas camadas da jornada, que trata dos canais de acesso entre os usuários, foi outro ponto destacado pelas educadoras – o aspecto da produção digital como meio e também como artefatos e produtos finais dos projetos (BLIKSTEIN, 2016).

Contribuição 2 - Necessidade de visualização

A contribuição da visualidade das ferramentas de *design* para comunicação e análise de dados foi extremamente valorizada pelas educadoras.

Identificamos quatro categorias de visualização:

1. A da proposta pedagógica
2. Nos ambientes de aprendizagem
3. Para comunicação com as famílias
4. Para comunicação com a coordenação pedagógica

A escola fazia a gestão de planejamento dos projetos de todos os segmentos e das atividades diárias no software Trello. Ao realizar o planejamento usando o diagrama impresso, utilizando etiquetas adesivas e escrevendo em folhas de papel tamanho A2 afixadas nas paredes, as educadoras relataram ter melhor visualização do processo. Elas não utilizaram os canais digitais para o planejamento, mas posteriormente o registraram na plataforma destinada a este fim. Segundo elas, o uso do software é muito mais efetivo para o planejamento diário e registro das atividades do que para o planejamento geral de um projeto trimestral, ou seja, de longo período.

A visualidade da proposta pedagógica e o conteúdo socioemocional se imbricam, o que não se alcançaria sem ferramentas de documentação de experiências. As camadas da primeira versão da Jornada do Usuário que ilustram o nível de dificuldade de cada etapa do projeto tornaram as emoções e tensões visíveis, o que foi um ponto desafiador, como veremos adiante. Na segunda versão, que foi refinada após a oficina da fase de validação, essa camada foi incorporada na descrição de cada momento do projeto e outra camada com referências foi inserida, uma vez que as educadoras relataram que entrar em contato com esse tipo de informação seria favorável para o planejamento do projeto (Figura 5).

Quanto à visualização nos ambientes de aprendizagem, afirmaram que a presença de objetos e artefatos relacionados aos projetos e à criação de ambientes contextualizados estimulam os estudantes a fazer perguntas, a levantar hipóteses e a revelar interesses e curiosidades.

> Podíamos ter na classe um grande quadro com o infográfico do nosso projeto desde o planejamento, com a oportunidade de ir fazendo anotações, replanejando ali mesmo, acho que é importante, acho que seria uma ferramenta visual analógica. (Transcrição adaptada da fala de uma das educadoras. GONÇALVES, 2017)

A partir dessa fala, entre outras, verificamos como a criação da jornada e seu uso para o planejamento do projeto foram percebidos pelos professores como oportunidades para planejamento e avaliação processual de projetos com os estudantes na sala de aula. Nesse sentido, foi possível aos professores refletirem sobre seu próprio processo formativo e fazerem uma transposição para sua prática pedagógica com os estudantes, concretizando assim nossa intencionalidade de realizar uma formação baseada em homologia de processos.

No quesito visualização para comunicação com as famílias, uma das educadoras apontou que:

> Mas é muito gratificante, se você fica olhando para isso (o diagrama) e fazendo uma autoanálise o tempo todo do projeto, o quanto a gente cresce enquanto educador; é fantástico, e o resultado com os estudantes também. Um pai me perguntou na reunião de pais: "Você que vem de uma escola tradicional, como você compara os resultados dos alunos da escola que você trabalhava com essa?". Eu respondi: "Eu não estou fazendo marketing, eu vou falar a verdade, é inacreditável o quanto eles desenvolveram o que às vezes em um ano as turmas das outras escolas não desenvolvem". E é mesmo, eu também sei que eu cresci muito mais do que todos esses anos, parece que um trimestre foi muito mais intenso do que vários anos. (Transcrição adaptada da fala de uma das educadoras. GONÇALVES, 2017)

Interessante pensar que se a jornada dos pais ao deixar as crianças na escola não fosse apenas deixá-las na portaria e sim acompanhá-las até a classe, os pais iriam ter mais contato com ferramentas visuais afixadas pela escola e compreender melhor a proposta da escola.

Educadores, geralmente, não têm familiaridade com os termos do *design*, pois chamaram a jornada de "desenho", "infográfico", "painel", "quadro", "diário", entre outros. O papel da jornada para a comunicação e o alinhamento dos professores com a coordenação pedagógica foi essencial para a criação desse vocabulário e dessa cultura. Como atuamos também na coordenadoria de tecnologia na escola, pudemos dar continuidade à fase de implementação.

Implementação: refinamento e um convite

A análise das evidências coletadas ao longo do caminho confirmou a grande necessidade da visualidade no processo de inovação pedagógica, e elas foram capazes de apontar falhas, ausências e até desconfortos dos professores com alguns conteúdos da jornada. Uma das situações que observamos durante o uso da jornada para planejamento foi a dificuldade dos professores de olharem para seus próprios desafios. Na primeira versão da jornada, a utilizada para o encontro de planejamento, havia uma camada que representava os níveis de dificuldade em cada etapa do projeto, de acordo com as entrevistas realizadas com os professores na etapa de entendimento. De acordo com as professoras que utilizaram a jornada, essa camada não representava informações importantes. A sugestão delas foi que essas informações fossem substituídas por referências que ajudassem os professores com as principais dificuldades encontradas em cada etapa do projeto. Não podemos afirmar a que se deve tal desconforto, mas suspeitamos que, para os professores, ainda é muito desafiador deixar visível suas próprias dificuldades. Como a jornada foi proposta para ser utilizada por todos os professores da escola, incorporamos a sugestão de inserir referências na segunda versão (Figura 5).

Fazer o mapeamento de processos já existentes por meio da Jornada do Usuário ajudou a descobrir falhas e a propor transformações que impactaram na melhoria dos processos na escola. A visualidade evidenciou pensamentos que propiciaram a criação de uma cultura comum entre professores e coordenadores e fomentaram o desenvolvimento de competências gerais como empatia, comunicação e colaboração.

Encontramos uma escola com uma enorme riqueza de materiais visuais de comunicação interna e externa, um grande volume de produção gráfica e audiovisual e educadores transitando bem entre recursos tecnológicos, mas ainda sem visualizar experiências por completo e compreender fazeres.

O movimento da discursividade para a visualidade (BONSIEPE, 2011) foi a principal contribuição deste trabalho para a inovação na educação. As propostas pedagógicas inovadoras buscam a integração dos campos de conhecimento e utilizam as tecnologias digitais com muito mais intensidade, o que torna a aprendizagem cada vez mais intangível e menos apoiada em artefatos físicos, como é o caso da educação tradicional, com o uso de livros, apostilas e cadernos. A necessidade de visualizar e tangibilizar os processos e caminhos de aprendizagem encontram um forte apoio no *design*. E ainda, como as metodologias ativas na educação utilizam fortemente metodologias baseadas em práticas projetuais, a semântica das novas práticas pedagógicas está se aproximando cada vez mais da cultura projetual do *design*. Dessa maneira, a prática da aprendizagem baseada em projetos pode até se mesclar com a prática projetual do *design*. É por isso que, além das ações de implementação relatadas, construímos um diagrama, que pode ser utilizado por professores em diferentes contextos, para tornar o planejamento de projetos mais visíveis (Figura 7).

Nossa entrega final deste relato é um convite para que professores e formadores experimentem ferramentas de *design* para tornar mais visível o planejamento da aprendizagem baseada em projetos. O uso de ferramentas como a que propomos reorganiza a relação entre a teoria e a prática ao convocar uma iniciativa que se inicie pelo fazer e, em seguida, se coloque a refletir a partir do visível.

Ferramentas, discursos e práticas de *design* e de ensino se combinarão em um trabalho de planejamento de projetos para consolidar uma cultura de inovação possível em toda a comunidade escolar. Acreditamos que, ao aproximar o *design* dos educadores, as práticas pedagógicas inovadoras não serão mais transcritas para uma Jornada do Usuário como fizemos neste trabalho, e sim poderão ser, desde o início, criadas com base na oferta de um ensino inovador, por meio do modelo mental do *design* aplicado à educação. Dessa forma, práticas pedagógicas e diagramas de visualização poderão ser criados ao mesmo tempo e representar a mesma coisa, da mesma forma que fizemos neste estudo. Assim, as culturas discursiva e visual poderão se relacionar de maneira entrelaçada e equilibrada.

Sabendo que a inovação emerge de uma nova cultura e mudança de comportamento, ferramentas de *design* por si sós não trarão as transformações esperadas. Há contradições entre o velho e o novo nas experiências humanas que fazem parte do processo de inovar, mas agora, ao mapear, tangibilizar e visualizar as interfaces das experiências desse processo, conseguimos enxergá-las com mais clareza e projetar na direção da jornada de inovação que tanto queremos.

Considerações finais

Apresentamos as potencialidades do encontro do *design* com a educação no campo da inovação educativa e, especificamente, nas ações de mapeamento de experiências para tornar as aprendizagens de professores visíveis. A utilização de ferramentas de *design* para tornar as aprendizagens visíveis é mais abrangente do que o apresentado aqui e ainda pode ser explorada em futuras pesquisas. Podemos sistematizar três principais contribuições e oportunidades de experimentação dessas potencialidades para as escolas de Educação Básica:

- **Visualização das experiências escolares de fora para dentro, e não só de dentro para fora**
  As rotinas escolares e o cotidiano cheio de afazeres podem facilmente levar os profissionais a uma excessiva introspecção institucional. Ao mapear experiências de diversos sujeitos e criar jornadas visíveis para todos, nos colocamos intencionalmente a olhar para fora da escola e para a experiência dos participantes de forma mais abrangente. Ao analisar a jornada das pessoas e suas experiências em cada ponto de contato com a escola, reconhecemos outras perspectivas que estão fora dela e que impactam diretamente as relações presentes na cultura escolar, sobretudo as motivações e os desejos dos envolvidos.

- **Alinhamento entre as equipes das escolas em seus diferentes papéis e segmentos**
  As escolas, como tantas outras instituições, costumam se organizar em núcleos, departamentos e segmentos de acordo com seus limites funcionais. Ao visualizar o percurso completo de um estudante, por exemplo, seja de um dia de aulas ou de um ano letivo, ou até mesmo de toda a vida escolar de uma criança em uma mesma escola (mapeamento de uma experiência completa de vida escolar), possibilitamos o alinhamento das equipes para que todos os envolvidos se movam rumo à visão compartilhada do projeto pedagógico da instituição. Além disso, a Jornada de Usuário e outros diagramas de alinhamento do *design* podem favorecer a interdisciplinaridade, condição essencial para a inovação na educação.

VOCÊ PODE TORNAR O PLANEJAMENTO DE UM PROJETO VISÍVEL PARA TODOS OS EN~~VOLVIDOS~~
EXPERIÊNCIA DE UM OU MAIS DE UM USUÁRIO ENVOLVIDO NO PROCESSO. VEJA ABAIX~~O~~

1. Usuário: No relato de experiência do artigo, construímos a jornada do professor. Você pode escolher um usuário para mapear a experiência. Faça uma jornada por usuário neste modelo.

A linha verti~~cal~~
realização d~~e~~
Recursos e

2. Momentos do Projeto: A estrutura da Jornada de Usuário é cronológica, então estabeleça quais são os principais momentos do projeto que compõem a jornada do usuário. Você pode reproduzir a jornada e adaptar para a sua realidade criando novos campos. A linha momentos do projeto se localiza na posição horizontal e a sua leitura se dá da esquerda para a direita; os campos de cada momento podem ser preenchidos com os nomes de cada momento, fase, etapa ou passo do projeto.

4. Ações do Usuário: Aqui é o campo mais visual da jornada. Utilize imagens, ilustrações, ícones ou símbolos para identificar cada momento do projeto. Você pode utilizar fotografias que fazem parte da documentação pedagógica de projetos anteriores, por exemplo.

5. Como faz: Preencha esta camada com as ações que o usuário realiza em cada momento do projeto. Identifique quais são as necessidades, desafios e conquistas dos usuários em cada momento. A descrição das ações tem o objetivo de identificar pontos que estão sendo bem atendidos, assim como também barreiras e oportunidades de melhorar a experiência em cada momento.

6. Referências: Nesta camada insira dicas de materiais que podem apoiar a realização desse momento. Se for uma jornada para professores e coordenadores, pode-se inserir relatos de experiências de outros profissionais; se for para estudantes, pode-se incluir relatos de outros estudantes, por exemplo. Este é um campo de interação entre o usuário e a escola; é importante inserir aqui quais são os pontos de contato que a escola pode fornecer para apoiar os usuários nessa etapa, sobretudo nas dificuldades identificadas na camada como faz.

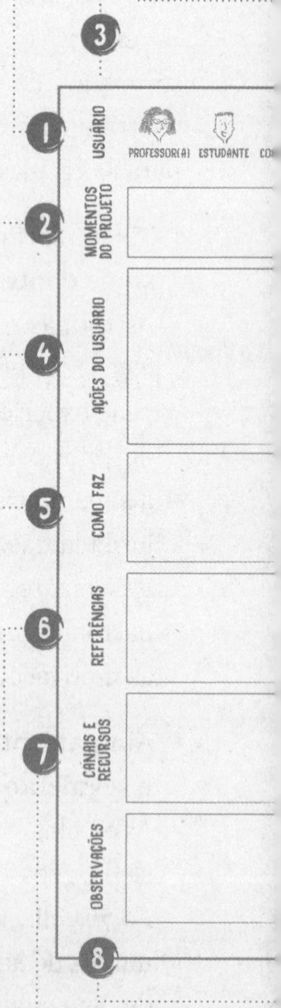

7. Canais e Recursos: Aqui indique os meios pelos quais o usuário viabiliza a realização do momento. Os pontos de contato em uma escola são majoritariamente humanos, ou seja, se dá na relação entre estudantes e professores. Mas na aprendizagem baseada em projetos, o convite é para a expansão de relações e de mediações, além da possibilidade de uso de tecnologias digitais que podem ampliar as interações entre estudantes e entre outros agentes dentro e fora da escola.

Figura 7 – Modelo de jornada de planejamento. (Fonte: Acervo da autora.)

S A PARTIR DO MAPEAMENTO DA
VOCÊ PODE UTILIZAR A JORNADA.

re às camadas de informações da experiência do usuário em cada momento da jornada de
o. Neste modelo temos as camadas: Ações do Usuário, Como faz, Referências, Canais e
ões.

Baixe aqui o quadro completo.

. Observações: Utilize esta camada para
notar tópicos importantes para cada momento
u renomeá-la para uma camada de informação
que julgar importante.

*Esta ferramenta é parte integrante do capítulo "Da discursividade à visualidade: como utilizar ferramentas de *design* de serviços para tornar a formação de professores mais visível" e do livro *Aprendizagens visíveis: experiências teórico-práticas em sala de aula*.

- **Criação de visualizações que são referências para a construção de sentidos compartilhados**
As visualizações permitem que as pessoas que as observam compreendam as complexas relações de forma sistêmica, o que pode minimizar o pensamento e as ações desintegradas. Elas não são soluções únicas e imediatas, mas evidenciam problemas, lacunas, oportunidades e provocam reflexões ao atrair a atenção de todas as pessoas da escola para visualizarem e se engajarem nas conversas sobre transformação e promoção de novas experiências. Uma cultura escolar que se ocupa em tornar visíveis as experiências de aprendizagem estará estimulando ainda a produção nas linguagens visuais por suas equipes e a reflexão a partir de visualizações, que podem tornar as aprendizagens mais significativas.

Por fim, para Vilém Flusser, filósofo do *design*,

> o homem pré-moderno vivia num outro universo imagético, que tentava "interpretar" o mundo. Nós vivemos em um mundo imagético que interpreta as teorias "referentes" ao mundo. Essa é uma nova situação, mais revolucionária. (FLUSSER, 2018, p. 129)

Nosso esforço de tornar as aprendizagens mais visíveis é justamente para alinhar a educação com esta transformação contemporânea que já está presente entre nós.

Para saber mais

- **Ferramenta exclusiva do capítulo "Da discursividade à visualidade: como utilizar ferramentas de *design* para tornar a formação de professores mais visível"**

Criamos um modelo de jornada exclusivo para este capítulo para que você possa tornar o planejamento de um projeto mais visível para todos os envolvidos a partir do mapeamento da experiência de um ou mais de um usuário envolvido no processo. O modelo é uma referência visual, você não precisa se restringir a ele. Fique à vontade para adaptar para a sua realidade. Este modelo, assim como todas as ilustrações deste artigo, foi criado pela *designer* e educadora Adriana Costa Teixeira. Acesso em: 5 ago. 2021.

- **Pedagogia da Contingência**

    A pandemia causada pelo novo coronavírus, que obrigou escolas no Brasil e no mundo a fecharem suas portas em 2020 e em 2021, demandou de educadores e gestores um olhar inovador para a criação de inéditos viáveis. Neste projeto, promovemos a reflexão e o encontro de educadores em torno de uma comunidade de aprendizagem para discutir o encontro do *design* com a educação. Acesso em: 5 ago. 2021.

- **Ferramenta: Planejamento de Experiências Remotas de Aprendizagem (PERA)**

    Baseados no pensamento do *design* que pressupõe empatia, colaboração e experimentação, criamos a PERA – Planejamento de Experiências Remotas de Aprendizagem. Trata-se de uma ferramenta de planejamento para ajudar professores e gestores a pensarem em suas propostas de atividades para os estudantes em períodos de isolamento social. Acesso em: 5 ago. 2021.

- *Podcast*: *Design* **de experiências de aprendizagem para escolas**

    Nesta conversa com os produtores do *podcast* Nova Educa Debate, discutimos a história do *design* e as diversas relações e possibilidades com a educação. Do planejamento de aulas até processos administrativos, há relatos de diferentes possibilidades, com exemplos de casos reais. Acesso em: 5 ago. 2021.

- **Vídeo: Aprendizagem baseada em projetos da websérie Práticas Pedagógicas Inovadoras**

    O Centro de Inovação para a Educação Brasileira (CIEB) produziu a websérie Práticas Pedagógicas Inovadoras, em que apresentou seis práticas ao longo de sete semanas. A última foi a aprendizagem baseada em projetos, na qual comentamos a abordagem e os relacionamos com o campo do *design*. Acesso em: 5 ago. 2021.

- *Podcast*: **Eu aprendo observando**

  Episódio sobre a importância da observação na aprendizagem, com nossa participação e de outros especialistas. Conversamos sobre a importância da observação na educação em diversos aspectos, entre eles a importância de criar ambientes escolares mais visuais e tornar as aprendizagens mais visíveis. Acesso em: 5 ago. 2021.

- **Vídeo: Lab Aprender a Aprender**

  Relato dos participantes do projeto Lab Aprender a Aprender, no qual experimentamos o processo de *design thinking* por quatro semanas, com desafios práticos aplicados à nossa realidade em sala de aula. Acesso em: 5 ago. 2021.

- **Publicação:** *Design da Educação Conectada*

  O material do Centro de Inovação para a Educação Brasileira (CIEB) traz conceitos e ferramentas para ajudar gestores públicos na implementação de projetos de inovação e tecnologia em redes públicas por meio da abordagem do *design*. No material é possível baixar cerca de dez ferramentas de trabalho e conhecer mais de cem recursos digitais para apoiar o processo de *design thinking*. Acesso em: 5 ago. 2021.

- **Publicação:** *Inovação e Políticas Públicas: superando o mito da ideia*

  Lançada pelo Instituto de Pesquisa Econômica Aplicada (Ipea), a obra traz para debate métodos e abordagens de inovação a partir de casos concretos do setor público. Destacamos o capítulo 15: "Construção colaborativa da plataforma do currículo da cidade de São Paulo: o caso do Pátio Digital", que relata a experiência de criação da plataforma digital do Currículo Paulista (<https://curriculo.sme.prefeitura.sp.gov.br/>) por meio de *Service Design Sprints*, rodadas de uma semana de trabalho utilizando a abordagem do Design de Serviços. Acesso em: 5 ago. 2021.

- Relato: A experiência de aplicar o *Design Sprint* em escola de Ensino Médio

    O professor de *design*, Thiago Xavier, relata a experiência de trabalhar com *Design Sprints*, rodadas de uma semana de criação com estudantes de Ensino Médio. Texto de 17 set. 2019. Acesso em: 5 ago. 2021.

Referências bibliográficas

ALVES, R.; NUNES, N. J. "Towards a Taxonomy of Service Design Methods and Tools". *Lectures Notes in Business Information Processing book series*, v. 143. Berlin: Heidelberg, 2013.

BACICH, L.; MORAN, J. *Metodologias ativas para a educação inovadora*: uma abordagem teórico-prática. Porto Alegre: Penso Editora, 2018.

BIE. Buck Institute for Education. *Aprendizagem baseada em projetos*: guia para professores de Ensino Fundamental e Médio. Porto Alegre: Artmed, 2008.

BLIKSTEIN, P. "Viagens em Troia com Freire: a tecnologia como um agente de emancipação". *Educação e Pesquisa,* Revista de Educação da Universidade de São Paulo, v. 42, n. 3, 2016.

BONSIEPE, G. *Design, cultura e sociedade.* São Paulo: Blucher, 2011.

BRASIL. Ministério da Educação. Conselho Nacional de Educação. Conselho Pleno. Resolução CNE/CP nº 2, de 20 de dezembro de 2019. Define as Diretrizes Curriculares Nacionais para a Formação Inicial de Professores para a Educação Básica e institui a Base Nacional Comum para a Formação Inicial de Professores da Educação Básica (BNC-Formação). *Diário Oficial da União*, seção 1, pp. 46-49. Brasília, 15 abr. 2020. Disponível em: <http://portal.mec.gov.br/docman/dezembro-2019-pdf/135951-rcp002-19/file>. Acesso em: 16 fev. 2020.

BROWN, T. *Design Thinking*: uma metodologia poderosa para decretar o fim das velhas ideias. São Paulo: Elsevier, 2010.

BUCHANAN, R. *Wicked problems in Design Thinking*. Cambridge, MA: MIT Press, 1990.

CAMPOLINA, L. O. *Inovação educativa e subjetividade*: a configuração da dimensão histórico-subjetiva implicada em um projeto inovador. (Tese de doutorado) Faculdade de Educação da Universidade de Brasília, Brasília, 2012.

CARDOSO, R. *Design para um mundo complexo.* São Paulo: Cosac Naify, 2014.

CARVALHO, J. S. *Por uma pedagogia da dignidade*: memórias e crônicas sobre a experiência escolar. São Paulo: Summus, 2016.

CAVALLO, D.; SINGER, H.; GOMES, A. S. et al. "Inovação e criatividade na Educação Básica: dos conceitos ao ecossistema". *Revista Brasileira de Informática na Educação*, v. 24, n. 2, 2016.

COUTINHO, S. G. "Design da informação para educação". *InfoDesign – Revista Brasileira de Design da Informação*, v. 3, n. 1-2, 2006.

____. "Um olhar para as salas de aula sob a perspectiva do Design da Informação". *Blucher Design Proceeedings*, v. 2, n. 2, 2015.

CUNHA, M. I. "Inovações pedagógicas: o desafio da reconfiguração de saberes na docência universitária". *Cadernos de Pedagogia Universitária*, n. 6. São Paulo: Universidade de São Paulo, 2008.

DAMIANI, M. F.; ROCHEFORT R. S.; DE CASTRO, R. F. et al. "Discutindo pesquisas do tipo intervenção pedagógica". *Cadernos de Educação,* n. 45. Pelotas: Universidade Federal de Pelotas, 2013.

DESIGN COUNCIL. "What is the framework for innovation? Design Council's evolved Double Diamond". *Design Council*, 2015. Disponível em: <www.design-council.org.uk/news-opinion/design-process-what-double-diamond>. Acesso em: 16 fev. 2020.

ERLHOFF, M.; MARSHALL, T. (ed.). *Design Dictionary*: perspectives on design terminology. Basileia: Birkhäuser Verlag AG, 2008.

FERREIRA, E. S. S. *Design/Educação*: a discussão de uma proposta de dispositivo web com base no Design Thinking Canvas voltado à formação de professores. (Dissertação de mestrado) Centro de Artes e Comunicação da Universidade Federal de Pernambuco, Recife, 2015.

FLUSSER, V. *O mundo codificado*: por uma filosofia do design e da comunicação. São Paulo: Ubu Editora, 2018.

GATTI, B. A. *Professores do Brasil*: novos cenários de formação. Brasília: Unesco, 2019.

GOMES, A. S.; SILVA, P. A. *Design de experiências de aprendizagem*: criatividade e inovação para o planejamento de aulas. Recife: Pipa Comunicação, 2016. v. 3.

GONÇALVES, A. P. G. *Um framework para o Projeto Político Pedagógico (PPP) de escolas inovadoras*: as contribuições do design de serviço. (Dissertação de mestrado) Centro de Estudos e Sistemas Avançados do Recife – CESAR, Programa de Pós-Graduação em Design, Recife, 2017. Disponível em: <https://issuu.com/anapaula13/docs/20171121_-_dissertac_a_o_ana_paula_gaspar>. Acesso em: 16 fev. 2020.

GONSALES, P. (ed.). *Design Thinking para educadores*. São Paulo: Instituto Educadigital, 2014. Disponível em: <www.dtparaeducadores.org.br/>. Acesso em: 13 maio 2017.

HAMAD, A. et al. "Ecossistemas de inovação na educação: uma abordagem conectivista". In: EHLERS, A. C. et al. (org.). *Educação fora da caixa*: tendência para a educação no século XXI. Florianópolis: Bookess, 2015.

HERNANDEZ, F.; VENTURA, M. *A organização do currículo por projetos de trabalho*: o conhecimento é um caleidoscópio. Porto Alegre: Artmed, 1998.

KALBACH, J. *Mapeamento de experiências*: um guia para criar valor por meio de jornadas, blueprints e diagramas. Rio de Janeiro: Alta Books, 2017.

KRAJCIK, J. S.; BLUMENFELD, P. C. "Project-based learning". In: SAWYER, R. K. (ed.). *The Cambridge handbook of the learning sciences*. Cambridge: Cambridge University Press, 2006.

MIRANDA, E. R. *Design da informação e aplicabilidade nas escolas*. Blucher Design Proceedings. Belo Horizonte, 2016.

MORIN, E. *Educação e complexidade*: os sete saberes e outros ensaios. São Paulo: Cortez, 2008.

NEVES, A. *Design Thinking Canvas*. Recife: Universidade Federal de Pernambuco, 2011.

PORTUGAL, C. *Design, educação e tecnologia*. Rio de Janeiro: Rio Books, 2013. Também disponível em: <www.design-educacao-tecnologia.com>. Acesso em: 5 ago. 2021.

REGINALDO, T. *Referenciais teóricos e metodológicos para a prática do Design Thinking na Educação Básica*. (Dissertação de mestrado) Centro Tecnológico, Programa de Pós-Graduação em Engenharia e Gestão do Conhecimento da Universidade Federal de Santa Catarina, Florianópolis, 2015.

RINALDI, C. "A coragem da utopia". In: PROJECT ZERO. *Tornando visível a aprendizagem*: crianças que aprendem individualmente e em grupo. São Paulo: Phorte, 2014.

RITCHHART, R.; CHURCH, M.; MORRISON, K. *Making thinking visible*: how to promote engagement, understanding, and independence for all learners. São Francisco: Jossey-Bass, 2011.

ROCHA, J. "Design Thinking na formação de professores: novos olhares para os desafios da educação". In: BACICH, L.; MORAN, J. *Metodologias ativas para a educação inovadora*: uma abordagem teórico-prática. Porto Alegre: Penso Editora, 2018.

SCHON, D. *El professional reflexivo*: como piensan los professionales cuando actúan. Barcelona: Paidós, 1998.

STICKDORN, M.; SCHNEIDER, J. *This is Service Design Thinking*. Nova Jersey: John Wiley & Sons, 2011.

_____ et al. *Isto é design de serviços na prática*: como aplicar o design de serviço no mundo real – manual do praticante. Porto Alegre: Bookman, 2020.

TABAK, T. *(Não) Resolução de (não) problemas*: contribuições do Design para os anseios da Educação em um mundo complexo. (Dissertação de mestrado) Departamento de Artes e Design da Pontifícia Universidade Católica do Rio de Janeiro, Rio de Janeiro, 2012.

TOYOHARA, D. Q. K.; SENA, J. G.; ARAÚJO, A. M. et al. *Aprendizagem baseada em projetos* – uma nova estratégia de ensino para o desenvolvimento de projetos. Congresso Internacional PBL 2010, São Paulo, 2010.

CAPÍTULO 8

AVALIAÇÃO COMO APRENDIZAGEM: CONTRIBUIÇÕES PARA TORNAR VISÍVEIS OS OBJETIVOS E PROCESSOS DE APRENDIZAGEM NA EDUCAÇÃO INTEGRAL

Julia Pinheiro Andrade

Costuma-se diferenciar o pensamento sobre a avaliação em duas grandes modalidades: avaliação da aprendizagem, ou avaliação somativa, que evidencia resultados colhidos em "retratos" ou momentos específicos da aprendizagem, e a avaliação *na* ou *para* a aprendizagem, comumente chamada de avaliação formativa, quando envolve procedimentos e instrumentos que apoiam o processo e permitem formar um "filme": a sequência e o desenvolvimento da aprendizagem.

Neste capítulo abordaremos a segunda modalidade, reunindo fundamentação teórica e exemplos de instrumentos formativos que sustentam a concepção de Educação Integral, ou seja, a concepção de que a aprendizagem deve apoiar o desenvolvimento integral das múltiplas dimensões do sujeito – intelectual, física, emocional, social e cultural –, e não apenas a dimensão cognitiva. Nessa concepção, as dimensões do processo pedagógico – avaliação, ensino e gestão das aprendizagens – precisam ser consideradas de modo sistêmico, articulado e em ciclo de retroalimentação.

Na proposta de garantir uma Educação Integral, a avaliação deve ser concebida *como* aprendizagem, ou seja, a avaliação passa a ser vista como um processo focado em definir e clarear objetivos compartilhados de ensino e de aprendizagem, em que se constrói uma linguagem comum no grupo, nomeando, estruturando e tornando visível para todos os sujeitos seu próprio pensamento. Uma avaliação formativa, portanto, que não apenas documenta e apoia o desenvolvimento da aprendizagem, mas que, em si mesma, em cada momento (retratos) e no devir de seu uso e criação (filme), constrói aprendizagem, sentido reflexivo e autorreflexivo. Com isso esperamos fortalecer a visão da avaliação como processo participativo de coconstrução de juízos e sentidos compartilhados e à autoavaliação um poderoso enfoque metacognitivo e autorregulado, cultivado e ampliado por devolutivas pedagógicas (*feedback*) individuais, em pares e em grupo.

Do desafio do ensino ao desafio de desenvolver competências

Como já apresentado no relatório da Organização das Nações Unidas para a Educação, a Ciência e a Cultura (Unesco) (DELORS et al., 1996), por força de todo o contexto de mudanças sociais, culturais e tecnológicas do mundo contemporâneo, a educação no século XXI precisa universalizar a mudança da perspectiva pedagógica baseada no ensino de conteúdos para a construção de conhecimento e desenvolvimento de competências. Nas duas primeiras décadas deste milênio, ao mesmo tempo que se multiplicaram estudos de revisão sistemática sobre as ciências da aprendizagem (WISKE, 1998; CLAXTON, 1999; NRC, 2005, 2012; DARLING-HAMMOND, 2008), como o estudo interdisciplinar "Como as pessoas aprendem?" (NRC, 2012), ampliaram-se as propostas de revisão curricular calcadas no desenvolvimento de competências gerais em diversos países (FADEL, BIALIK e TRILLING, 2015; FULLAN, QUINN e MCEACHEN, 2017; REIMERS e CHUNG, 2017).

Visando contribuir com este debate, o National Research Council of Science (NRC) passou a produzir balanços internacionais, reunindo bibliografia europeia, asiática e norte-americana para estabelecer um conjunto de afirmações e recomendações para políticas públicas em educação. A perspectiva curricular apoiada em competências gerais está balizada pela busca de um enfoque mais profundo nas aprendizagens, fortalecendo processos investigativos de construção de conhecimentos transferíveis entre diferentes conteúdos e domínios de conhecimento:

> Definimos "aprendizado mais profundo" como o processo pelo qual um indivíduo torna-se capaz de tomar o que foi aprendido em uma situação e aplicar para novas situações (**ou seja, transferência**). Através de um aprendizado mais profundo (que muitas vezes envolve aprendizado compartilhado e interações com outros em

uma comunidade), o indivíduo desenvolve expertise em determinado domínio do conhecimento e/ou desempenho. O produto do aprendizado mais profundo é conhecimento transferível, incluindo conhecimento de conteúdo em um **domínio e conhecimento de como, por que e quando aplicar esse conhecimento para responder a perguntas e resolver problemas**. Nós nos referimos a essa mistura de ambos os conhecimentos e habilidades como "competências do século XXI". (NRC, 2012, p. 4, tradução e grifos nossos)

O conceito de conhecimento é usado pelos autores em um sentido abrangente, articulando uma concepção calcada nas ciências da aprendizagem, que inclui tanto os conteúdos disciplinares das áreas do conhecimento como habilidades[1] e saberes intra e interpessoais: atitudes, valores e cultura – essenciais para a formação humana integral.[2] As competências se revelam quando os estudantes são capazes de *mobilizar* esses conhecimentos em contextos autênticos (semelhantes às situações da vida real) de investigação, resolução de problemas ou invenção criativa.

No Brasil, essa visão formativa está associada ao conceito de Educação Integral e veio se ampliando e se fortalecendo como política pública ao longo de todo o século XX (MOLL, 2009), até se tornar princípio formativo constitutivo da Base Nacional Comum Curricular (BNCC), que apresenta os direitos de aprendizagem dos estudantes na Educação Básica:

> Ao longo da Educação Básica, as aprendizagens essenciais definidas na BNCC devem concorrer para assegurar aos estudantes o desenvolvimento de dez competências gerais, que consubstanciam, no âmbito pedagógico, os direitos de aprendizagem e desenvolvimento. [...] competência é definida como a mobilização de conhecimentos

---

1   Em inglês: *skills*, "saber fazer".
2   "Os aprendizados adquiridos pelos estudantes formam o seu repertório, que deve ser mobilizado para a solução dos problemas que a vida lhes coloca, capacidade referida no jargão pedagógico como 'competência'. Noutras palavras, objetivos de aprendizagem são recortes e justaposições dos conhecimentos e das competências, referidos genericamente como aprendizados. Esse modelo conceitual está hoje presente em muitos documentos, oriundos das discussões sobre a educação necessária para os estudantes no século XXI. São especialmente úteis o texto 'Educação em quatro dimensões' (FADEL, BIALIK e TRILLING, 2015) e a influente proposta do Educação 2030 da OCDE (OCDE, 2018)" (SOARES, 2020b, s.p.).

(conceitos e procedimentos), habilidades (práticas, cognitivas e socioemocionais), atitudes e valores para resolver demandas complexas da vida cotidiana, do pleno exercício da cidadania e do mundo do trabalho.[3] (BRASIL, 2017, p. 8)

> Conheça os infográficos sobre as múltiplas dimensões do sujeito, os princípios da concepção educativa e da concepção de competências gerais da Educação Integral que norteiam a BNCC. Acesse o material "Currículo e Educação Integral na Prática: uma referência para estados e municípios", do Centro de Referências em Educação Integral (ANDRADE, COSTA e WEFFORT, 2019). Acesso em: 2 fev. 2020.

A BNCC apresenta a Educação Integral como proposta formativa em seu capítulo introdutório e apresenta dez competências gerais que se inter-relacionam e perpassam todos os componentes curriculares ao longo da Educação Básica para a construção de conhecimentos, habilidades, atitudes e valores. No entanto, o enunciado do compromisso com o desenvolvimento integral e com as dez competências gerais da BNCC corre o risco de se transformar em mero "slogan pedagógico" (SCHEFFLER, 1978) se as consequências desse objetivo – como "o que" e "por que" (ensinar) e garantir o direito de aprendizagem a todos os estudantes brasileiros – não se refletirem coerentemente em objetos de estudo autênticos e relevantes (YOUNG, 2016) e em novas escolhas nas práticas pedagógicas.

---

[3] "No novo cenário mundial, reconhecer-se em seu contexto histórico e cultural, comunicar-se, ser criativo, analítico-crítico, participativo, aberto ao novo, colaborativo, resiliente, produtivo e responsável requer muito mais do que o acúmulo de informações. Requer o desenvolvimento de competências para aprender a aprender, saber lidar com a informação cada vez mais disponível, atuar com discernimento e responsabilidade nos contextos das culturas digitais, aplicar conhecimentos para resolver problemas, ter autonomia para tomar decisões, ser proativo para identificar os dados de uma situação e buscar soluções, conviver e aprender com as diferenças e as diversidades. Nesse contexto, a BNCC afirma, de maneira explícita, o seu compromisso com a Educação Integral. Reconhece, assim, que a Educação Básica deve visar à formação e ao desenvolvimento humano global, o que implica compreender a complexidade e a não linearidade desse desenvolvimento, rompendo com visões reducionistas que privilegiam ou a dimensão intelectual (cognitiva) ou a dimensão afetiva" (BRASIL, 2017, p. 14).

Segundo análise de Soares (2020ab), há uma grande diferença entre os conceitos de *skills* dos modelos internacionais e "habilidades" da prática pedagógica brasileira, embora a palavra "habilidade" seja a tradução fiel da palavra *skill*. No Brasil, apesar da clareza do documento conceitual da BNCC e da resolução do Conselho Nacional da Educação que a instituiu, as habilidades são tomadas como detalhamento das competências, como explica Soares (2020b):

> Ou seja, o modelo praticado no Brasil seria mais bem descrito pela expressão "competências e suas respectivas habilidades". Portanto, há o entendimento tácito no debate educacional brasileiro de que, para se adquirir uma competência, basta adquirir as respectivas habilidades e vice-versa.

Se levada ao extremo, a abordagem brasileira pode reduzir as competências a uma lista fixa de comandos pedagógicos, conduzidos por verbos que descrevem diferentes processos cognitivos. Isso implica, por exemplo, avaliar o ganho da competência apenas verificando fragmentos de habilidades: para verificar o ganho da competência leitora, utilizar apenas fragmentos de textos para "checar" habilidades, tais como "localizar e recuperar informações explícitas", "fazer inferências diretas", "interpretar e relacionar ideias e informações" e "analisar e avaliar conteúdo e elementos textuais". No entanto, "o núcleo do conceito de competência é a mobilização de aprendizados para atender a demandas reais da vida e, portanto, é mais do que a mera agregação de aprendizados isolados" (SOARES, 2020ab, s.p.). Assim, no exemplo de avaliação da competência leitora, é crucial que os estudantes se deparem com textos complexos e longos, cujos temas sejam relevantes para a vida contemporânea e, para compreendê-los em profundidade, respondam a questões interpretativas e explicativas.[4]

---

4 É isso o que tem sistematicamente ocorrido em avaliações internacionais como o PISA – Programa Internacional de Avaliação de Alunos (avaliação organizada pela Organização para a Cooperação e Desenvolvimento Econômico – OCDE – e realizada para estudantes de 15 anos nos vários países) e o Estudo Internacional de Progresso em Leitura (PIRLS), tradução de Progress in International Reading Literacy Study, uma iniciativa realizada a cada cinco anos pela International Association for the Evaluation of Educational Achievement (IEA), à qual o Brasil se tornou recentemente signatário. Estas são claras tendências internacionais ainda não refletidas no nosso Sistema de Avaliação da Educação Básica (SAEB).

Consequentemente, segundo os pesquisadores do NRC (2012), não é possível ensinar competências de modo direto e instrucional, pois elas são estruturadas em torno de princípios fundamentais das áreas de conhecimento e sua mobilização, suas relações, em usos autênticos e significativos. Assim, a maneira pela qual estudos e experimentações individuais e comunitárias (em grupo) organizam o entrelaçamento entre conhecimento e habilidades é que permite sua mobilização e se cria o suporte para transferência. Ou seja, a abordagem pedagógica utilizada é crucial e interfere diretamente no aprendizado de competências (CLAXTON, 2018ab).

Reunimos a seguir evidências da literatura que permitem afirmar que o enfoque metacognitivo de conhecer o próprio pensamento, nomeá-lo, compará-lo e descrevê-lo em diferentes circunstâncias ancora o desenvolvimento das múltiplas competências (RITCHHART, CHURCH e MORRISON, 2011; LUCAS, CLAXTON e SPENCER, 2013; FADEL, BIALIK e TRILLING, 2015; CLAXTON, 2018ab; OCDE, 2020), sobretudo quando estrutura processos de avaliação formativa como aprendizagem. Assim, defendemos que a metacognição, como base para a autorregulação e o autoconhecimento, se torna uma competência que apoia todas as demais e articula aprendizagem e avaliação.

Educação Integral e Aprendizagem Formativa

Na Educação Integral, os diferentes processos de avaliação devem sustentar a reflexão e o aprimoramento das práticas pedagógicas, rompendo com a visão dicotômica, e infelizmente muito comum, que dissocia os resultados de aprendizagem dos estudantes das condições oferecidas para a construção do conhecimento por todos, assim como as práticas efetivadas no dia a dia das possibilidades de construção de um trabalho reflexivo e colaborativo entre os professores.

O Centro de Referências em Educação Integral (CREI) vem desenvolvendo uma série de subsídios para a implementação e desenvolvimento de propostas integradas de políticas públicas em currículo, formação continuada e avaliação (ANDRADE, COSTA e WEFFORT, 2019). Para aprofundar essa discussão, o CREI desenvolveu uma pesquisa propositiva sobre avaliação para Educação Integral, realizando uma ampla revisão bibliográfica e estudos de caso em municípios (ANDRADE et al., 2020).

A revisão bibliográfica revelou uma grande lacuna na discussão teórica, bem como em estudos de caso sobre processos de avaliação alinhados com a concepção e com políticas públicas de Educação Integral. O corpo de conhecimentos sobre avaliação educacional mais robusto que contribuiu para a pesquisa construir uma matriz para a Avaliação na Educação Integral se refere a duas áreas de pesquisa e de políticas públicas distintas: de um lado, o chamado campo de "pesquisas em eficácia escolar" (em torno do debate dos fatores preditivos de eficácia, inclusão e equidade na qualidade educacional no Brasil e no mundo); de outro lado, o campo de "pesquisa-ação" de estratégias de autoavaliação institucional participativa de unidades e de redes escolares como prática de construção da noção de qualidade negociada pelos sujeitos e para os sujeitos da educação.

Em relação ao primeiro campo, a pesquisa concluiu com o apontamento dos 11 fatores preditivos de eficácia escolar no Brasil, isto é, os fatores mais fortemente envolvidos na predição de sucesso das escolas brasileiras em se mostrarem eficazes, justas, inclusivas e equitativas na garantia dos direitos de aprendizagem e desenvolvimento para todos os seus estudantes. De acordo com Andrade et al. (2020, pp. 53-54), os 11 fatores são estes:

- Cultura de colaboração profissional (expertise colaborativa de gestores e professores e de professores entre si).
- Perfil do professor.
- Liderança profissional.
- Clima escolar.
- Gestão participativa.
- Práticas pedagógicas.
- Envolvimento das famílias e da comunidade.
- Infraestrutura mínima adequada.
- Avaliação e autoavaliação articuladas.
- Condições laborais adequadas.
- Articulações e parcerias locais.

No que diz respeito ao campo de pesquisa-ação em autoavaliação institucional participativa, chegou-se à evidência de que, para a concepção de Educação Integral, uma matriz avaliativa deve operar como pauta de construção coletiva de processos, critérios e juízos sobre a qualidade educacional em todas as suas dimensões. A matriz deve articular condições de Educação Integral (política e gestão pública), unidades escolares, organizações sociais que atuam no território educativo, e o monitoramento da qualidade da oferta da educação para o desenvolvimento integral de crianças e adolescentes.

As conclusões da pesquisa propõem que:

- Qualidade da educação é uma noção negociada e tem como fundamento a aprendizagem e o desenvolvimento integral de todos.
- A avaliação é multidimensional (rede, escolas, territórios e estudantes) e é instrumento de integração entre eles.
- A avaliação articula resultados e condições oferecidas.
- As competências gerais regem currículo, avaliação e formação de educadores.
- O desenvolvimento de competências gerais pressupõe a avaliação como aprendizagem (avaliação formativa) para todos.
- A autoavaliação (institucional, em pares e individual) é processo-chave para o desenvolvimento de competências.
- Os critérios da avaliação devem ser visíveis e compartilhados por todos.
- A avaliação, na Educação Integral, potencializa a autonomia dos sujeitos nela envolvidos por meio do exercício da participação e reflexão sobre suas práticas.
- A autoavaliação complementa a avaliação externa.
- A avaliação é dispositivo para a tomada de decisão.

Esses resultados vão ao encontro das pesquisas mais relevantes já desenvolvidas com avaliação formativa coordenadas desde a década de 1990 por Paul Black e Dylan William em escolas do Reino Unido, que serviram de referência para diversas práticas avaliativas no mundo.[5] Após quatro déca-

---

[5] Liderados por William Black, o grupo do Reino Unido publicou originalmente em 1998 e, mais recentemente, retomaram as ideias lançadas na década de 1980 e as analisaram à luz das pesquisas e políticas públicas experimentadas desde então, em "Trabalhando por dentro da caixa preta: avaliação para a aprendizagem na sala de aula" (BLACK et al., 2018).

das de pesquisa, a base de uma avaliação integrada e formativa está na criação de critérios compartilhados com os sujeitos envolvidos (e, em alguma medida, construídos por eles) para o contínuo acompanhamento das práticas (de gestão, de ensino e de aprendizagem), em um processo sistemático de comonitoramento e coconstrução. Trata-se de um modo de avaliação desafiador e potente, pois fortalece a autonomia, a autoconsciência e o engajamento de gestores, professores e estudantes e desafia a capacidade de articular práticas que costumam ser desenvolvidas em paralelo: o planejamento curricular, a avaliação e a formação (de professores e de estudantes).

> **Avaliação para a aprendizagem** é qualquer processo de avaliação no qual a prioridade tanto no seu planejamento quanto na sua implementação seja servir ao propósito de promover as aprendizagens dos estudantes. Nesse sentido, ela difere de avaliações cujo foco primário é servir aos propósitos de responsabilização, ranqueamento ou para certificar competências. **Uma atividade avaliativa pode ajudar os estudantes se ela prover informações que os próprios estudantes e os professores possam utilizar enquanto devolutivas para avaliarem a si próprios e uns aos outros, e que aja na modificação das atividades de ensino e de aprendizagem nas quais ambos estão engajados**. Ela se torna uma "avaliação formativa" quando as evidências coletadas são efetivamente utilizadas para adaptar o trabalho do professor de modo a atender às necessidades dos estudantes. (BLACK et al., 2018, p. 156, grifos nossos)

A avaliação formativa é, assim, definida por um tripé:

- quando se apoia em questionamentos e escutas verdadeiras dos envolvidos (o que abrange temporalidades que permitam escuta e diálogos autênticos, não formais e protocolares);
- quando permite devolutivas pedagógicas (*feedbacks*) de professores para estudantes, de estudantes entre si e de estudantes para professores;
- quando é contínua, ou seja, quando é constituída como um hábito ou uma cultura institucional de autoavaliação e automonitoramento constante.

ABORDAGEM	FOCO	PROPÓSITO	PONTOS DE COMPARAÇÃO	FIGURA CHAVE
Avaliação **da** aprendizagem	Resultados Somativos. Metáfora: é como uma foto	Juízos sobre a posição, a promoção e as credenciais de cada estudantes	Outros estudantes; Padrões ou expectativas de aprendizagem do currículo e de avaliações externas (ex.: SAEB, PISA)	Professor
Avaliação **para** aprendizagem	Processo de aprendizagem. Metáfora: é como um filme, documentário	Informações para ajustes nas decisões, instruções didáticas e engajamento. Devolutivas pedagógicas	Padrões ou expectativas de aprendizagem do currículo; Devolutivas do professor e entre pares	Professor, turma/grupos de estudantes
Avaliação **como** aprendizagem		Automonitoramento, autocorreção e autoajuste	Objetivos pessoais e padrões do currículo	Estudante

Figura 1 – Distinção entre os conceitos de avaliação *da*, *para* e *como* aprendizagem. A avaliação formativa envolve a avaliação *para* e *como* aprendizagem e tem por finalidade aperfeiçoar e apoiar a própria aprendizagem. A diferença é que a avaliação *como* aprendizagem fortalece o enfoque metacognitivo. (Fonte: Baseado em Earl, 2013.)

1. Questionamentos

São as diferentes estratégias (orais, escritas, por imagens – fotografadas ou filmadas –, por testes) por meio das quais o professor questiona ou problematiza o conhecimento dos estudantes sobre um tema. De acordo com Black et al. (2018), para serem efetivos os questionamentos precisam:

- Ser verdadeiras perguntas (não perguntas retóricas) e esperar por verdadeiras respostas;
- Favorecer estratégias de elaboração em duplas ou em grupos de respostas (discussão rápida ou chuva de ideias);
- Permitir que professores e coordenadores possam trocar entre si experiências de questionamentos potentes, ampliando seus repertórios e refletindo conjuntamente sobre suas práticas.

2. Devolutivas pedagógicas em trabalhos

De modo geral, as principais ideias para a melhoria de devolutivas podem ser sintetizadas como segue:

- As tarefas escritas, em conjunto com questionamentos orais, devem encorajar os alunos a desenvolver e demonstrar a compreensão de características centrais sobre o assunto que estão aprendendo.
- Os comentários devem identificar o que foi feito adequadamente e o que ainda precisa ser melhorado, e oferecer alguma forma de orientação sobre o que fazer para melhorar.
- As oportunidades para que os estudantes respondam às devolutivas devem ser planejadas como parte do processo geral de aprendizagem (BLACK et al., 2018, pp. 163-164).

3. Autoavaliação e avaliação por pares

A autoavaliação e a avaliação de estudantes em pares são consideradas uma estratégia avaliativa potente para engajá-los no estudo e fortalecer um enfoque mais profundo de reflexão sobre sua própria aprendizagem (metacognição). Apoiadas em recursos visuais (como a autoavaliação visível por gráficos ou rubricas de proficiência previamente compartilhadas com os estudantes), trazem as evidências mensuráveis para o primeiro plano e diminuem o aspecto subjetivo de juízo sobre os critérios avaliativos.

> Os estudantes podem atingir um objetivo de aprendizagem apenas quando compreendem o que esse objetivo significa e o que devem fazer para alcançá-lo. Assim, a autoavaliação é essencial para a aprendizagem. Muitos professores que tentaram desenvolver as habilidades de autoavaliação de seus estudantes perceberam que a tarefa mais difícil é fazê-los refletir sobre seus trabalhos em termos dos objetivos de aprendizagem. À medida que os alunos o fazem, eles começam a desenvolver uma visão mais ampla do trabalho que lhes permite gerenciá-lo e controlá-lo por si mesmos. Em outras palavras, os estudantes estão desenvolvendo a capacidade de trabalhar no nível metacognitivo. (BLACK et al., 2018, p. 164)

Na prática, a avaliação por pares se mostra um importante complemento da autoavaliação. É excepcionalmente valiosa porque os alunos podem aceitar melhor as críticas sobre seus trabalhos quando vindas de seus colegas do que aceitariam se viessem do professor. O trabalho com os pares também é valioso porque a troca ocorre em uma linguagem que os estudantes utilizam entre si e porque eles aprendem ao adotar a postura de professores e examinar os trabalhos de outros colegas (BLACK et al., 2018).

Essas afirmações vão ao encontro das propostas das pesquisas do Projeto Zero (RITCHHART, CHURCH e MORRISON, 2011) sobre pensamento visível, quando sustentam que as Rotinas de Pensamento propostas para fortalecer uma cultura de pensamento nas escolas visam assegurar: 1) **questionamentos** e reflexões consistentes, individuais, em pares e no grupo; 2) dão estrutura e estratégia para estabelecer uma **escuta** autêntica do pensamento dos estudantes, considerando suas falas como ocasião para desenvolver a compreensão e a argumentação; 3) funcionam como **documentação** que não apenas captura como também apoia a aprendizagem, criando uma memória e um suporte para a refle-

> Há muitas Rotinas de Pensamento, observação e registro que podem ser utilizadas para potencializar a escuta, a documentação e o questionamento, algumas assinaladas na "Introdução" deste livro. Sugerimos destaque para a estratégia de habitualmente solicitar redações de síntese com o prazo de um minuto para serem realizadas ao final das aulas (WIGGINS e MCTIGHE, 2019, p. 240), em que os alunos sintetizam suas compreensões essenciais e suas dúvidas. Outra rotina potente nessa direção é Manchete, que, associada à documentação em imagens, favorece a construção de portfólios. Estes e outros exemplos podem ser conferidos no Guia de Avaliação Formativa, desenvolvido pela iniciativa coletiva coordenada pelo Centro de Políticas Públicas e Avaliação da Educação da Universidade Federal de Juiz de Fora (CAED-UFJF), em 2020, por ocasião da pandemia do Coronavírus.
>
> Guia de recursos on-line para aprendizagem ativa e avaliação formativa, da iniciativa ABL Connect, de Harvard, no qual se encontram muitos recursos, com destaque para a origem e a fundamentação da redação rápida. Acesso em: 20 jan. 2021.
>
> Guia de Avaliação Formativa. Acesso em: 20 jan. 2021.

xão tornar-se visível em seu devir, figurando os diferentes momentos da compreensão visíveis no seu processo constitutivo.

Feedback para aprendizagem visível

Como assinalado na Introdução deste livro, a proposta da aprendizagem visível de John Hattie emerge da síntese de uma longa pesquisa em meta-análise sobre os fatores que mais têm impacto na aprendizagem dos estudantes. Hattie (2008, 2017) desenvolve, a partir desses resultados, um robusto programa de desenvolvimento para ampliar as capacidades das equipes gestoras, docentes e discentes de definir objetivos de aprendizagem e de perceber indicadores sobre seu processo.

Ganham destaque os ciclos de devolutivas pedagógicas permanentes, o que ele conceitua como *feedback*. Este termo, em inglês, significa literalmente retroalimentação e tem sua origem em processos de balística associados à correção de rota de bombas aéreas durante a Segunda Guerra Mundial, tendo sido ampliado para outras áreas de desenvolvimento humano pelo comunicólogo Norbert Wiener.[6] A ideia é simples, embora complexa: para que um alvo ou objetivo seja alcançado em uma situação dinâmica, como um avião em movimento, são necessários vários mecanismos ágeis e integrados de descrição de medidas (no tempo e no espaço), que situem com precisão onde se está (velocidade, altura e coordenadas geográficas), quanto tempo falta para alcançar a posição desejada e em qual velocidade. Wiener transpôs essa imagem para o campo do desenvolvimento humano e Hattie vem refinando-a há pelo menos trinta anos. O modelo da aprendizagem visível é semelhante ao do Projeto Zero em termos de articulação entre capacidades (*skills*), disposição (*will*) e sensibilidade ou afetos (*thrill*). Difere, no entanto, na ênfase aos processos interpessoais ou pessoais de elaboração de objetivos e devolutivas (*feedback*) contínuos.

Segundo Hattie (2008, 2017), se esse processo é sustentado por um coletivo de professores – por meio de um saber que emerge justamen-

---

6 Para leitura do trabalho de Norbert Wiener: *Human use of human beings: cybernetics and society* (1986).

te do coletivo, de sua intencionalidade e sistematicidade em criar uma linguagem de objetivos, critérios e procedimentos avaliativos comuns –, esse enfoque produz uma nova cultura docente e discente: a cultura em que o professor busca resultados observáveis e mensuráveis, qualitativos e quantitativos. A cultura em que o docente adquire o hábito de pesquisar evidências, realizar escutas e enxergar a aprendizagem pela ótica do estudante, buscando continuamente pontos de apoio e fortalecimento em seu desenvolvimento, iluminando mais as forças e oportunidades de crescimento (disposições, motivações e afetos) do que o que falta ou o erro. Nessa concepção, mesmo o erro passa a ser visto como oportunidade de aprendizado e ampliação do raciocínio, e o estudante desenvolve um enfoque autoconsciente e metacognitivo que lhe permite, no tempo, ganhar autonomia e uma visão crítica interiorizada, como se fosse "seu próprio professor". Trata-se de uma perspectiva promissora para escolas que efetivamente se enxergam como comunidades de aprendizagem, para professores e estudantes.

A avaliação formativa visível

A pesquisa acadêmica na área da avaliação educacional estabeleceu que, no contexto da prática pedagógica, a avaliação formativa segue obrigatoriamente três etapas (SOARES, 2020c): 1) definir e compreender os objetivos de aprendizagem; 2) desenhar tarefas e atividades adequadas e suficientemente desafiadoras para fornecer evidências do aprendizado; 3) fornecer devolutivas que levem os alunos para a frente. O princípio básico aqui é tornar visível, concreto e operacionalizável para cada estudante aprendiz as seguintes questões: Onde estou? Onde quero chegar? Como vou chegar? (WILIAM, 2018). A seguir, descrevemos algumas ferramentas que apoiam esses objetivos.

Autoavaliação visível

Sendo a autoavaliação um dos pilares mais efetivos para a avaliação formativa e a metacognição uma competência-chave ou "guarda-chuva" para o desenvolvimento de todas as competências, passamos a pesquisar estratégias que fomentassem a visibilidade desse enfoque durante processos de aprendizagem no Centro de Referência em Educação Integral (ANDRADE, COSTA e WEFFORT, 2019).

Uma das grandes inspirações que encontramos foi o método de autoavaliação participativa baseada nas cores do semáforo, desenvolvido nas pesquisas do Indicadores da Qualidade da Educação (INDIQUE) proposto pelo Fundo das Nações Unidas para a Infância (Unicef) e pela Ação Educativa como um processo de autoavaliação institucional de unidades escolares (GUSMÃO e RIBEIRO, 2004; RIBEIRO e GUSMÃO, 2010). O INDIQUE, por sua vez, se baseou também nas pesquisas de avaliação formativa do grupo inglês de Black et al. (2018). Como proposta em homologia de processos, ou seja, estratégia metodológica vivenciada com professores em processo análogo à sala de aula com estudantes, desenvolvemos as práticas das autoavaliações visíveis em três versões.

Três versões sobre a prática de autoavaliações visíveis

- Versão genérica, de autoatribuição de graus gerais de familiaridade com temas em estudo (muito familiar, médio familiar, pouco familiar), exemplificadas nas Figuras 2, 3 e 4;
- Versão baseada em critérios gerais de auto-observação, como rubrica holística, tal qual exemplificado nas Figuras 2, 3 e 4;
- Versão baseada em critérios descritos por níveis de proficiência apoiada em rubrica analítica, como nos exemplos organizados em *slides* de cursos da Ativa Educação.

A autoavaliação visível é uma simplificação da técnica estatística de construção de gráficos de radar (quantificar múltiplas dimensões ou conceitos na forma gráfica de radar). A vantagem dos gráficos de radar em relação aos gráficos em barras é justamente a visualidade de múltiplas variáveis juntas: as diferentes questões em autoavaliação e a resultante do conjunto da turma.

Em todas as versões pode-se trabalhar a estratégia:

- De modo analógico, em cartazes ou em desenhos na lousa, nos quais estudantes usam etiquetas, canetinhas ou giz para se autoavaliar (Figuras 2, 3 e 4);

Figuras 2, 3, 4 – Exemplos de autoavaliações visíveis por meio de gráficos colaborativos. Cria-se uma legenda para níveis de compreensão ou familiaridade, definem-se cores para cada nível e cada um se autoavalia. Podem ser utilizados materiais diversos como etiquetas coloridas, canetinhas, giz e mesmo tachinhas para construir gráficos. A forma mais intuitiva é utilizar as cores do semáforo, porém para daltônicos esta legenda não funciona. O uso de rubricas conceituais ou analíticas definindo os diferentes níveis de compreensão favorece a autoavaliação. (Fonte: Acervo pessoal da autora.)

- De modo digital, utilizando o aplicativo Mentimeter, em que os estudantes se autoavaliam por meio de celulares, *tablets* ou computadores (Figura 5).[7] A técnica digital é bastante fácil de manejar em sala de aula, sendo intuitiva e rápida para os estudantes, especialmente interessante para grupos grandes e quando não se tem muito tempo ou espaço para a interação física com os gráficos.

Autoavaliação visível associada às rubricas

As rubricas podem ser utilizadas não só para entender melhor as competências que precisam ser desenvolvidas, mas também para avaliar o desempenho dos alunos. Com base em Russell e Airasian (2014), podemos definir rubricas como estratégias para descrever o desempenho desejado dos estudantes, seja na forma de rubricas holísticas, como listas

---

[7] Para um passo a passo de como fazer os gráficos e as questões, ver a metodologia da "autoavaliação rápida" descrita na plataforma de Currículo na Educação Integral (ANDRADE, COSTA e WEFFORT, 2019). Disponível em: <https://educacaointegral.org.br/curriculo-na-educacao-integral/materiais/etapa-1-met-autoavaliacao-rapida/>. Acesso em: 20 jan. 2021. Para uso do aplicativo Mentimeter, veja todas as dicas no blog da Ativa Educação: "Autoavaliação visível digital". Disponível em: <https://ativaedu.com.br/2020/05/02/auto-avaliacao-visivel-digital/>. Acesso em: 20 jan. 2021.

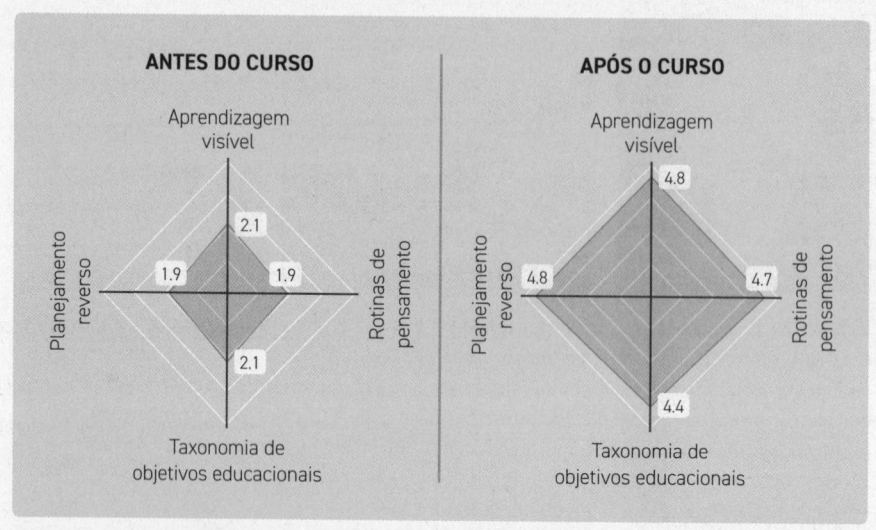

Figura 5 – Exemplo de gráficos visíveis de autoavaliação coletiva gerados por meio dos gráficos de radar no aplicativo on-line Mentimeter. À esquerda, autoavaliação realizada no início de um curso; à direita, ao final do curso. Sem necessidade de *login*, os participantes se autoavaliam de seus celulares, segundo níveis de proficiência em um dado tema baseados em rubrica holística ou analítica.

gerais de desempenho, seja como rubricas analíticas, com descrição de níveis de proficiência para cada critério de avaliação.

A rubrica pode ser utilizada como um instrumento de avaliação formativa que fornece indicadores para autoavaliação e devolutivas pedagógicas (*feedback*) pelos estudantes, bem como para mensurar e avaliar desempenho por parte dos professores. Portanto, rubricas podem ser úteis para tornar o critério de avaliação visível e explícito tanto para o professor como para o aluno.

Como rubrica holística ou lista geral de desempenho, ela sinaliza critérios que devem ser observados pelos estudantes e guiar sua produção. Já como rubrica instrucional ou analítica, os critérios são mais extensamente descritos, normalmente em formato de quadro.

> Uma rubrica instrucional é, em geral, um documento de uma ou duas páginas que descreve os níveis de qualidade, de excelente a fraco, de um trabalho específico. É usada, normalmente, para avaliar uma tarefa relativamente complexa. [...] Ainda que o formato das rubricas instrucionais possa variar, todas elas têm duas carac-

RUBRICA INSTRUCIONAL OU ANALÍTICA	RUBRICA HOLÍSTICA OU GERAL
■ Um texto, uma lista ou um quadro de critérios ou "o que importa" em um projeto ou tarefa; ■ Gradações de qualidade, com descrições de níveis de desempenho do aluno para cada critério: do mais avançado ou fluente ao menos avançado novato/iniciante; ■ A leitura em progressão ajuda a atingir e engajar todos os estudantes.	Lista geral de desempenho/critérios e indicadores a serem observados (sem níveis de proficiência). Exemplos: **Critério – Produção textual:** ■ Clareza ■ Coerência/Coesão **Critério – Criatividade:** ■ Imaginação ■ Persistência ■ Colaboração

Figura 6 – Conceituação de rubrica instrucional ou analítica e rubrica holística ou geral. (Fonte: Elaboração da autora com base em Andrade, 2000; OCDE, 2020; Russell e Airasian, 2014.)

terísticas em comum: 1) uma lista de critérios ou "o que importa" em um projeto ou tarefa; e 2) gradações de qualidade, com descrições do trabalho do aluno como forte, médio ou problemático. (ANDRADE, 2000)

Segundo relatório da OCDE (2020) sobre aprendizado e avaliação das competências criatividade e pensamento crítico, as rubricas têm sido cada vez mais utilizadas como ferramentas de avaliação formativa e mesmo somativa de competências complexas e/ou projetos e tarefas com questões abertas. As rubricas trazem critérios claros para concretizar o desempenho em competências, ajudar a criar disposição e atenção a procedimentos (de interação em grupo, de registro, de investigação) e objetivos esperados. Integram assim meios e fins.[8]

Uma maneira extremamente prática e lúdica de trabalhar com o desafio de compreender e escrever rubricas é por meio do Jogo das Metarrubricas, desenvolvido pelo Laboratório de Ensino e Aprendizagem do Massachusetts

---

8 O uso e os efeitos das rubricas vêm sendo muito pesquisados, tanto em termos das características de avaliação (confiabilidade, validade) como dos resultados de ensino e aprendizagem. "Entretanto, em 2019, o conjunto de pesquisas sobre o uso de rubricas ainda era relativamente modesto: o levantamento mais recente, de Brookhart e Chen (2015), revisou 63 estudos" (OCDE, 2020, p. 66).

> **SAIBA MAIS SOBRE RUBRICAS ANALÍTICAS**
>
> Tradução para o português do texto de Heidi G. de Andrade (2000) sobre o uso de rubricas analíticas para promover o pensamento e a aprendizagem, com exemplo de rubrica para redação. Acesso em: 2 fev. 2020. Tradução de Beatriz Helena Moura e Campos, Silvia Alonso Baptista e Renata Guimarães Pastore.
>
> *Slides* de exemplos de uso de instrumentos de avaliação formativa dos cursos da Ativa Educação.

Institute of Technology (MIT).[9] Parte-se de um desafio criativo em grupo (desenhar pôsteres de um filme visto por todos) e, apenas depois da criação, definem-se os critérios de avaliação e pontuação dos trabalhos. Surgem dúvidas e sentimentos variados sobre o processo de criação e de avaliação e, ao final, avalia-se a própria avaliação, refazendo em grupo a lista de critérios holísticos gerais, como um "manual" do que deve orientar qualquer trabalho claro e bem-feito de avaliação. A partir dessa experiência, é possível então aprofundar a compreensão sobre como se escrevem bons critérios, para que serve uma rubrica, quais verbos se deve utilizar e como se pode indicar progressão entre níveis de proficiência/desempenho.

Na Figura 7, vemos um exemplo de como desenvolver (auto)avaliação formativa de criatividade utilizando rubrica. Para pensar criatividade, Lucas, Claxton e Spencer (2013) propuseram cinco critérios e, para cada um deles, alguns descritores. Pode-se utilizar esta rubrica para autoavaliação e para avaliação entre pares. Assim, avalia-se que, para ser criativo, deve-se observar a capacidade de ser:

- Imaginativo: jogar com possibilidades, fazer conexões e usar a imaginação;
- Questionador: imaginar e questionar; explorar e investigar; desafiar o que está dado;

---

9 O jogo original foi criado por Louisa Rosenheck, Yoon Jeon Kim, Rahul Singh, Dan Roy, Garrett Beazley e Rachel Grubb. Disponível em: <https://tsl.mit.edu/project/metarubric/>. Acesso em: 30 jan. 2020. A tradução de Julia Andrade e Caio Saravalle para o português está disponível em: <https://drive.google.com/drive/folders/1Y51lsXQrgL-SWmNbz2rPIhzCzgsqm3zEr>. Acesso em: 30 jan. 2020.

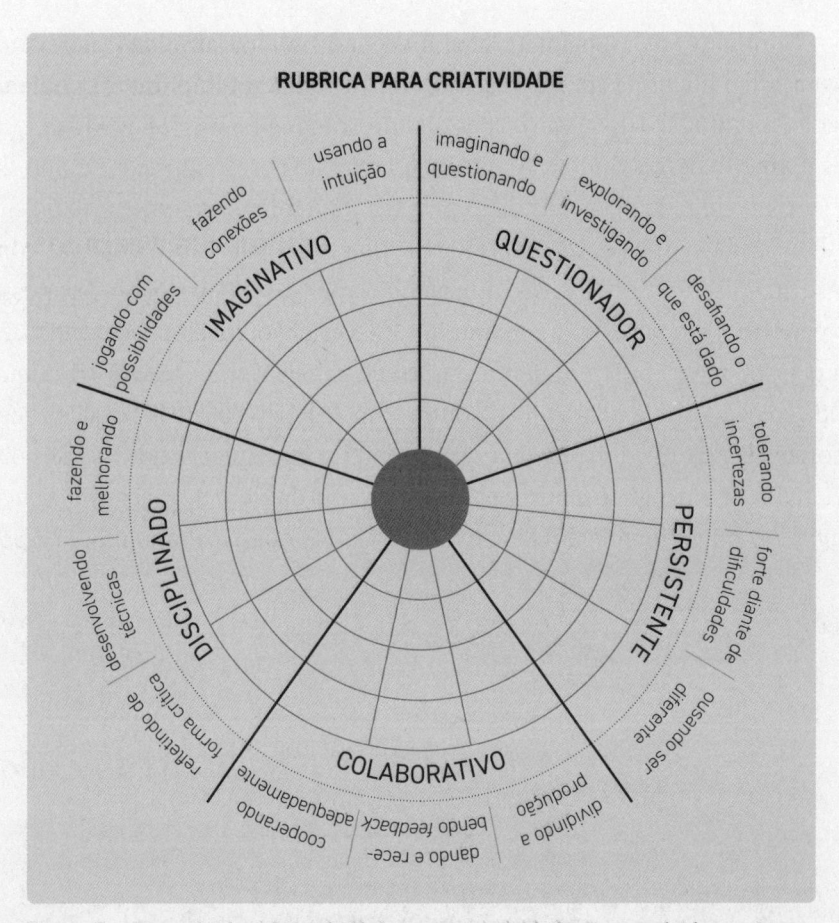

Figura 7 – Exemplo de rubrica holística para criatividade. Desenvolvida por Lucas, Claxton e Spencer (2013) para OCDE; à esquerda estão os critérios em inglês, dispostos em gráfico de radar (original); e à direita está a lista de dimensões e critérios da criatividade. Tradução de César A. Nunes. (Fonte: LUCAS, CLAXTON e SPENCER, 2013.)

- Persistente: tolerar incertezas; ser forte diante de dificuldades; ousar ser diferente;
- Colaborativo: cooperar; dar e receber devolutivas (*feedbacks*); dividir tarefas de produção;
- Disciplinado: refletir criticamente; desenvolver técnicas; fazer e melhorar atividades.

Vê-se um gráfico de radar para ser preenchido de acordo com a autoavaliação ou avaliação por pares dos atributos da criatividade. Há quatro níveis de proficiência possíveis a serem definidos.

Normalmente, trabalha-se com níveis novato/iniciante, intermediário, avançado e fluente. Esta rubrica pode ser trabalhada como ótima oportunidade de estudo colaborativo e coescrita de critérios de rubrica analítica. Antes e após experimentar uma atividade criativa (por exemplo, o desafio de criar o máximo de desenhos diferentes em uma folha com uma série de círculos), cada participante experimenta uma autoavaliação individual com base nos descritores holísticos, utilizando o aplicativo Mentimeter. Após essa experiência, em pares, experimentam fornecer devolutivas aos desenhos da dupla por meio do instrumento da "escada de *feedback*", que facilita que cada colega aprecie o trabalho do outro e apoie a percepção de possíveis melhorias (Figura 8). Em seguida, é realizada a experiência de desafio com criatividade em equipe – por exemplo, o desafio da torre de macarrão e *marshmallow* ou de montagem de circuitos elétricos em papel-alumínio.[10] Após

4. Sugira: Você consegue formular sugestões de melhoria: "E se...?"/"Talvez você pudesse...?"

3. Questione: Que possíveis problemas ou desafios você identifica? Discorda de algo? "Parece que..."/"Penso que..."

2. Esclareça: Quais são os aspectos que não estão claros? "O que significa...?" "Qual foi sua intenção ao...?"/"Explique melhor...?"

1. Valorize: O que você gosta ou valoriza? "Gostei de..."/"Está muito bom..."/"Você experimentou X e isso foi muito legal porque..."

Figura 8 – "Escada de *feedback*". A estratégia de devolutiva pedagógica chamada "escada de *feedback*" (em inglês, *Ladder of feedback*) facilita o trabalho com rubricas e cria uma experiência positiva, cuidadosa e construtiva no processo de avaliação em grupos, em pares e mesmo para a autoavaliação. (Fonte: Elaboração da autora, adaptado de Perkins, 2003.)

---

10 O desafio da torre de macarrão e *marshmallow* pode ser feito de diversas maneiras. Em geral, utilizamos dez palitos de espaguete comum, uma unidade de *marshmallow* e um metro de fita crepe por grupo. O objetivo é criar, em dez minutos, a torre mais alta possível com o macarrão, que fique em pé pelo menos por um minuto, com o *marshmallow* na ponta. Na internet é possível ver diversos exemplos. O desafio de circuitos elétricos em papel-alumínio é a proposta de transformar circuitos paralelos em circuitos cruzados.

essa experiência coletiva, os grupos experimentam a proposta da "escada de *feedback*", para os grupos apreciarem o trabalho uns dos outros e apoiar melhorias. Em seguida, os grupos são desafiados a escrever descritores dos critérios da rubrica holística de criatividade como uma rubrica instrucional, em quatro níveis de proficiência. Trata-se de um desafio complexo, muitas vezes concluído individualmente. E então, após toda essa jornada de prática e reflexão individual, em duplas e em grupos, cada um refaz sua autoavaliação geral com base na rubrica holística de criatividade.

Objetivos e evidências de aprendizagem

Para facilitar a escrita de rubricas holísticas e analítico-instrucionais, é importante haver uma reflexão clara sobre objetivos de aprendizagem. A taxonomia mais conhecida é a do domínio cognitivo de Benjamin Bloom, proposta originalmente de 1958: conhecimento (identificar), compreensão (translacionar ou representar em diferentes linguagens, como transpor um texto a um gráfico; interpretar; extrapolar), aplicação, análise, síntese e avaliação (BLOOM et al., 1977). Em 2001, discípulos de Bloom propuseram uma revisão da taxonomia: mantiveram sua visão hierárquica, mas propuseram como operações cognitivas centrais identificar, entender, interpretar, analisar, avaliar e criar (ANDERSON e KRATHWOHL, 2001).

A taxonomia de Bloom revisada é bastante clara e útil, descrevendo verbos observáveis concretos, muito usada para a escrita de avaliações cognitivas. Com ela, foi bastante difundida a ideia de hierarquia – como se identificar fosse sempre mais fácil do que criar – e de modelo focado exclusivamente no domínio intelectual e cognitivo. Bloom propôs um livro inteiro sobre o domínio afetivo, porém ele foi bem menos difundido e estudado e, por consequência, em geral o uso da taxonomia tende a reforçar o modelo intelectualista tradicional da compreensão, dissociando-a das ações afetivas da empatia, do autoconhecimento e da articulação de diferentes perspectivas.

Na perspectiva da educação para o desenvolvimento integral, acreditamos que a taxonomia das seis facetas da compreensão propostas por Grant Wiggins e Jay McTighe (2019) é mais dinâmica e interessante, pois:

- Propõe seis grandes verbos nucleares que descrevem movimentos da compreensão: explicar, interpretar, aplicar e/ou imaginar, identificar perspectivas, empatizar e autoconhecer-se (saiba mais no capítulo 10 sobre planejamento reverso);
- Apresenta-se não como hierarquia, mas como constelação de objetivos que devem ser articulados em progressão, de acordo com a intencionalidade pedagógica do estudo, para que, no conjunto, promovam uma compreensão mais profunda sobre o tópico em estudo.

Hattie, no entanto, trabalha com a taxonomia SOLO (BIGGS e COLLIS, 1982) como métrica para o desenho de objetivos de aprendizagem e sua avaliação. Nesta taxonomia, as evidências avaliativas de cada objetivo de aprendizagem são pensadas em uma progressão, do mais simples ao mais complexo, tal como na taxonomia de Bloom. Como sua estrutura de progressão é mais simples, em quatro níveis de complexidade, da compreen-

FACETAS DA COMPREENSÃO

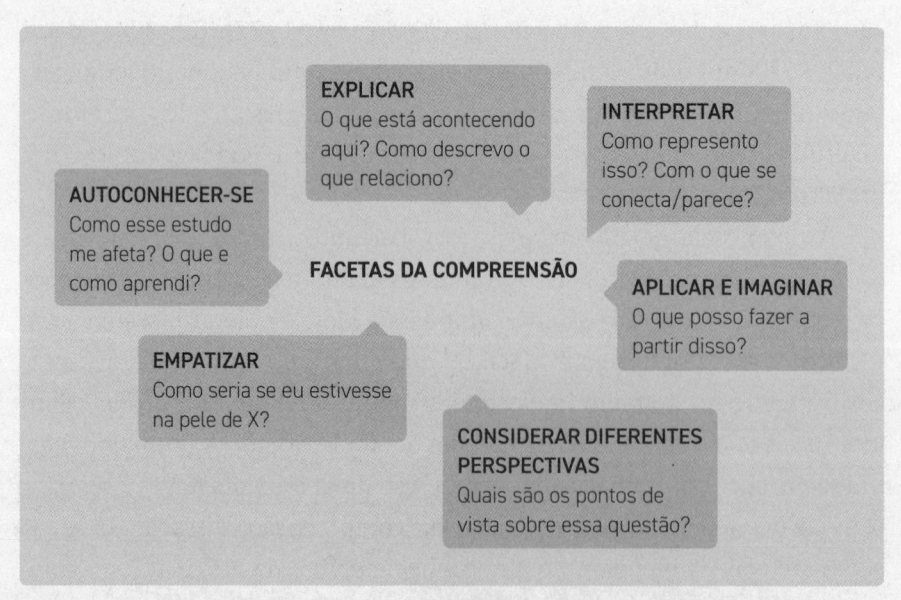

EXPLICAR
O que está acontecendo aqui? Como descrevo o que relaciono?

INTERPRETAR
Como represento isso? Com o que se conecta/parece?

AUTOCONHECER-SE
Como esse estudo me afeta? O que e como aprendi?

APLICAR E IMAGINAR
O que posso fazer a partir disso?

EMPATIZAR
Como seria se eu estivesse na pele de X?

CONSIDERAR DIFERENTES PERSPECTIVAS
Quais são os pontos de vista sobre essa questão?

Figura 9 – As seis facetas da compreensão. Wiggins e McTighe propõem articular seis grandes objetivos educacionais ao longo de um estudo para promover uma compreensão profunda e significativa, explorando diferentes dimensões da compreensão. (Fonte: Elaboração segundo a proposta do planejamento reverso de Wiggins e McTighe, 2019.)

são mais rasa à mais profunda, a taxonomia SOLO vem sendo amplamente utilizada para a construção de avaliações qualitativas, em rubricas, bem como em larga escala.

> **SAIBA MAIS SOBRE RUBRICAS ANALÍTICAS**
>
> **Taxonomia de Bloom:** Conheça a origem e a reformulação da taxonomia de Bloom no didático estudo de Ana Paula Ferraz e Renato Belhot "Taxonomia de Bloom: revisão teórica e apresentação das adequações do instrumento para definição de objetivos instrucionais". *Gestão & Produção*, v. 17, n. 2, pp. 421-431, São Carlos: 2010. Acesso em: 20 jan. 2021.
>
> **Taxonomia SOLO:** Em inglês, no site organizado pelo próprio John Biggs. Acesso em: 20 jan. 2021.
>
> Em português, um artigo de Solange Mol e Daniel Matos sobre os possíveis usos educacionais da taxonomia no Brasil, na revista *Estudos em Avaliação Educacional*, v. 30, n. 75, 2019, da Fundação Carlos Chagas. Acesso em: 20 jan. 2021.

Mais recentemente, e na mesma direção, Norman Webb (2002) organizou a proposta da taxonomia das profundidades de conhecimento (*Depth of Knowledge*, DOK na abreviação em inglês), que vem se popularizando entre os professores norte-americanos. Para além de artigos acadêmicos, há muitas imagens disponíveis comparando as taxonomias de Bloom e de Webb na internet. Elas precisam ser lidas criticamente, mas podem trazer referências importantes para professores. As taxonomias de Bloom e as facetas da compreensão de Wiggins e McTighe (2019) são muito usadas por professores para planejarem atividades e avaliações formativas, ao passo que a taxonomia de Webb e a SOLO têm sido mais utilizadas para a elaboração de avaliações somativas, escolares ou em larga escala.

Considerações finais

O uso formativo das taxonomias de objetivos de aprendizagem associadas às rubricas por professores e alunos os tornou mais atraentes nos últimos anos, considerando a reconhecida importância da devolutiva pedagógica (*feedback*) contínua e da avaliação formativa para a eficácia do ensino e da aprendizagem (LUCAS et al., 2013; HATTIE, 2017; BLACK et al., 2018; OCDE, 2020). Além disso, avaliações somativas e formativas podem ser integradas e não precisam necessariamente depender de instrumentos de avaliação independentes (LOONEY, 2011 apud OCDE, 2020). Rubricas dão suporte à avaliação formativa e, como consequência, melhoram a aprendizagem dos alunos e aprimoram o ensino.[11]

Panadero e Jonsson (2013, apud OCDE, 2020) descrevem como a maior transparência nos critérios de avaliação e classificação é apontada como explicação para desempenhos melhores, pois articula o processo de aprendizagem (avaliação formativa) às estratégias de verificação de resultados (avaliação somativa). Segundo o estudo de J. Popham "Avaliação formativa: processo, não teste",

> Revisões sistemáticas recentes de mais de 4 mil pesquisas mostram claramente que quando a avaliação formativa é bem implementada em salas de aula ela pode efetivamente dobrar a velocidade de aprendizagem do estudante. Há clara evidência de que o processo funciona, que pode produzir ganhos impressionantes para os resultados dos estudantes e é tão robusta que diferentes professores podem utilizá-la de diversas maneiras e sempre perceber grandes ganhos para seus estudantes. (POPHAM apud EARL, 2013, tradução nossa)

Porém, para além ou mesmo antes dos resultados de desempenho, a avaliação formativa sustentada por meio de rubricas indica um processo valioso em si mesmo: garantir a centralidade no ganho de autonomia e protagonismo em processo metacognitivo de aprendizagem dos estu-

---

11 Segundo a OCDE, as rubricas são estratégias metodológicas eficazes para melhorar resultados de aprendizagem de modo consistente em todas as disciplinas, especialmente em ciências e matemática. Embora sob diferentes formas de uso, as rubricas se classificaram em 13º lugar entre 138 intervenções pedagógicas avaliadas (com tamanho de efeito de 0,7) nas meta-análises realizadas por Hattie (2017) e em segundo (com tamanho de efeito de cerca de 0,6, equivalente a um ganho de sete meses na aprendizagem) entre as 35 estratégias pedagógicas abrangentes examinadas por meio de meta-análises de testes randomizados controlados realizados pela organização britânica Education Endowment Foundation em suas ferramentas para ensino e aprendizagem (OCDE, 2020).

dantes. As rubricas sustentam as taxonomias de modo instrumental ao estudante e, assim, o colocam como um conector crítico entre o ensino e a aprendizagem (EARL, 2013). Ao fortalecer o enfoque metacognitivo na aprendizagem, a rubrica torna visível e clara para todos os desempenhos a serem desenvolvidos e nomeiam estratégias intencionais que ajudam os estudantes a refletir criticamente sobre sua aprendizagem e a aprimorar sua capacidade de autogestão.[12]

Como resultado, podemos estender às estratégias de autoavaliação visível e às devolutivas pedagógicas os mesmos apontamentos que a literatura evidencia acerca da eficiência das rubricas. Podemos sintetizar os seguintes pontos sobre essas ferramentas de avaliação formativa:

- Maior transparência na aquisição das competências esperadas e melhor entendimento das expectativas dos professores por parte dos estudantes;
- Diminuição na ansiedade em relação à aprendizagem (se torna processo mais gradual) e maior taxa de conclusão de tarefas (redução da rejeição de tarefas);
- Melhor estrutura para a autoavaliação, para a devolutiva pedagógica (*feedback*) de professores, de pares (entre estudantes) e maior reflexão sobre as devolutivas recebidas;
- Melhor planejamento dos estudantes em seus trabalhos (clareza de critérios) e ganho na autogestão da aprendizagem, com estudantes mais implicados (autônomos e engajados) em postura metacognitiva;
- Ressignificação do processo de avaliação como algo dissociado da aprendizagem para uma forma participativa e "engajante" de (auto)monitoramento e metacognição sobre evidências da aprendizagem.

---

12 "Avaliação como aprendizagem é fundada na crença de que, para os estudantes se tornarem automotivados e aptos a trazerem seus talentos e conhecimentos para apoiar as decisões e problemas de suas próprias vidas, não podem apenas esperar que os professores (ou políticos, gestores, empresários ou líderes religiosos) lhes digam qual é a resposta certa. A avaliação efetiva empodera o estudante a um questionamento reflexivo e a um amplo leque de estratégias de aprendizagem e ação. Ao longo do tempo, os estudantes se movem adiante em sua própria aprendizagem e podem utilizar conhecimentos pessoais para construir significados, ganhar habilidades de automonitoramento e perceber quando não compreendem algo e precisam decidir o que fazer a partir disso" (EARL, 2013, p. 4, tradução nossa).

Em suma, as ferramentas de autoavaliação exemplificadas promovem experiências de avaliação *como* aprendizagem, gerando um *continuum* entre aprender e avaliar: perceber e tornar visível as evidências da aprendizagem, sustentar raciocínios com base nessas evidências para autorregulação e, assim, tomar decisões sobre os próximos passos. Portanto, favorece-se a percepção da aprendizagem como um ciclo contínuo, autorreflexivo e crítico, condição apontada por toda a literatura como fundamental para o desenvolvimento de competências com um enfoque profundo.

No amplo debate sobre eficácia escolar, há diferentes noções de eficácia e qualidade educacional. Exatamente porque essa noção é socialmente construída e, portanto, variável no tempo e no espaço de acordo com os interesses dos sujeitos e das instituições, a aferição e a avaliação da qualidade educacional hão que ser negociadas e compartilhadas. A criação de uma expertise coletiva compartilhada (entre professores, entre professores e estudantes, e destes entre si) sobre os critérios e indicadores da eficácia escolar para a Educação Integral traz a possibilidade de a escola ser, a um só tempo, justa, inclusiva e eficaz, superando as desigualdades de entrada (entre estudantes) e a visão meritocrática que perpetua desigualdades (CRAHAY, 2013). O investimento na avaliação *para* e *como* aprendizagem parece ser um caminho poderoso para isso.

Referências bibliográficas

ANDERSON, L.; KRATHWOHL, D. (org.). *A Taxonomy for learning, teaching, and assessing*: a revision of Bloom's taxonomy of educational objectives. Nova York: Longman, 2001.

ANDRADE, H. G. "Using rubrics to promote thinking and learning". *Educational Leadership*, v. 57, n. 5, 2000. Disponível em: <www.semanticscholar.org/paper/Using-Rubrics-To-Promote-Thinking-and-Learning.-Andrade/8ea5836dc-2c3b476d2fbc7eafc541a03f5b8060d>. Acesso em: 2 fev. 2020.

ANDRADE, J. P.; COSTA, N.; WEFFORT, H. F. *Currículo e Educação Integral na prática*: uma referência para estados e municípios. Cadernos 1 e 2. Plataforma Metodologia de Currículo para a Educação Integral. São Paulo: Centro de Referências em Educação Integral/British Council, 2019. Disponível em: <https://educacaointegral.org.br/curriculo-na-educacao-integral/>. Acesso em: 9 nov. 2019.

ANDRADE, J. P. et al. *Avaliação na Educação Integral*: elaboração de novos referenciais para políticas e programas. São Paulo: Centro de Referências em Educação Integral/Itaú Social/Move Social, 2020. Disponível em: <https://educacaointegral.org.br/materiais/avaliacao-na-educacao-integral-elaboracao-de-novos-referenciais-para-politicas-e-programas/>. Acesso em: 10 jun. 2020.

BARRETO, E. S.; NOVAES, G.; FRANCO, T. "Avaliação institucional na Educação Básica: retrospectivas e questionamentos". *Estudos em Avaliação Educacional*, v. 27, 2016.

BIGGS, J.; COLLIS, K. *Evaluating the quality of learning*: the SOLO Taxonomy. Nova York: Academic Press, 1982.

BLACK, P.; WILIAM, D. "Assessment and classroom learning". *Assessment in Education: principles, policy & practice*, v. 5, n. 1, 1998.

_____ et al. "Trabalhando por dentro da caixa preta: avaliação para a aprendizagem na sala de aula". *Cadernos Cenpec*, Nova série, v. 8, n. 2, 2018. Disponível em: <http://cadernos.cenpec.org.br/cadernos/index.php/cadernos/article/view/445>. Acesso em: 21 nov. 2019.

BLOOM, B. et al. *Taxonomia de objetivos educacionais*: compêndio primeiro: Domínio Cognitivo. 6ª ed. Porto Alegre: Editora Globo, 1977.

BRASIL. *Base Nacional Comum Curricular* (BNCC). Brasília: Ministério da Educação, 2017.

CLAXTON, G. *Wise up*: the challenge of lifelong learning. Londres: Bloomsbury, 1999.

_____. "Deep rivers of learning". *Phi Delta Kappan*, v. 99, n. 6, pp. 45-48, 2018a.

_____. *The learning power approach*: teaching students to think for themselves. Califórnia: Corwin, 2018b.

CRAHAY, M. "Como a escola pode ser mais justa e mais eficaz?". *Cadernos Cenpec*, Nova série, v. 3, n. 1, 2013.

CRAHAY, M.; MARCOUX, G. "Construir e mobilizar conhecimentos numa relação crítica com os saberes". *Cadernos de Pesquisa*, v. 46, n. 159, 2016.

DARLING-HAMMOND, L. (org.). *Powerful learning*: what we know about teaching for understanding. São Francisco: Jossey-Bass, 2008.

DELORS, J. et al. *Educação, um tesouro a descobrir*. Comissão Internacional sobre Educação para o século XXI. Paris: Unesco, 1996.

EARL, L. "Assessment for learning; assessment as learning: changing practices means changing beliefs". In: *Assessment and learning*, v. 2, n. 80, 2013. Disponível em: <https://wlts.edb.hkedcity.net/filemanager/file/AandL2chapter/A&L2_(1)%20Lorna.pdf>. Acesso em: 11 jun. 2020.

_____. *Assessment as learning*: Using classroom assessment to maximize student learning. 2ª ed. Califórnia: Corwin Press, 2013.

FADEL, C.; BIALIK, M.; TRILLING, B. *Educação em quatro dimensões*. São Paulo: Instituto Ayrton Senna/Instituto Península/Center for Curriculum Redesign, 2015.

FREY, N.; FISHER, D.; HATTIE, J. "Developing 'assessment capable' learners". *Educational Leadership*, v. 75, n. 5, 2018.

FULLAN, M.; QUINN, J.; MCEACHEN, J. *Deep learning*: engage the world change the world. Califórnia: Corwin Press, 2017.

GUSMÃO, J. B.; RIBEIRO, V. M. *Indicadores da qualidade na educação*. Ação Educativa, Unicef, PNUD, Inep-MEC (coord.). São Paulo: Ação Educativa, 2004.

HATTIE, J. *Aprendizagem visível para professores*. São Paulo: Penso Editora, 2017.

_____. "Hathe Ranking: interactive visualization". *Visible learning*, s.d. Disponível em: <https://visible-learning.org/nvd3/visualize/hattie-ranking-interactive-2009-2011-2015.html>. Acesso em: 10 jun. 2020.

_____. *What work best in education*: the politics of collaborative expertise. Always learning. Londres: Pearson, 2015.

_____. *Visible learning*: a synthesis of over 800 meta-analyses relating to achievement. Nova York: Routledge, 2008.

_____. *Visible learning for teachers*: maximizing impact on learning. Londres: Routledge, 2012.

LUCAS, B.; CLAXTON, G.; SPENCER, E. "Progression in student creativity in school: first steps towards new forms of formative assessments". *OECD Education Working Papers*, n. 86, OECD Publishing, 2013. Disponível em: <http://dx.doi.org/10.1787/5k4dp59msdwk-en>. Acesso em: 2 fev. 2020.

MOL, S.; MATOS, D. A. S. "Uma análise sobre a Taxonomia SOLO: aplicações na avaliação educacional". *Estudos em Avaliação Educacional*, v. 30, n. 75, 2019.

MOLL, J. *Caminhos da Educação Integral no Brasil*: direito a outros tempos e espaços educativos. São Paulo: Penso Editora, 2009.

NRC. National Research Council. *Education for life and work*: developing transferable knowledge and skills in the 21st Century. James W. Pellegrino and Margaret L. Hilton (ed.). Washington, DC: NRC, 2012.

_____. *How students learn*: history, mathematics, and science in the classroom. M. S. Donovan and J. D. Bransford (ed.), Committee on How People Learn, A Targeted Report for Teachers. Division of Behavioral and Social Sciences and Education. Washington, DC: The National Academies Press, 2005.

_____. *Knowing what students know*: the science and design of educational assessment. J. W. Pellegrino, N. Chudowsky, and R. Glaser (ed.), Committee on the Foundations of Assessment. Board on Testing and Assessment, Center for Education. Division of Behavioral and Social Sciences and Education. Washington, DC: National Academy Press, 2001.

_____. *How people learn*: brain, mind, experience, and school. J. D. Bransford, A. L. Brown, and R. R. Cocking (ed.), Committee on Developments in the Science of Learning. Commission on Behavioral and Social Sciences and Education. Washington, DC: National Academy Press, 1999.

OCDE. Organização para a Cooperação e Desenvolvimento Econômico. *Desenvolvimento da criatividade e do pensamento crítico dos estudantes*: o que significa na escola. Centro de Pesquisa e Inovação em Educação. São Paulo: OCDE/Instituto Ayrton Senna/Fundação Santillana, 2020.

_____. *The future we want*: position paper. OCDE, 2018. Disponível em: <www.oecd.org/education/2030-project/>. Acesso em: 15 jan. 2021.

PERKINS, D. *King Arthur's round table*: how collaborative conversations create smart organizations. Nova Jersey: John Wiley & Sons, 2003.

REIMERS, F.; CHUNG, C. *Ensinar e aprender no século XXI*: metas, políticas educacionais e currículos de seis nações. São Paulo: Edições SM, 2017.

RIBEIRO, V. M.; GUSMÃO, J. B. B. de. "Uma leitura dos usos dos indicadores da qualidade na educação". *Cadernos de Pesquisa*, v. 40, pp. 823-847, 2010.

RITCHHART, R.; CHURCH, M.; MORRISON, K. *Making thinking visible*: how to promote engagement, understanding, and independence for all learners. São Francisco: Jossey-Bass, 2011.

RUSSELL, M; AIRASIAN, P. *Avaliação na sala de aula*: conceitos e aplicações. 7ª ed. Porto Alegre: Penso Editora, 2014.

SCHEFFLER, I. *A linguagem da educação*. São Paulo: Edusp/Saraiva, 1978.

SOARES, F. "Um novo ciclo de inovação na avaliação educacional é necessário". *LinkedIn*, 5 out. 2020a. Disponível em: <www.linkedin.com/pulse/um-novo-ciclo-de-inova%C3%A7%C3%A3o-na-avalia%C3%A7%C3%A3o-educacional-%-C3%A9-francisco-soares/>. Acesso em: 15 jan. 2021.

_____. "Conhecimentos e competências". *LinkedIn*, 8 set. 2020b. Disponível em: <www.linkedin.com/pulse/conhecimentos-e-compet%C3%AAncias-francisco-soares/>. Acesso em: 20 jan. 2021.

_____. "Avaliação formativa". *LinkedIn*, 23 jun. 2020c. Disponível em: <www.linkedin.com/pulse/avalia%C3%A7%C3%A3o-formativa-francisco-soares/>. Acesso em: 20 jan. 2021.

TISHMAN, S.; PERKINS, D. N.; JAY, E. *A cultura do pensamento na sala de aula*. Porto Alegre: Artmed, 1999.

WEBB, Norman L. *Depth-of-knowledge levels for four content areas*, 2002. Disponível em: <ossucurr.pbworks.com/w/file/fetch/49691156/Norm%20web%20dok20by%20subject%20area.pdf>. Acesso em: 8 jun. 2021.

WIGGINS, G.; MCTIGHE, J. *Planejamento para a compreensão*: alinhando o currículo, avaliação e ensino por meio do planejamento reverso. 2ª ed. Porto Alegre: Penso Editora/Instituto Canoa/Fundação Lemann, 2019.

WILIAM, D. *Embedded formative assessment*. Bloomington/IN: Solution Tree, 2018.

WISKE, M. S. (coord). *Teaching for understanding*: linking research with practice. São Francisco: Jossey-Bass, 1998.

YOUNG, M. F. D. "Por que o conhecimento importa para a escola do século XXI?". *Cadernos de Pesquisa*, v. 46, n. 159, 2016.

CAPÍTULO 9

HORA DO DESAFIO – COMO A INSTRUÇÃO DIFERENCIADA INDIVIDUALIZADA PODE TORNAR VISÍVEL A APRENDIZAGEM PARA PROFESSORES E ALUNOS

Anne Taffin d'Heursel Baldisseri

O cotidiano da Educação Infantil e primeiros anos no Ensino Fundamental apresenta aos professores a constante tarefa de administrar processos bastante variados, uma vez que as crianças se caracterizam por sua diversidade de saberes, interesses e percursos. Um professor comprometido e atento rapidamente se depara com o desafio de acolher e estimular cada um de seus estudantes em suas possibilidades e necessidades, sem desconsiderar as demandas coletivas da escola, das famílias, entre tantas outras forças presentes em seu dia a dia. Neste capítulo apresentaremos uma proposta nascida dentro da sala de aula de uma escola internacional e bilíngue, a partir de demandas reais, que busca atender e ampliar as possibilidades de aprendizagens das crianças. Além da prática cotidiana, nos apoiamos em evidências científicas acerca do processo de ensino e aprendizagem para sustentar e aprimorar essa proposta.

Por se tratar de uma estratégia prática, a Hora do Desafio pode ser implementada em uma variedade de contextos educativos, porém ela tem sido utilizada principalmente em escolas privadas que seguem orientação contemporânea, alicerçadas na aprendizagem centrada no aluno e no trabalho por projetos, em que a criança é entendida em sua potência e capacidade plena de aprender em uma diversidade de experiências. Tal concepção nos leva a considerar os processos de motivação como parte importante da construção da aprendizagem. A motivação é o motor que leva à aprendizagem e ela envolve uma variedade de fatores como propósito, esforço, sentido, entre outros. Algumas aprendizagens acontecem de forma mais espontânea e outras dependem de maior investimento ou incentivo.

A motivação pode ser extrínseca ou intrínseca. A motivação extrínseca se baseia em um ganho externo e o processo de aprendizagem acontece visando a um resultado final, que está fora do indivíduo e não depende diretamente dele, como uma nota, reconhecimento ou benefício concedido ao aprendiz. Já a motivação intrínseca se baseia no esforço e interesse do aluno em aprender para superar-se, e se manifesta quando os indivíduos sentem um senso de autonomia, que significa autogovernar-se e autorregular-se. Portanto, a autonomia está associada a uma forma de controle interno ou a um sentimento de que a própria pessoa (e não outrem) está no controle (BANDURA, 1997). A pesquisa sobre o aprendizado autorregulado pressupõe, em grande parte, que as habilidades autorregulatórias podem ser aprendidas, modificadas e aprimoradas, permitindo a intervenção escolar nesses quesitos em qualquer faixa etária (DIAMOND, 2012).

Segundo Ryan e Deci (2017), a autonomia pode ser definida em termos de ações que são endossadas e escolhidas pelo próprio aluno. Em outras palavras, uma maneira básica de aumentar a autonomia é fornecer opções de escolha (PATALL, COOPER e ROBINSON, 2008; PATALL, COOPER e WYNN, 2010). Por exemplo, a oferta de escolha tem sido associada a um maior gosto e interesse pelas tarefas, bem como a um maior esforço e obtenção de resultados de aprendizagem (CORDOVA e LEPPER, 1996; LYENGAR e LEPPER, 1999). Apresentamos aqui uma estratégia que envolve planejamento específico e presença cuidadosa do professor, de modo a refletir com os alunos sobre suas necessidades para esse momento, levando à autorregulação e crescente autoria sobre seus processos de aprendizagem.

Ainda é possível observar pelo mundo afora práticas pedagógicas que se limitam a um planejamento único, centrado num conteúdo principal ensinado no coletivo, como se o grupo fosse um agrupamento homogêneo. Porém sabemos que nenhuma sala de aula obedece a tais critérios, sendo a diversidade de ritmos, interesses e habilidades uma realidade. É, ainda, possível encontrar professores que se empenham em buscar alternativas para esta situação, planejando propostas diferenciadas. Alguns resultados se revelam pouco produtivos, como:

- crianças desmotivadas por não compreenderem a necessidade do investimento específico na atividade proposta e que preferem brincar ou trabalhar nos cantos temáticos de sua escolha;
- crianças retiradas de seu grupo ou canto temático e convidadas a trabalhar individualmente acabam perdendo o foco ou engajamento;
- crianças que precisam de apoio no desenvolvimento de habilidades específicas são selecionadas em detrimento das que são competentes nessas habilidades.

Como consequência, esses procedimentos impedem o desenvolvimento de uma mentalidade expandida (*growth mindset*) (DWECK, 2006). Indivíduos que acreditam que seus talentos podem ser desenvolvidos por meio de trabalho árduo, boas estratégias e contribuições de outras pessoas têm uma mentalidade expandida. Eles tendem a realizar mais do que aqueles com uma mentalidade fixa, que acreditam que seus talentos são dons inatos. Isso ocorre porque eles colocam mais energia no aprendizado em si.

Teóricos motivacionais afirmam que a possibilidade de escolha de tarefas pelo próprio estudante somente torna-se eficaz quando satisfaz as necessidades psicológicas fundamentais de autonomia, de competência e de relacionamento (KATZ e ASSOR, 2007; PATALL, COOPER e ROBINSON, 2008). O simples oferecimento de opções de tarefas aos alunos pode não ser suficiente para gerar motivação e avanços efetivos em suas aprendizagens. Igualmente ou até mais importante seria considerar se as escolhas feitas são relevantes para os interesses e objetivos de aprendizagem desses alunos, além de avaliar se estas escolhas estão sincronizadas com suas habilidades e alinhadas com seus valores familiares e culturais. Esse processo reflexivo envolve professores e estudantes na construção de um espaço de aprendizagem significativo, elaborado sob medida para cada estudante a partir da observação cuidadosa de suas necessidades e possibilidades.

Por fim, é importante observar que a promoção da escolha não é a única maneira de aprimorar o senso de autonomia e o protagonismo dos alunos na sala de aula. Pesquisas sobre o desenvolvimento de interesses pressupõem que os interesses possam ser acionados e mantidos por meio de referências externas, como o próprio apoio dos professores à aprendizagem (RENNINGER, BACHRACH e HIDI, 2019). Os professores fortalecem a autonomia de seus estudantes quando levam em conta as preferências e os interesses dos alunos ao selecionarem e projetarem tarefas, justificando sua relevância e oferecendo a oportunidade de questionamento. Assim, abraçam as perspectivas dos estudantes e não os pressionam a pensar, agir ou sentir de uma única maneira (REEVE, BOLT e CAI, 1999; ROGAT, WITHAM e CHINN, 2014; PATALL et al., 2017).

Uma das possibilidades de atender a essa demanda é a utilização da prática direcionada que envolve atenção, ensaio e repetição e leva a conhecimentos e habilidades novas e mais complexas (GLOVER, RONNING e BRUNING, 1990). Embora outros fatores, como inteligência e motivação, afetem o desempenho, a prática ainda é considerada necessária para a aquisição de conhecimento (MACNAMARA, HAMBRICK e OSWALD, 2014).

Os ganhos das funções executivas[1] dependem da quantidade de tempo que as crianças passam praticando essas habilidades (memória operacional, controle inibitório e flexibilidade cognitiva[2]), esforçando-se para melhorar (KLINGBERG et al., 2005; NUTLEY et al., 2011; DIAMOND, 2012). Os ganhos cognitivos da prática geralmente trazem motivação para mais aprendizado (KALCHMAN, MOSS e CASE, 2001). A prática direcionada deve ser vista não como uma repetição mecânica, mas como um ensaio deliberado e intencional, focado em objetivos e emparelhado com a reflexão e devoluti-

---

1   As funções executivas (FEs) consistem em uma família de três habilidades básicas inter-relacionadas: a memória operacional, o controle inibitório e a flexibilidade cognitiva. As FEs estão associadas à ativação de áreas do córtex pré-frontal juntamente com a área associativa posterior e estruturas subcorticais envolvidas no controle de mecanismos de seleção, monitoramento e inibição, imprescindíveis para a regulação do comportamento e tomada de decisão em um ambiente em constante mudança. As FEs podem prever o sucesso escolar de forma mais efetiva do que o QI, resultados em provas, ou status socioeconômico. Toda criança nasce com o potencial de desenvolver essas FEs, mas precisa de um ambiente favorável e de relacionamentos positivos para desenvolvê-las completamente (NSCDC, 2011).
2   A memória de trabalho é um sistema de armazenamento com capacidade limitada, que mantém e processa informações verbais e visuoespaciais, envolvendo retenção da informação na mente, por um curto período de tempo, para poder manipulá-la, usá-la ou trabalhar com ela na solução de algum problema. O controle inibitório é a capacidade de responder apropriadamente a estímulos, impedindo que outros pensamentos e estímulos distratores atrapalhem a concentração. A flexibilidade cognitiva promove uma ação diferente da que se fazia anteriormente, como pensar além do óbvio, sugerir novas alternativas e praticar a empatia (NSCDC, 2011).

vas sobre o processo (BOALER, 2015). Por exemplo, quando professores do 1º ano pedem que alunos identifiquem as letras e sílabas, o objetivo final é que eles leiam com fluência e compreensão. Embora a leitura fluente possa ser uma tarefa muito complexa para os leitores iniciantes, a tarefa de identificar letras e sílabas é possível e pode levar os alunos a aprender e a alcançar o objetivo final, a leitura. Ou seja, os professores precisam valorizar e planejar atividades práticas que levem em conta o tamanho do desafio para cada aluno naquele momento, e que, ao mesmo tempo, possibilitem a transferência do conhecimento para novos e mais complexos problemas.

Para garantir um aprendizado eficaz para alunos com necessidades diversas, acredita-se que a prática direcionada deve ser incluída como uma rotina regular. Os professores fornecem tempo, de forma regular, para que os alunos trabalhem em tarefas de fluência, adquiram novas habilidades e ampliem ou melhorem habilidades em desenvolvimento. A tarefa direcionada pelo professor é tão essencial quanto a oportunidade de escolha do aluno, a fim de atender à diversidade de dentro da sala de aula.

A implementação diária de práticas direcionadas

Crianças entram na escola com uma ampla gama de interesses, experiências de vida, competências e habilidades. Na tentativa de desenvolver as habilidades acadêmicas e socioemocionais, os diversos interesses e estratégias que os alunos já possuem são geralmente recursos pouco considerados para a aprendizagem (BOALER, 2019). Por exemplo, você provavelmente conhece alunos como estes:

- Marcos e Pedro possuem energia suficiente para correr e brincar o dia inteiro. No entanto, ambos precisam praticar as sílabas e relacionar palavras com seu significado. Sentar-se para praticar é um desafio.
- Estela adora brincar de "faz de conta" com seus amigos. Ela está atrasada na leitura e muitas vezes precisa ser afastada da brincadeira de "faz de conta" para poder ler com o professor. Estela acha difícil concentrar-se e progredir na leitura enquanto fica checando o que seus amigos estão fazendo na casinha de bonecas.

- Carla gosta de colorir imagens e possui boa imaginação e habilidade motora. Ela poderia passar a manhã inteira desenhando e colorindo. Ela geralmente fica sozinha no recreio e acha difícil se relacionar com outras crianças.
- Maria e Frederico adoram jogos de aventura e gostam de brincar de detetive e de solucionar mistérios, mas precisam praticar habilidades básicas de contar. Eles não trabalham cuidadosamente durante a prática de ordenar números – fazem com pressa para poderem brincar.

Como contemplar toda essa diversidade? O que priorizar, considerando a rotina corrida e os recursos restritos da maioria dos professores? Claramente, uma única abordagem pedagógica em um cenário tão diverso não será suficiente, tendo em vista as habilidades e os interesses diversos dos alunos. Bondie e Zusho (2018) definem a instrução diferenciada como o resultado de um processo contínuo de tomada de decisões na sala de aula, onde o professor está à procura da diversidade acadêmica de seus alunos que poderá fortalecer, ou impedir, a aprendizagem eficaz e eficiente. As autoras dividem a instrução diferenciada em três tipos:

- 1. A instrução comum ajustável, na qual os mesmos objetivos, recursos e avaliações são utilizados, mas a instrução é modificada para atender às necessidades dos alunos.
- 2. Recursos específicos, nos quais os alunos usam recursos e materiais diferentes para atingir o mesmo objetivo.
- 3. A instrução diferenciada individualizada, na qual todos os alunos têm a possibilidade de praticar, revisar e se desafiar em diversas habilidades de acordo com seu interesse e do que precisam aprimorar.

Diante desse cenário, alguns educadores recorrem à instrução diferenciada em todas as idades escolares a fim de enfrentar o dilema de implementar o currículo exigido, promover o desenvolvimento integral do aluno e responder às necessidades de aprendizagem dos estudantes no tempo limitado de aula (TOMLINSON, 2017; BONDIE e ZUSHO, 2018). No entanto, formas comuns de diferenciação pedagógica, como os cantos de aprendizagem, os grupos de prontidão (crianças agrupadas por terem habilidades similares), grupos heterogêneos (alunos que recém-conquistaram a habilidade apoiam os outros) e as tarefas de escolha geralmente não colocam os alunos como protagonistas de seu próprio aprendizado. Por exemplo, as crianças podem alternar entre uma ampla variedade de atividades envolventes ou concluir tarefas atribuídas pelo professor sem conhecer o objetivo do aprendizado ou refletir sobre por que a tarefa foi atribuída a elas ou o que elas aprenderam. Os interesses dos alunos nem sempre estão alinhados com os padrões curriculares exigidos. Imaginem uma situação em que a instrução diferenciada se torna individualizada e consegue posicionar os alunos como protagonistas de seu aprendizado, aprimorando seus pontos fortes e ao mesmo tempo fornecendo reforço prático em áreas que carecem de maior desenvolvimento:

- Marcos e Pedro são desafiados a encontrar as sílabas em cartões escondidos ao redor da sala. Quando encontram um cartão com uma sílaba, eles devem pesquisar em uma coleção de figuras uma imagem correspondente a ela. Em seguida, devem escrever a palavra inteira com giz no chão, usando a sílaba e a imagem. O processo deve ser repetido seguidamente. Esta atividade diferenciada visa atingir o interesse de Marcos e Pedro: energia, curiosidade e motricidade (ponto forte de ambos) e a escrita de palavras e seus significados (aspectos que precisam praticar). Ao final, os alunos devem dizer ao professor quais palavras foram as mais desafiadoras e identificar padrões comuns nelas. Os meninos registram suas aprendizagens em um caderno de registros, portfólio, cartaz na sala de aula e até em seu diário eletrônico de aprendizagem (app do Seesaw no *tablet*) ou até o que aprenderam sobre essas palavras. O registro pode ser mostrado individualmente ao professor ou socializado com a turma.

- Estela está empenhada em ler um breve diálogo com outra amiga. As meninas se revezam e, em seguida, juntas, criam um novo final para o diálogo. Esta atividade diferenciada visa atingir o interesse de Estela por dramatização, seu ponto forte (relacionamentos) e ainda considera o que ela precisa praticar (leitura). Ao final, as alunas se fantasiam para representar os personagens e fazem uma apresentação para a professora ou para a turma. Posteriormente, as meninas devem colar "figurinhas" em seu diário de aprendizagem para identificar as habilidades mais importantes praticadas na atividade.

- Carla está envolvida em um projeto com três outras crianças em que precisam pintar um mural. Cada criança tem uma cor de tinta. Para criar mais cores para o mural, elas precisam trabalhar juntas para misturá-las. Esta atividade diferenciada visa atingir o interesse de Carla pelas artes, seu ponto forte, perseverança e criatividade, e o que precisa praticar, colaboração. Ao final, as crianças ou o professor tiram fotos do mural e devem descrever e encontrar maneiras diferentes de falar sobre como cada cor foi usada para expressar suas ideias e sentimentos. Cada criança cola suas fotos preferidas em seu diário de aprendizagem e grava um áudio explicativo sobre como a cor foi usada e por que é importante prestar atenção nela. O professor também pode transcrever as palavras do aluno no seu portfólio.
- Maria e Frederico estão brincando de "examinar e explicar". Eles procuram por problemas matemáticos escondidos em imagens de locais de aventura, como montanha, selva, cidade ou oceano. Os alunos terão que usar lupas para encontrá-los, já que foram escritos em letras minúsculas. Também precisam tentar resolver o maior número possível desses problemas em determinado espaço de tempo. Esta atividade diferenciada visa atingir o interesse de Maria e Frederico por aventura, seus pontos fortes (curiosidade e solução de problemas) e, finalmente, o que precisam praticar: operações matemáticas básicas. Os alunos marcam em um gráfico o número de problemas concluídos corretamente em cada tentativa de três minutos. Ao final, gravam um áudio em seus diários eletrônicos de aprendizagem em que relatam essa experiência ou o professor transcreve as palavras dos alunos no seu portfólio. Cabe ao professor ajudar cada aluno a identificar seu progresso para planejar os próximos passos para progredirem ainda mais.

Essas tarefas fazem parte de uma estratégia diária com duração de vinte minutos denominada Hora do Desafio, uma forma de instrução diferenciada que pressupõe um ciclo de avaliação que considera as progressões visíveis de aprendizado alinhadas às diretrizes curriculares e uma rotina de autorregulação. Durante a Hora do Desafio, os alunos trabalham sozinhos ou em pequenos grupos em tarefas especialmente projetadas para promover a autonomia e o aprendizado reflexivo de cada um.

A Hora do Desafio foi desenvolvida por professores de uma escola particular bilíngue de São Paulo para resolver intencionalmente problemas recorrentes da prática dirigida, e ao mesmo tempo oferecer oportunidades de avanço de habilidades de alfabetização, matemática, visomotora, artística e social (Figura 1).

Os professores preparam o ambiente para a realização da proposta, colocam uma bandeira com o nome de cada criança em um centro de aprendizagem onde uma atividade especialmente concebida a aguarda (Figura 2). Os professores apresentam as atividades para cada grupo de alunos e explicam os objetivos de aprendizagem e critérios para a proposta. A Hora do Desafio é oferecida a todos os alunos do grupo ao mesmo tempo; nesse momento acontecem diversas atividades planejadas especialmente para cada pequeno grupo ou indivíduo. As crianças rapidamente entendem o quanto estão sendo acolhidas e respeitadas ao identificarem que as atividades se voltam diretamente a elas, contemplando suas potencialidades, áreas que merecem mais investimento e principalmente considerando o jeito de cada um e seus interesses pessoais aliados a essas frentes.

Como já mencionado, cada tarefa leva em consideração não apenas os pontos fortes e/ou interesses do(s) aluno(s), mas também a habilidade que precisa ser praticada. A cada dia as crianças são estrategicamente reorganizadas em novos grupos, que podem tanto ser compostos por alunos diferentes, mas que compartilham o mesmo interesse e a mesma

Figura 1 – Praticando as habilidades de matemática e motora fina. A criança deve colocar o número certo de bolinhas no prato usando o *hashi*. (Fonte: Acervo pessoal da autora.)
Figura 2 – Exemplo das bandeiras usadas na estratégia da Hora do Desafio. (Fonte: Acervo pessoal da autora.)

habilidade a ser desenvolvida, ou em um grupo que ofereça uma atividade desafiadora a elas. As tarefas preparadas para a Hora do Desafio duram no máximo vinte minutos e o papel do professor nesse momento é o de observar, avaliar e oferecer uma devolutiva aos alunos ao mesmo tempo que são incentivados a concluir suas tarefas de forma coletiva e individual. Ao final, os alunos fazem uma autoavaliação de seu progresso e pensam nos próximos objetivos de aprendizagem. Isso pode ser realizado de diferentes formas. As crianças podem ter um diário para registrar seu percurso da Hora do Desafio, ou o professor pode fazer este registro em um portfólio específico. Esta forma atenta de propor a Hora do Desafio faz com que os alunos se sintam valorizados em suas singularidades ao realizarem tais propostas, o que repercute inclusive em sua postura e participação em outros momentos da rotina escolar.

A Hora do Desafio está sendo utilizada em algumas salas de aula de escolas particulares e uma pesquisa "quase experimental" está sendo realizada para verificar se esta prática propicia maior transferência das habilidades de metacognição e autorregulação dos alunos para outros contextos de aprendizagem.

Resultados observados

A teoria expectativa-valor, principalmente o modelo derivado do trabalho de Eccles e Wigfield (WIGFIELD e ECCLES, 2000; ECCLES e WIGFIELD, 2002), constitui um dos enfoques teóricos que, segundo Pintrich e Schunk (2002), oferece forte suporte empírico para se estudar a motivação em ambientes educacionais. De acordo com a teoria expectativa-valor (ECCLES e WIGFIELD, 2002), a maioria dos indivíduos optará por não trabalhar em uma tarefa se achar que pode falhar, mesmo se estiver interessado nela e a valorizar. Como a prática requer um esforço intenso e concentrado, os alunos podem não achar isso agradável.

A Hora do Desafio promove o desenvolvimento de uma mentalidade expandida (*growth mindset*) (DWECK, 2006) por meio de atividades estimulantes, que são cuidadosamente planejadas para estar na zona proximal de desenvolvimento de cada criança. A zona proximal de desenvolvimento é aquela em que o aluno precisa de ajuda de um par mais experiente, seja o professor, seja outro aluno, para realizar a tarefa. Logo a zona proximal se torna zona real de desenvolvimento e o aluno passa a fazer a tarefa sozinho (VYGOTSKY, 1978). Vygotsky acreditava que, quando alguém está na zona proximal de desenvolvimento para uma tarefa específica, fornecer a assistência apropriada dará a ele um impulso suficiente para realizar a tarefa. Portanto, as atividades são suficientemente desafiadoras, mas levam em consideração os interesses e as necessidades de cada aluno. A concepção de atividades que maximizem as oportunidades de sucesso de cada um dos alunos é um estágio importante do planejamento por parte do professor na Hora do Desafio.

De acordo com pesquisas de Hambrick et al. (2014) e Boaler (2019), entre outros, várias condições devem ser consideradas para que a prática direcionada seja mais eficaz em aproximar os alunos do desempenho esperado. Para tanto, professores devem projetar atividades tendo em mente os conhecimentos, os interesses e as interações sociais de seus estudantes. Quando os alunos são bem-sucedidos na resolução dos problemas propostos em uma tarefa, os benefícios dessa prática são potencializados. Porém, quando os alunos ficam frustrados com tarefas mal planejadas ou que contenham problemas desconectados de sua realidade, geralmente perdem a motivação e podem tornar-se relutantes a executar tarefas futuras.

Na Hora do Desafio, o fato de o professor escolher algo específico para cada aluno, tanto em termos de proporcionar sucesso em uma tarefa desafiadora quanto considerando seu interesse, ajuda os alunos a persistirem nessa atividade e autorregularem sua aprendizagem, tanto durante a própria tarefa como em longo prazo. Na análise dos resultados sobre a Hora do Desafio, o desafio em si mostrou-se um excelente meio para aumentar a motivação dos alunos, não apenas pelos resultados obtidos, como pelo enorme interesse demonstrado por eles no momento da atividade. A Hora do Desafio permite que os professores dediquem tempo de alta qualidade à instrução individualizada todos os dias e resolve o problema de quando oferecer intervenções, devolutivas e aceleração, mesmo que esse tempo seja de apenas vinte minutos. Definir as diferenças e os objetivos específicos de instrução para cada tipo de estratégia ajuda a criar uma instrução diferenciada efetiva em todas as aulas. Cada um deles pratica uma única habilidade em uma área de trabalho que foi planejada e atribuída intencionalmente pelo professor a fim de diminuir lacunas ou ampliar o aprendizado, seja ele acadêmico ou social. Cada aluno trabalha somente em atividades que incluem interesse pessoal e a prática da habilidade necessária.

A surpresa de encontrar sua bandeira e descobrir com quais colegas de classe irá trabalhar, além da possibilidade de refletir sobre como e o que foi aprendido, envolve e motiva ainda mais todos os alunos (SOUSA e TOMLINSON, 2011). Eles se sentem acolhidos e respeitados em seus processos, o que permite uma vivência de pertencimento e valorização de seu percurso pessoal. Sabemos que para progredir muitos estudantes precisam ter repetidas oportunidades de praticar uma mesma tarefa e, ao alterar o formato da atividade, mesmo que a mesma habilidade esteja sendo trabalhada, os professores fazem da prática algo mais estimulante. No exemplo anterior, Maria e Frederico poderiam também praticar contas jogando jogos de tabuleiro sobre aventuras, ajudando o professor a montar uma caça ao tesouro ou uma gincana, resolvendo problemas de ordem financeira etc. (Figura 3).

Percebemos que a Hora do Desafio foi um excelente meio para melhorar a motivação dos alunos. Os alunos comentam rotineiramente o quanto desfrutam da Hora do Desafio; para muitos, é a hora favorita do dia.

Figura 3 – Exemplo de uma atividade para praticar as habilidades matemáticas. A criança precisa encontrar o papel enterrado com o número correto de pontos que corresponde aos numerais e depois colocá-los em ordem. (Fonte: Acervo pessoal da autora.)

Avaliação do projeto

É necessário um ciclo de avaliação continuada e formativa para atribuir com precisão as tarefas da Hora do Desafio para cada estudante. O professor precisa estar atento e presente para realizar esse planejamento. A aprendizagem do aluno durante os diferentes momentos da rotina escolar, brincadeiras, interações sociais ou atividades formais, deve ser cuidadosamente observada para que se consiga determinar, com maior precisão, qual habilidade específica o aluno necessita desenvolver. As observações ocorrem ao longo do dia escolar, bem como a partir da análise cuidadosa das produções do aluno. Cada professor coleta dados de avaliações observacionais em um quadro (Figura 4), para poder organizar e relançar mais facilmente a atividade da Hora do Desafio do dia seguinte para cada criança. Ao mesmo tempo que pode parecer bastante trabalhoso, esse recurso, com o tempo, passa a ser uma forma de otimizar o período que ficam em sala. Notamos que muitas vezes a Hora do Desafio traz um clima mais harmônico para a sala de aula, pois professores e estudantes sabem que terão um momento específico para trabalhar em suas questões.

Os professores devem analisar colaborativamente, tanto o trabalho do aluno como o quadro de dados, a fim de fornecer múltiplas perspectivas e soluções instrucionais alternativas. Essa avaliação inclui interesses, atividades que o aluno frequentemente escolhe, suas relações sociais e habilidades acadêmicas. Os dados ajudam os professores a planejar atividades de aprendizagem precisas e qualificadas, que os alunos poderão concluir de forma autônoma.

Essa proposta facilita também a gestão da sala de aula, pois em vez do aluno esperar pela ajuda ou resposta do professor, as próprias atividades são estruturadas de modo que eles recebam devolutivas imediatas de seus pares, rubrica ou gabarito (Figuras 5 e 6). Logo, as crianças não necessitam da confirmação do professor para anuência do término de uma atividade. Elas chegam a essa conclusão por conta própria, tornando-se aprendizes cada vez mais autônomos.

PLANEJAMENTO FLAG TIME: HORA DO DESAFIO			SEMANA 17
TERÇA-FEIRA Faltas: 0	**QUARTA-FEIRA** Faltas: 0	**QUINTA-FEIRA** Faltas: 0	**SEXTA-FEIRA** Faltas: Zaki
MAT: Bingo de cores Associação de cores + escrita **Alunos:** Alexandre, Giulia, João M., Maria Y.	**CM+SE:** Jenga Coordenação motora, atenção e estratégia **Alunos:** Alexandre, João G., Heaven, Maria Y.	**MAT:** Bang! (Jogo de palitos com soma de numerais) Adição **Alunos:** Giulia, João M., Alexandre	**MAT+SE:** Jogo cobras e escadas Esperar a vez e sequência numérica **Alunos:** Fillippa, Gabriel, Maria J.
MAT: Meça os pinguins com os cubos Medir com métodos não convencionais **Alunos:** Antonio T., João G., Maria J., Zaki	**MAT:** Alimente o pinguim Correspondência 1 número para 1 quantidade **Alunos:** Antonio Z., Guilherme	**MAT:** Construa a cerca com palitos em ordem sequencial Sequência numérica **Alunos:** William, Antonio Z.	**CM+SE:** Jenga Coordenação motora, atenção e estratégia **Alunos:** Antonio T., João M.
ALFA: Sequência de histórias com carta Sequência de uma história **Alunos:** Antonio Z., Fillippa	**ALFA:** Organize as cartas com o mesmo som na mesma cesta Mesmo som de início da palavra **Alunos:** Giulia, João M.	**ALFA:** Encontre o par da letra maiúscula e minúscula Associação das letras **Alunos:** João G., Gabriela	**MAT:** Jogo do Mico Associação número e quantidade + estratégia **Alunos:** Giulia, João G., Zaki
MAT: Construa a cerca com palitos em ordem sequencial crescente Sequência numérica **Alunos:** Gabriela, Heaven	**MAT:** Bingo de cores Associação de cores + escrita **Alunos:** Gabriel, Gabriela, Maria J., William	**CM+SE:** Jenga Coordenação motora, atenção e estratégia **Alunos:** Fillippa, Guilherme, Maria J., Zaki	**ORAL+SE:** Jogo de tabuleiro de contar histórias Esperar a vez e linguagem oral **Alunos:** Alexandre, Antonio Z., Heaven, Maria Y.
MAT: Jogo da árvore com quantidade de frutas Número e quantidade **Alunos:** Gabriel, Guilherme, William	**ALFA:** Complete os nomes com as letras emborrachadas que faltam Associação letra escrita com nome **Alunos:** Fillippa, Zaki, Antonio T.	**ORAL+SE:** Jogo de tabuleiro de contar histórias Esperar a vez e linguagem oral **Alunos:** Antonio T., Gabriel, Heaven, Maria Y.	**MAT:** Alinhavo Prática de coordenação motora fina + concentração **Alunos:** Guilherme, William, Gabriela

ALFA: alfabetização **MAT:** Matemática **SE:** Socioemocional **CM:** Coordenação motora **ORAL:** Oralidade

Figura 4 – Exemplo de quadro de planejamento semanal. Este exemplo mostra o quadro completo no final de uma semana de aulas. (Fonte: Acervo pessoal da autora.)

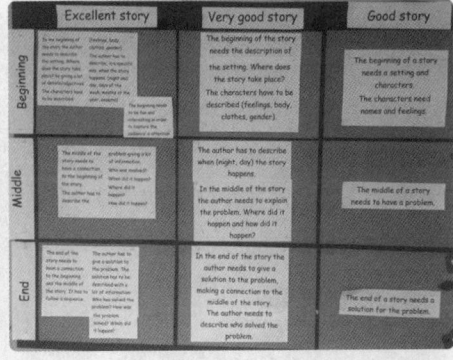

Figura 5 – Uso de uma lista de verificação durante a Hora do Desafio. A lista de verificação é para lembrar os critérios decididos antes e colaborativamente, entre professor e aluno, sobre as partes que deveriam ser incluídas ao pintar uma casa. (Fonte: Acervo pessoal da autora.)
Figura 6 – Uso de uma rubrica sobre a estrutura de uma narrativa. Este quadro foi elaborado no 1º ano do Ensino Fundamental de uma escola bilíngue para as crianças se autoavaliarem e tornarem seu pensamento visível. (Fonte: Acervo pessoal da autora.)

O hábito da autorreflexão é fundamental, tanto para a aprendizagem dos alunos como para o favorecimento da observação e da avaliação do aprendizado. Portanto, o tempo de aula passa a ser mais utilizado para ensinar os alunos a identificarem evidências de alta qualidade em seu trabalho e a usar listas de verificação para que possam seguir os procedimentos ao longo de cada aula. Isso é o que promove a independência de aprendizagem durante a Hora do Desafio.

Pede-se aos alunos que pensem metacognitivamente[3] sobre como estão aprendendo e como usaram as suas competências e habilidades. Devem também refletir sobre o que estão aprendendo, registrando no diário eletrônico (Figura 7), gravando áudios ou usando "figurinhas" que ilustrem o desenvolvimento de habilidades como resolução de conflitos, reconhecimento de números e coordenação motora fina. Esse registro pode também ser feito em um caderno com uso de carimbos ou figurinhas e o professor pode transcrever o relato dos alunos no seu portfólio.

Os professores promovem habilidades de aprendizado autorregulado como parte da rotina para incentivar o planejamento, o monitoramento e

---

3 Metacognição é o conhecimento do próprio conhecimento e inclui a autoavaliação, a autorregulação e a organização dos próprios processos cognitivos.

Figura 7 – Registro no diário de aprendizagem eletrônico. (Fonte: Acervo pessoal da autora.)

a reflexão dos alunos (BLAIR e RAZZA, 2007). No exemplo de atividade de alfabetização, Marcos e Pedro refletiram sobre as palavras mais desafiadoras para eles e relataram os padrões de escrita observados em seu diário eletrônico de aprendizagem. Outra opção seria o professor transcrever esses relatos para o portfólio. Estes foram introduzidos como parte da estratégia da Hora do Desafio, em consonância com pesquisa que sugere que a aprendizagem autorregulada pode ser ainda mais desenvolvida por meio da manutenção de diários de aprendizagem (GLOGGER et al., 2012).

Voltando às pesquisas sobre as condições necessárias para que a prática direcionada seja mais eficaz (HAMBRICK et al., 2014), os professores podem incentivar seus alunos a praticar mais, sempre mostrando o quanto a prática é responsável pelo seu bom desempenho. Percebemos que o fato de o professor escolher cuidadosamente uma tarefa na zona proximal de desenvolvimento de cada criança (FINO, 2001) faz com que o aluno se sinta confiante e capaz para resolver um problema. Isso, somado ao incentivo da autorreflexão, faz com que cada aluno se conscientize de seus pontos fortes e dos de seus colegas, além das habilidades que cada um precisa desenvolver, mesmo que sejam diferentes. A instrução diferenciada da Hora do Desafio gera evidências para professor e estudantes, criando um caminho concreto, baseado em evidências objetivas, não juízos subjetivos, para a autorregulação e a metacognição. Trata-se de ensino e aprendizagem baseada em evidências. Tal percepção se amplia para outros momentos da rotina, nos quais as crianças se lançam a novos desafios, inspiradas e encorajadas pela experiência anterior.

A Hora do Desafio também é uma excelente oportunidade para que as crianças desenvolvam e melhorem suas habilidades sociais, devido à alternância de composição de alunos nos grupos de aprendizagem de habilidades específicas. Isso gera espírito de colaboração e desafio mútuo. Nesse ambiente, constrói-se uma cultura em que as crianças esperam que todos tenham pontos fortes e façam contribuições valiosas. Os alunos nessa proposta desenvolvem habilidades necessárias, mas também se beneficiam de uma prática que propicia mais disponibilidade para a aprendizagem.

O raciocínio linear, normalmente utilizado para o desenvolvimento de planos de aulas, não é suficiente para essa prática. A proposta exige que o professor lance mão do raciocínio estratégico para a resolução do quebra-cabeça, que é o planejamento da instrução diferenciada individualizada. Os professores podem planejar em grupo, com a ajuda dos coordenadores. É uma boa forma de compartilhar percursos e acompanhar o desenvolvimento das crianças da sua própria turma, comparativamente com outras turmas da mesma série. Os professores também podem ter um banco de atividades compartilhado e pastas com diferentes atividades e jogos, para utilizar em diversas turmas.

O planejamento estratégico e rigoroso ajuda o professor a decidir como os alunos aprenderão com mais eficiência e eficácia, usando as rotinas e os combinados preestabelecidos. A Hora do Desafio auxilia os alunos a compreender as expectativas para que possam prosseguir na tarefa de forma independente. Consequentemente, o planejamento diário para produzir a instrução diferenciada individualizada inspira mudanças na forma de pensar do professor, o que o libera para circular e gerenciar o trabalho de cada aluno, fornecendo uma janela em tempo real para verificar a aprendizagem e a compreensão das crianças.

Os passos do planejamento e da execução da Hora do Desafio estão resumidos a seguir.

- **1. Avaliação e planejamento**

  Acompanhar a aprendizagem e o processo de trabalho dos alunos, a fim de determinar suas habilidades específicas e as que cada um deles precisa praticar a partir dos objetivos de aprendizagem estabelecidos pelo currículo do ano escolar ou dos próprios interesses de cada aluno. A avaliação inicial pode ser feita observando os alunos nas atividades e brincadeiras do dia a dia e nas suas interações uns com os outros. A Hora de Desafio pode também ser montada inicialmente para ajudar na avaliação, oferecendo atividades diferentes e observando a reação e o desempenho dos alunos.

  Montar uma planilha com os seguintes dados para cada aluno: interesses, pontos fortes e necessidades acadêmicas.

- **2. Direcionamento e agrupamento**

  Pensar em habilidades que precisam ser praticadas e que considerem o interesse e os pontos fortes de cada aluno. Utilizar uma pequena bandeira com o nome ou a foto do aluno para que cada um identifique a atividade feita especificamente para ele.

  Agrupar os alunos estrategicamente, de modo que todos sejam devidamente desafiados e, ao mesmo tempo, capazes de finalizar a atividade com sucesso em vinte minutos.

- **3. Combinados**

  Utilizar um cronômetro (no máximo vinte minutos) para controlar o tempo de cada grupo na tarefa.

  Fazer uma lista explicitando o que é esperado dos alunos durante a Hora do Desafio e ajudá-los a lembrar os combinados. Esses recursos ajudarão no acompanhamento das atividades pelo professor, para que esse momento seja rico e de qualidade, além de promover a independência do aluno.

- **4. A aprendizagem por meio da Hora do Desafio**

  Convidar os alunos a procurar suas respectivas bandeiras para começar a atividade. O professor deve explicar os objetivos de aprendizagem para cada grupo e estar sempre auxiliando e providenciando devolutivas e explicações aos alunos.

É imperativo manter a planilha organizada. Somente assim o professor poderá gerenciar suas observações e avaliações e planejar com facilidade a próxima atividade da Hora do Desafio para cada aluno.

- **5. Diariamente: monitoramento e reflexão**
Instruir os alunos a usar "figurinhas" e listas de verificação para refletir sobre os aspectos importantes da atividade executada durante a Hora do Desafio. Por exemplo: a motivação pelo aprender (mais ou menos, gostei, não gostei); quais os tipos de habilidades de aprendizagem utilizadas (visual, auditiva, verbal, cognitiva, resolução de conflito etc.).
Pedir a cada aluno para explicar suas reflexões para o professor ou para um colega.

- **6. Semanalmente: Diário de aprendizagem individual ou um portfólio específico**
Convidar os alunos a escolher uma das atividades concluídas durante a semana: a que mais gostaram ou a mais interessante, por exemplo. O professor inclui o registro dessa atividade no portfólio da Hora do Desafio ou pode pedir que gravem um áudio sobre ela no diário de aprendizagem eletrônico e que postem uma foto referente à atividade seguida de um comentário. Isso servirá como evidência do seu processo de aprendizagem e seus objetivos acadêmicos. O professor deve conversar com os alunos, perguntando como foi o processo de aprendizagem que vivenciaram durante a Hora do Desafio e assim definir estratégias para o próximo passo acadêmico. Esses dados serão importantíssimos para a reflexão do aluno, para o planejamento do professor e para a comunicação com os pais. Baseado no estudo de Haimovitz e Dweck (2017), as perguntas que devem ser feitas são: O que você aprendeu? O que foi difícil? Quais estratégias você utilizou para tentar superar o desafio encontrado?
Sabemos que os maiores benefícios da prática ocorrem quando os professores fornecem uma devolutiva descritiva e oportuna aos alunos (DECI, KOESTNER e RYAN, 1999; HARKS et al., 2013; HAIMOVITZ e DWECK, 2017). Por isso, enquanto os alunos praticam a tarefa da Hora do Desafio, os professores circulam entre os grupos para ajudar e oferecer devolutivas, ao mesmo tempo que passam a reconhecer rapidamente as neces-

sidades acadêmicas e sociais de cada criança. Bondie e Zusho (2018) acreditam que, quando os professores estão circulando pela sala de aula, estão abertos para refletir sobre os motivos pelos quais os alunos podem ou não estar envolvidos na tarefa e, portanto, são capazes de dar uma devolutiva imediata, ajudando-os a relembrar o propósito da atividade. É neste momento também que os professores obtêm dados específicos e alcançáveis para que consigam tomar decisões instrucionais que respondem às necessidades de aprendizado percebidas de maneira precisa e eficiente (WILIAM, 2012; HATTIE e CLARKE, 2018).

Tempo X resultado

São inegáveis os benefícios que a instrução diferenciada traz aos alunos. Todavia, a implementação da diferenciação de forma diária parece requerer um grande esforço do professor e consumir muito tempo de preparação. Ao contrário do que possa parecer, o método Hora do Desafio reduz carga de trabalho e economiza tempo.

Por meio da estratégia da Hora do Desafio, os professores irão desenvolver gradativa e diariamente a compreensão do estado e modo de aprendizagem de cada aluno, pois tudo está registrado em seus portfólios ou diários eletrônicos de aprendizagem. Ademais, ao final de cada período letivo os relatórios de progresso acadêmico que seguirão para as famílias serão confeccionados mais facilmente e em menor tempo, bem como conterão informações mais precisas sobre o desenvolvimento educacional de cada criança.

O acompanhamento acadêmico próximo de cada aluno, por meio dos portfólios ou diários eletrônicos de aprendizagem e das atividades individualizadas bem planejadas, permitirá que práticas de habilidades que já foram dominadas não sejam repetidas, além de fazer com que o aluno não fique esperando por intervenção do professor para realizar uma tarefa mais difícil ou ainda que fique ocioso por ter terminado uma tarefa fácil rapidamente. Uma vez que comprometemos apenas vinte minutos do tempo de aula diário à prática individualizada de uma habilidade na Hora do Desafio, a instrução diferenciada transforma-se na norma para uma aprendizagem eficaz. As crianças começam a conviver, brincar, participar, expressar, explorar, conhecer-se de forma mais adequada quando essas habilidades aprendidas são transferidas para os campos de experiência e outras áreas de aprendizagem.

Referências bibliográficas

BANDURA, A. *Self-efficacy*: the exercise of control. 8ª ed. Nova York: W. H. Freeman, 1997.

BLAIR, C.; RAZZA, R. P. "Relating effortful control, executive function and false belief understanding to emerging math and literacy ability in kindergarten". *Child Development*, v. 78, 2007.

BOALER, J. *Fluency without fear*: research evidence on the best ways to learn Math Facts. Youcubed Organization at Stanford University, 28 jan. 2015. Disponível em: <www.youcubed.org/evidence/fluency-without-fear/>. Acesso em: 24 jun. 2018.

_____. *Limitless mind*: learn, lead and leave without barriers. Nova York: Harper Collins Publishers, 2019.

BONDIE, R.; ZUSHO, A. *Differentiated instruction made practical*. Nova York: Routledge, 2018.

CORDOVA, D.; LEPPER, M. "Intrinsic motivation and the process of learning. Beneficial effects of contextualization, personalization, and choice". *Journal of Educacional Psychology*, v. 88, n. 4, 1996.

DECI, E. I.; KOESTNER, R.; RYAN, M. N. "A meta analytic review of experiments examining the effects of extrinsic rewards on intrinsic motivation". *Psychological Bulletin*, v. 125, n. 6, 1999.

DIAMOND, A. "Activities and programs that improve child's executive functions". *Directions in Psychological Science*, v. 21, n. 5, 2012.

DWECK, C. S. *Mindset*: the new psychology of success. Nova York: Ballantine Books, 2006.

ECCLES, J. S.; WIGFIELD, A. "Motivational beliefs, values, and goals". *Annual Review of Psychology*, v. 53, 2002.

FINO, C. N. "Vygotsky e a zona de desenvolvimento proximal (ZDP): três implicações pedagógicas". *Revista Portuguesa de Educação*, v. 14, n. 2, 2001.

GLOGGER, I. et al. "Learning strategies assessed by journal writing: prediction of learning outcomes by quantity, quality, and combinations of learning strategies". *Journal of Educational Psychology*, v. 104, n. 2, 2012.

GLOVER, J. A.; RONNING, R. R.; BRUNING, H. *Cognitive psychology for teachers*. Nova York: Macmillan, 1990.

HAIMOVITZ, K.; DWECK, C. S. "The origins of children's growth and fixed mindsets: New research and a new proposal". *Child Development*, v. 88, n. 6, 2017.

HAMBRICK, D. Z. et al. "Deliberate practice: is that all it takes to become an expert?". *Intelligence*, v. 45, 2014.

HARKS, B. et al. "The effects of feedback on achievement, interest and self-evaluation: the role of feedback's perceived usefulness". *Educational Psychology*, v. 34, n. 3, 2013.

HATTIE, J.; CLARKE, S. *Visible learning*: feedback. Nova York: Routledge, 2018.

KALCHMAN, M.; MOSS, J.; CASE, R. "Psychological models for the development of mathematical understanding: rational numbers and functions". In: CARVER, S. M.; KLAHR, D. (ed.). *Cognition and instruction*: twenty-five years of progress. Nova Jersey: Erlbaum Associates Publishers, 2001.

KATZ, I.; ASSOR, A. "When choice motivates and when it does not". *Educational Review*, v. 19, n. 4, 2007.

KLINGBERG, T. et al. "Computerized training of working memory in children with ADHD: a randomized, controlled trial". *Journal of the American Academy of Child and Adolescent Psychiatry*, v. 44, pp. 177-186, 2005.

LYENGAR, S. S.; LEPPER, M. R. "Rethinking the value of choice: a cultural perspective on intrinsic motivation". *Journal of Personality and Social Psychology*, v. 76, n. 3, pp. 349-366, 1999.

MACNAMARA, B. N.; HAMBRICK, D. Z.; OSWALD, F. L. "Deliberate practice and performance in music, games, sports, education, and professions: a meta-analysis". *Psychological Science*, v. 25, n. 8, 2014.

NSCDC. National Scientific Council on the Developing Child. *Building the brain's "air traffic control" system*: how early experiences shape the development of executive function. Working Paper 11. Cambridge, MA: Harvard University, Center on the Developing Child, 2011. Disponível em: <https://developingchild.harvard.edu/resources/building-the-brains-air-traffic-control-system-how-early-experiences-shape-the-development-of-executive-function/>. Acesso em: jul. 2020.

NUTLEY, B. et al. "Gains in fluid intelligence after training non-verbal reasoning in 4-year-old children: a controlled, randomized study". *Development Science*, v. 14, 2011.

PATALL, E. A.; COOPER, H.; ROBINSON, J. C. "The effects of choice on intrinsic motivation and related outcomes: a meta-analysis of research findings". *Psychological Bulletin*, v. 134, n. 2, 2008.

_____; _____; WYNN, S. R. "The effectiveness and relative importance of choice in the classroom". *Journal of Educational Psychology*, v. 102, n.4, pp. 896-915, nov. 2010. Disponível em: <https://doi.org/10.1037/a0019545>. Acesso em: 30 jul. 2021.

_____ et al. "Daily autonomy supporting or thwarting and students' motivation and engagement in the high school science classroom". *Journal of Educational Psychology*, v. 110, n. 2, 2017.

PINTRICH, P. R; SCHUNK, D. H. *Motivation in education:* theory, research and applications. 2ª ed. Nova Jersey: Pearson, 2002.

REEVE, J.; BOLT, E.; CAI, Y. "Autonomy supportive teachers: how they teach and motivate students". *Journal of Educational Psychology*, v. 91, n. 3, 1999.

RENNINGER, K. A.; BACHRACH, J. E.; HIDI, S. E. "Triggering and maintaining interest in early phases of interest development". *Learning, Culture and Social Interaction*, v. 23, 2019.

ROGAT, T. K.; WITHAM, S. A.; CHINN, C. A. "Teachers' autonomy relevant practices within an inquiry-based science curricular context: extending the range of academically significant autonomy supportive practices". *Teachers College Record*, v. 116, n. 7, 2014. Disponível em: <www.uttyler.edu/cetl/files/rogat_witham_chinn2014.pdf>. Acesso em: 6 maio 2016.

RYAN, R.; DECI, E. *Self-determination theory*: basic psychological needs in motivation, development, and wellness. Nova York: Guilford, 2017.

SOUSA, D.; TOMLINSON, C. *Differentiation and the brain*: how neuroscience supports the learner-friendly classroom. Indiana: Solution Tree Press, 2011.

TOMLINSON, C. A. *How to differentiate instruction in academically diverse classrooms*. 3ª ed. Alexandria, VA: ASCD, 2017.

VYGOTSKY, L. S. *Mind in society*. Cambridge, MA: Harvard University Press, 1978.

WIGFIELD, A.; ECCLES, C. "Expectancy-value theory of achievement motivation". *Contemporary Educational Psychology*, v. 25, n. 1, 2000, pp. 68-81. Disponível em: <https://doi.org/10.1006/ceps.1999.1015>. Acesso em: 30 jul. 2021.

WILIAM, D. "Feedback: part of a system educational leadership". *Feedback for learning*, v. 70, n. 1, 2012. Disponível em: <https://eric.ed.gov/?id=EJ1002437>. Acesso em: 14 out. 2021.

CAPÍTULO 10

ESTRATÉGIA PARA ESTUDO DO ERRO EM UMA AVALIAÇÃO DE APROVEITAMENTO: UM OLHAR PARA A APRENDIZAGEM VISÍVEL

Andressa Pinter dos Santos Ninin e Savina Allodi

Este capítulo tem como finalidade refletir e analisar as concepções dos docentes perante o erro no processo avaliativo, relacionando as possíveis ações que podem ser estabelecidas entre avaliação da aprendizagem, análise do erro, protagonismo do aluno e visibilidade do processo.

A avaliação sempre esteve presente em nossas vidas, antes mesmo de ingressarmos no meio escolar. Somos avaliados constantemente, seja por nossas atitudes ou palavras. Para Cipriano Luckesi (2011, p. 13), "a avaliação é um ato de investigar a qualidade daquilo que constitui seu objeto de estudo e, por isso mesmo, retrata a sua qualidade. Desse modo, ela não soluciona nada, mas sim subsidia as decisões".

Sabemos que a prática da "Avaliação do Aproveitamento" do aluno tem como enfoque predominante a "pedagogia do exame", como afirma Cipriano Luckesi (1995), cujo interesse está centrado na aprovação/reprovação dos alunos. O ato de avaliar, dessa maneira, tem como propósito principal a classificação. Segundo o mesmo autor, para que a avaliação educacional escolar assuma o seu verdadeiro papel de instrumento dialético de diagnóstico para o crescimento, terá de se situar e estar a serviço de uma pedagogia que esteja preocupada com a transformação.

Na relação dialética, presente na avaliação, o aluno confronta-se com o objeto do conhecimento que o levará à participação ativa, valorizando o fazer e refletir, sem medo de errar porque o erro, no processo ensino-aprendizagem, assume um caráter mediador. Assim, tanto o aluno como o professor podem rever sua trajetória para compreender e agir sobre a aprendizagem e a avaliação, que não se reduz a apenas atribuir notas. Vasconcellos (2006) acredita que a educação, em uma concepção dialética, traz a participação ativa e com potencial interativo dos sujeitos envolvidos no processo de ensino-aprendizagem.

Luckesi (2005) destaca que o papel da avaliação é diagnosticar a situação da aprendizagem, tendo em vista subsidiar a tomada de decisão para a melhoria da qualidade do desempenho do educando. A avaliação deve ser inclusiva desde o momento que é utilizada no processo de ensinar e aprender. Luckesi (2011) enfatiza que o papel de inclusão da avaliação se dá por meio da concepção de que ninguém pode permanecer sem aprender. Cabe não só ao professor, mas a todos os agentes envolvidos, acolher os alunos que apresentam defasagem ou alguma dificuldade, oferecendo-lhes suporte para que possam superá-la. A característica inclusiva da avaliação decorre do fato de ela ser processual, não pontual, diagnóstica, uma vez que seu objetivo é subsidiar a obtenção de um resultado mais satisfatório.

O ato de avaliar traz a complexidade da realidade ao levar em consideração as variáveis presentes na produção dos resultados. Para Luckesi (2011), essas variáveis devem ser levadas em conta, pois o foco do avaliador centra-se na busca de um melhor processo de ensino e aprendizagem. Mesmo quando esses resultados não são positivos, o educando e o educador não são penalizados, mas sim investigam-se as variáveis que proporcionaram tal resultado. Portanto, na avaliação da aprendizagem cabe a identificação do nível de desempenho do educando e os fatores que interferem nos resultados obtidos.

Dessa forma, na avaliação, o poder de aprovar ou reprovar não está nas mãos do educador, seu papel é partilhar um caminho de aprendizagem, desenvolvimento e crescimento, possibilitando-lhe tomar decisões favoráveis visando a melhor aprendizagem do educando.

Essa ideia corrobora a de Hattie (2017) ao discorrer sobre o ensino e a aprendizagem visíveis:

> O ensino e a aprendizagem visíveis ocorrem quando há uma prática deliberada destinada a obter o controle sobre o objetivo, quando há *feedback* fornecido e recebido e quando há pessoas ativas e apaixo-

nadas envolvidas (professores, alunos, pares) participando no ato de aprendizagem. Trata-se de professores vendo aprendizagem através dos olhos dos alunos, e de alunos vendo o ensino como a chave para sua aprendizagem contínua. [...] Quando os alunos se tornam seus próprios professores, exibem os atributos autorregulatórios que parecem ser mais desejáveis para aprendizes (automonitoramento, autoavaliação, autoanálise e autoensino). Portanto, o que faz a diferença é o ensino e a aprendizagem visíveis por parte de professores e alunos. (HATTIE, 2017, p. 14)

Isso reforça a necessidade de mudança na forma de avaliar, deixando de utilizar os exames no ambiente escolar e passando a adotar a prática da avaliação em seu sentido pedagógico, buscando focar no aprendizado do aluno (ZAGNOLI, 2017). Pensando na característica inclusiva da avaliação, sendo ela processual, o "Estudo do Erro" torna-se um grande aliado na ressignificação de seu papel.

Em conceituações apresentadas por Bardin (1979), a análise de erros de uma produção escrita é uma atividade que, metodologicamente, se baseia na análise de conteúdo. O autor infere que a análise de conteúdo consiste em um conjunto de técnicas de análise das comunicações, que utiliza procedimentos sistemáticos e objetivos de descrição do conteúdo das mensagens. A intenção da análise de conteúdo é a inferência de conhecimentos relativos às condições de produção, inferência esta que recorre a indicadores (quantitativos ou não).

De acordo com essa ideia, podemos fazer a análise dos erros para inferir os conhecimentos dos alunos, mas, para torná-los uma oportunidade de aprendizado em potencial, somamos a ideia de Raffaella Borasi (1996). A autora aborda em seu trabalho a exploração dos erros com os estudantes para fazer descobertas sobre os conteúdos em questão ou apenas tentar remediá-los, criando estratégias de ensino para retomar os conteúdos nos quais os alunos mostram mais dificuldade.

Para Hattie (2017), o erro deve ser acolhido e estimulado, tornando a sala de aula um ambiente seguro para o aprendiz e para o professor. Isso porque aprendemos muito a partir dos erros e do *feedback* que decorre de caminhar na direção errada ou de não prosseguir de modo suficientemente fluente na direção correta. O erro pode ser visto como fonte de informação – colhida por meio da produção dos alunos – e diagnóstico – permitindo aos professores realizarem uma reflexão e iniciarem buscas por novas formas de intervenções didáticas, com o objetivo da melhora do aprendizado de seus estudantes. Sendo assim, acreditamos que educador e alunos identificam o erro e o que pode vir a ser reconstruído a partir dele, de forma inclusiva, na qual todos aprendem, tornando esse processo visível para todos os envolvidos.

Métodos e resultados

Os dados analisados são de uma avaliação de ciências do 6º ano do Ensino Fundamental, no primeiro trimestre de 2019, realizada no Colégio Santa Marcelina, escola particular da cidade de São Paulo. A metodologia foi usada nas três turmas da série, totalizando a análise com o universo de 84 alunos.

A metodologia utilizada foi a "análise do erro", na qual Bardin (1979) assinala três etapas básicas para o trabalho: pré-análise, exploração do material e tratamento dos resultados. A pré-análise é a fase em que se organiza o material com o objetivo de torná-lo operacional, sistematizando as ideias iniciais. A exploração do material constitui a segunda fase, que consiste na definição de categorias e a identificação das unidades de registro e das unidades de contexto nos documentos. A terceira fase diz respeito ao tratamento dos resultados, inferência e interpretação, na qual ocorre a condensação e o destaque das informações para análise, culminando nas interpretações inferenciais – este é o momento da intuição, da análise reflexiva e crítica.

Foram revisitadas outras metodologias, como a de Cury (2007), que adaptou esse método para a "análise das respostas": primeiramente é necessário fazer uma "leitura flutuante" de todo o material para avaliar as respostas, separando-as em "totalmente corretas", "parcialmente corretas" e "incorretas" e, em seguida, contabilizar o número de respostas de cada tipo. Bardin (1979) aprofunda essa análise, realizando a unitarização e a categorização das respostas pelo professor.

Os métodos acima descritos, entretanto, são executados pelo professor, que também analisa os dados, o que evidencia a passividade do aluno no processo. Por isso, as metodologias descritas por Bardin (1979) e Cury (2007) foram adaptadas por nós, visando a um alinhamento à concepção de ensino baseado em metodologias ativas, nas quais, segundo Bacich e Moran (2018), se valoriza a participação efetiva dos alunos na construção do conhecimento e no desenvolvimento de competências, possibilitando que aprendam em seu próprio ritmo, tempo e estilo. Dessa maneira, o aluno se torna protagonista, principal responsável por sua aprendizagem.

Santos (2002) também enfatiza que todo e qualquer ato de regulação tem necessariamente que passar por um papel ativo do aluno, o que implica inevitavelmente sua própria ação. Nenhuma intervenção externa age se não for percebida, interpretada e assimilada pelo estudante. Assim, segundo o autor, a regulação das aprendizagens se concretiza por meio de uma multiplicidade de processos: a avaliação formativa, a coavaliação entre pares e a autoavaliação.

Levando esses aspectos em consideração, a metodologia adaptada e utilizada neste trabalho consiste, portanto, nas seguintes etapas:

- Correção da avaliação pelo professor;
- Formação das duplas[1] para reflexão, verificação, tomada de consciência e classificação dos erros no quadro reservado para esse fim;
- Preenchimento de formulário digital pelos estudantes;
- Autoavaliação dos estudantes;
- Intervenção e verificação do aprendizado pelo professor.

Em um primeiro momento, a correção foi realizada pelo professor. A avaliação apresentou o tema ecologia e foi composta por oito questões dissertativas, envolvendo investigação, interpretação e resolução de problemas. Os erros observados e apontados na própria resposta – normalmente com uma "seta" – indicavam que havia um ponto de atenção. Em seguida, o valor da questão foi registrado pelo docente (Figura 1).

---

1 Veja mais em "Como agrupo meus alunos?". Disponível em: <https://novaescola.org.br/conteudo/1475/como-agrupo-meus-alunos>. Acesso em: 23 mar. 2020.

> 2 – (1,0) Liste **dois** fatores bióticos e **dois** abióticos que aparecem na imagem.   0,75
>
> O jacaré e as árvores são bióticos e o sol e as ~~nuvens~~ rio são abióticos.
>
> ÁREA RESERVADA PARA O ESTUDO DO ERRO
> ☐ INTERPRETAÇÃO
> ☐ CONTEÚDO
> ☐ OUTROS

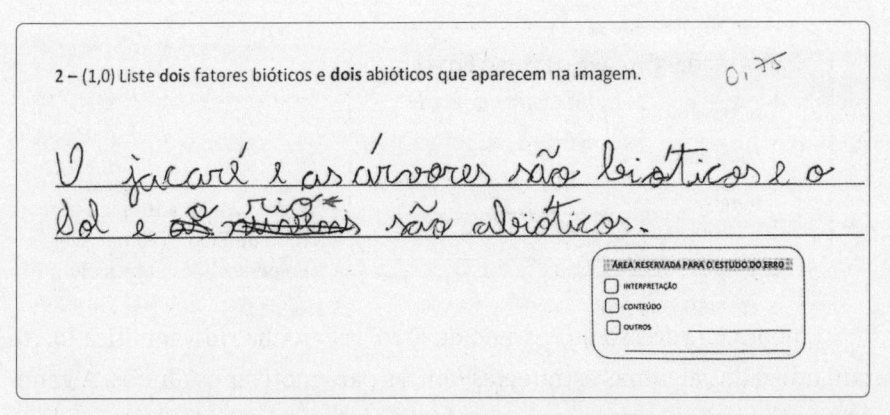

Figura 1 – Questão de uma avaliação com o apontamento do professor e o valor da resposta. (Fonte: Acervo pessoal das autoras.)

Ao ler e analisar as respostas dos alunos, o professor elencou à parte os erros específicos cometidos pela turma, em cada questão. Essas informações foram utilizadas posteriormente na elaboração de um formulário para a autoavaliação.

A dinâmica de formação das duplas e verificação dos erros foi inspirada no método ativo Peer Instruction, ou Instrução entre Pares, elaborado pelo professor Eric Mazur, da Universidade de Harvard, que consiste em várias etapas. De forma geral, tal método é realizado em um ambiente colaborativo, no qual os alunos estudam em grupo, discutem diversos temas e assumem o papel daquele que media o processo de ensino-aprendizagem. Além disso, depois de responder a uma questão (e errar), o aluno estaria mais aberto a ouvir tanto o professor quanto seus colegas. O desafio e o propósito da Instrução entre Pares, portanto, seria mobilizar o aluno a estudar (MAZUR, 2015).

Os alunos foram divididos em pares heterogêneos no que diz respeito ao nível de proficiência: um *mais proficiente* com um *menos proficiente* no tema em estudo. Esse foi um importante momento de aprendizagem colaborativa, no qual os alunos debateram, refletiram e trocaram ideias sobre os erros cometidos por eles e apontados pelo professor. Como a resposta correta não foi oferecida, os pares fizeram o exercício de descobrir e compreender o erro.

Além disso, classificaram os erros assinalando uma ou mais opções em um quadro reservado para o "Estudo do Erro" em cada uma das questões (Figura 2).

ÁREA RESERVADA PARA O ESTUDO DO ERRO
☐ INTERPRETAÇÃO
☐ CONTEÚDO
☐ OUTROS _____
_____

Figura 2 – Quadro para "Estudo do Erro". (Fonte: Acervo pessoal das autoras.)

Embora o processo do "Estudo do Erro" não tenha sido gamificado, foram utilizadas algumas estratégias lúdicas para motivar os alunos. A gamificação é o uso de narrativas e mecânicas de jogos em sala de aula. Essas estratégias são utilizadas para engajar os estudantes, podendo ser utilizadas para resolver problemas e facilitar o aprendizado (ALVES, 2015).

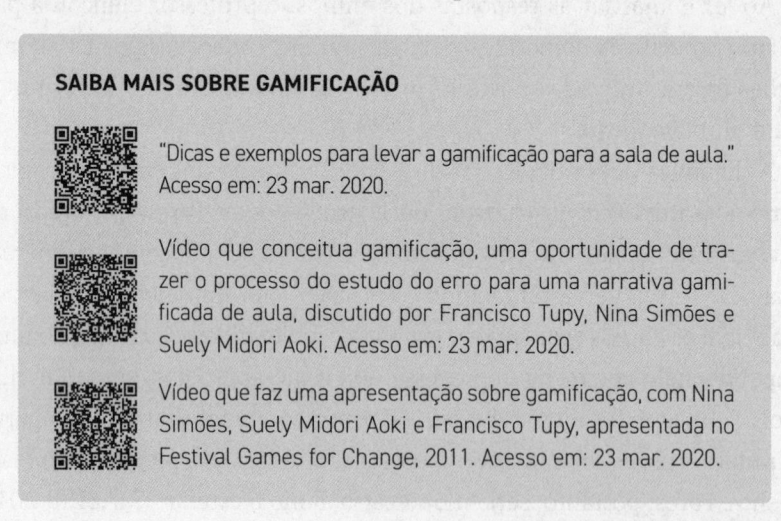

SAIBA MAIS SOBRE GAMIFICAÇÃO

"Dicas e exemplos para levar a gamificação para a sala de aula." Acesso em: 23 mar. 2020.

Vídeo que conceitua gamificação, uma oportunidade de trazer o processo do estudo do erro para uma narrativa gamificada de aula, discutido por Francisco Tupy, Nina Simões e Suely Midori Aoki. Acesso em: 23 mar. 2020.

Vídeo que faz uma apresentação sobre gamificação, com Nina Simões, Suely Midori Aoki e Francisco Tupy, apresentada no Festival Games for Change, 2011. Acesso em: 23 mar. 2020.

Não era objetivo desse estudo trazer o foco para a nota, mas sim para o processo de aprendizagem e a importância de identificar possíveis lacunas – identificando e compreendendo o erro, pesquisando e aprendendo com o outro, para então construir novos conceitos.

Nesse contexto, identificamos três dos inúmeros mecanismos que podem ser utilizados para movimentar um sistema gamificado:

1. **Desafio:** a compreensão do erro.
2. **Cooperação:** a forma de trabalhar entre pares, engajados num mesmo propósito.

3. **Recompensa:** o benefício de conquistar um bônus acrescido na nota, de acordo com as construções realizadas com seu par.

A primeira correção do professor teve, portanto, o objetivo de auxiliar na construção do aprendizado dos alunos, sendo o erro considerado como um ponto importante, que leva ao autoconhecimento e ao desejo de superar suas dificuldades. Nesse contexto, compreender se o erro foi por "falta de compreensão do conteúdo"; "por não conseguir interpretar o enunciado"; "por não conseguir se expressar" ou até mesmo "pelo professor não entender a letra", traz um olhar atento e ativo para o aprendizado.

O professor, a partir dessa análise, consegue, por exemplo, desenvolver uma recuperação contínua ao longo do trimestre, utilizando esse instrumento para replanejar as atividades e projetos a serem desenvolvidos na sequência. E o aluno, quanto mais empenhado estiver em alcançar seu objetivo, mais ativo será no processo.

Nesta etapa do "Estudo do Erro" o professor foi observador e realizou intervenções, quando julgou necessário, com o papel de questionador, desencadeando processos de raciocínio importantes para a compreensão do erro.

A seguir estão dois exemplos de preenchimento do quadro reservado para o estudo. Assim que os pares identificavam e corrigiam o(s) erro(s) da resposta na própria avaliação – de forma destacada no texto, normalmente com uma caneta de cor diferente –, eles reformulavam as respostas, completando-as ou fazendo pequenas correções e, só então, assinalavam a opção que condizia com o erro (Figuras 3 e 4).

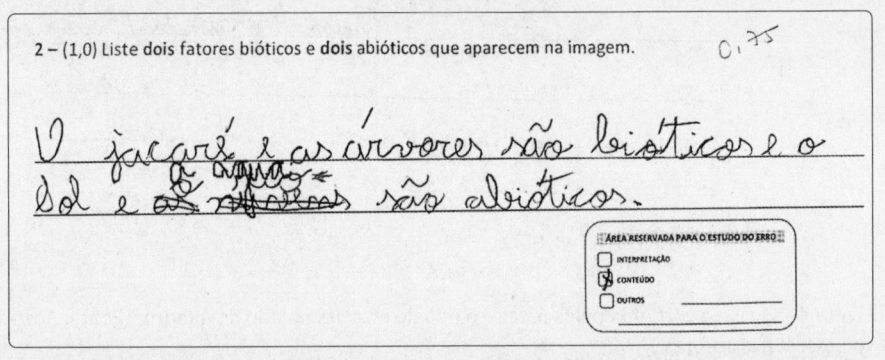

Figura 3 – Questão corrigida pelos pares e o tipo do erro assinalado no quadro. (Fonte: Acervo pessoal das autoras.)

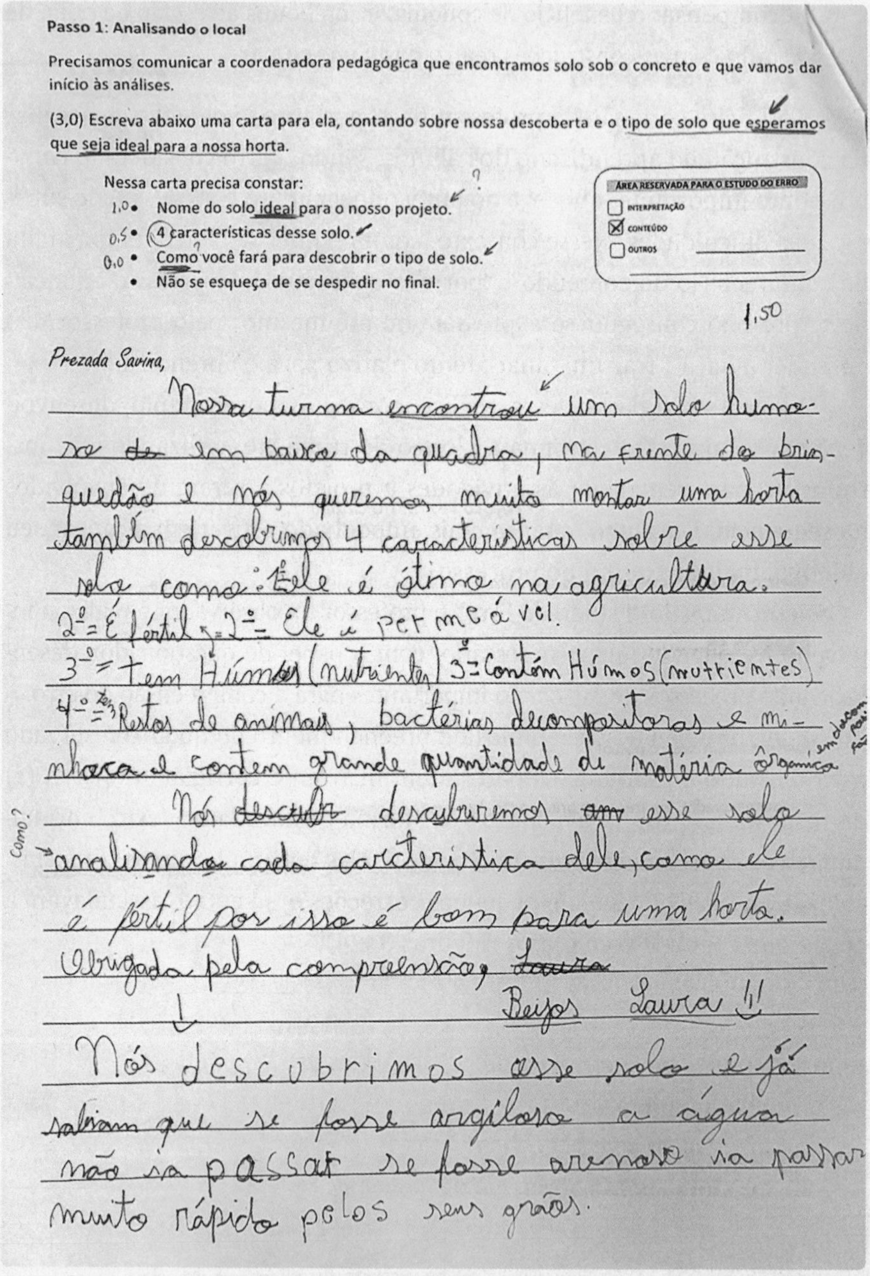

Passo 1: Analisando o local

Precisamos comunicar a coordenadora pedagógica que encontramos solo sob o concreto e que vamos dar início às análises.

(3,0) Escreva abaixo uma carta para ela, contando sobre nossa descoberta e o tipo de solo que esperamos que seja ideal para a nossa horta.

Nessa carta precisa constar:

- 1,0 Nome do solo ideal para o nosso projeto. ?
- 0,5 4 características desse solo.
- 0,0 Como? você fará para descobrir o tipo de solo.
- Não se esqueça de se despedir no final.

ÁREA RESERVADA PARA O ESTUDO DO ERRO
☐ INTERPRETAÇÃO
☒ CONTEÚDO
☐ OUTROS

1,50

Prezada Savina,

Nossa turma encontrou um solo humoso ~~de~~ em baixo da quadra, na frente do brinquedão e nós queremos muito montar uma horta também descobrimos 4 características sobre esse solo como: 1º Ele é ótimo na agricultura. 2º = É fértil; 2º = Ele é permeável. 3º = Tem Húmus (nutrientes) 3º = Contém Húmus (nutrientes) 4º = Restos de animais, bactérias decompositoras e minhoca e contem grande quantidade de matéria orgânica (em decomposição)

Nós ~~descob~~ descobriremos ~~am~~ esse solo analisando cada característica dele, como ele é fértil por isso é bom para uma horta. (Como?)

Obrigada pela compreensão, ~~Laura~~

Beijos Laura !!

Nós descobrimos esse solo e já sabiam que se fosse argiloso a água não ia passar se fosse arenoso ia passar muito rápido pelos seus grãos.

Figura 4 – Questão corrigida pelos pares e o tipo do erro assinalado no quadro. (Fonte: Acervo pessoal das autoras.)

Assim, de forma colaborativa, os alunos se ajudaram na tarefa de identificar, compreender, entender e corrigir o erro, oportunizando a construção de uma nova aprendizagem.

Para que o professor tivesse os dados qualitativos e quantitativos dos erros cometidos, foi elaborado um formulário digital (Google Forms)[2] para ser respondido pelos alunos, com base nas informações elencadas por ele no momento da sua correção e indicadas pelos alunos no campo "outros" do quadro do "Estudo do Erro". Cada questão do formulário representava uma questão da prova, sendo que as cinco primeiras alternativas foram iguais para todas as questões, e as demais alternativas dependiam dos erros específicos mais cometidos pelos alunos, que haviam sido elencados previamente durante a correção pelo professor.

O aluno poderia assinalar mais de uma alternativa. Por exemplo, na "questão 1b" da avaliação, muitos alunos responderam de forma equivocada *mutualismo* ou *inquilinismo*, quando a resposta correta seria *comensalismo*. Isso mostra que esses alunos apresentaram alguma defasagem nos conceitos de *comensalismo*, *mutualismo* e *inquilinismo*. Portanto, nessa questão do formulário foram acrescentadas duas opções, *mutualismo* e *inquilinismo* (Figura 5). Dessa forma, o professor conseguiria acompanhar quais são os alunos que tiveram esse erro específico.

Após o preenchimento do formulário, o professor pôde verificar por meio de gráficos e planilhas quantas vezes cada opção foi assinalada (Figura 6).

Observando o gráfico, ficou clara a dificuldade da turma em cada questão. E, por meio da planilha gerada com os resultados, também foi possível identificar o erro cometido individualmente, em cada uma das questões. Essas informações foram de extrema importância para posterior intervenção e verificação do aprendizado.

Após o processo de correção da avaliação, os alunos refletiram sobre seu percurso e como poderiam melhorar seu aprendizado, registrando seus pensamentos em uma autoavaliação. A autoavaliação pode ser compreendida como um processo de reflexão sobre o próprio desempenho,

---

[2] Um tutorial que ensina a usar o Google Forms para criar questionários e acompanhar as respostas está disponível em: <www.techtudo.com.br/dicas-e-tutoriais/2018/07/google-forms-o-que-e-e-como-usar-o-app-de-formularios-online.ghtml>. Acesso em: 23 mar. 2020.

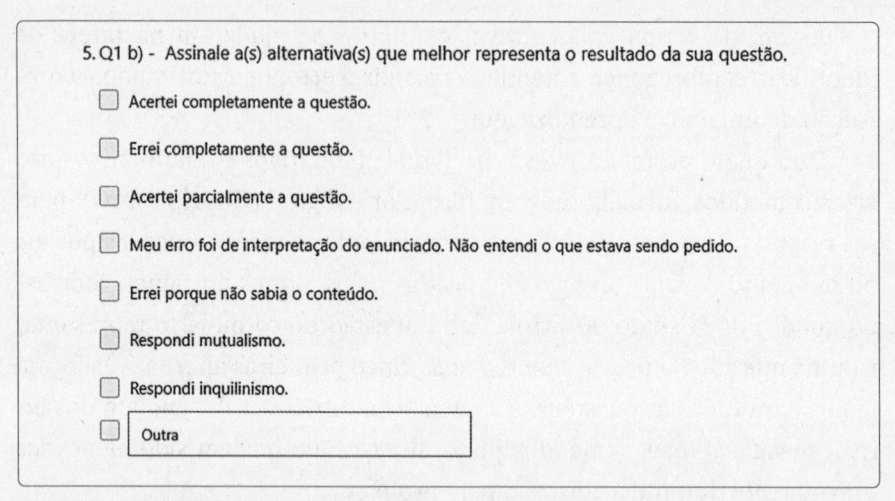

> 5. Q1 b) - Assinale a(s) alternativa(s) que melhor representa o resultado da sua questão.
> - ☐ Acertei completamente a questão.
> - ☐ Errei completamente a questão.
> - ☐ Acertei parcialmente a questão.
> - ☐ Meu erro foi de interpretação do enunciado. Não entendi o que estava sendo pedido.
> - ☐ Errei porque não sabia o conteúdo.
> - ☐ Respondi mutualismo.
> - ☐ Respondi inquilinismo.
> - ☐ Outra

Figura 5 – Exemplo de questão que compôs o formulário digital. (Fonte: Elaboração das autoras.)

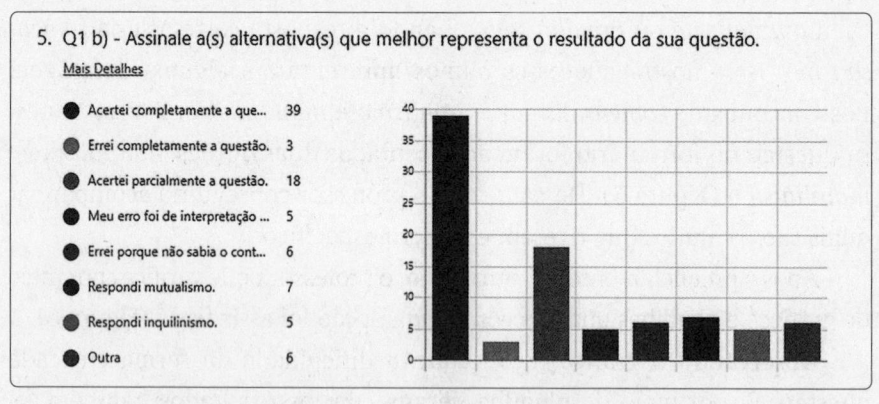

> 5. Q1 b) - Assinale a(s) alternativa(s) que melhor representa o resultado da sua questão.
> Mais Detalhes
>
> - Acertei completamente a que... 39
> - Errei completamente a questão. 3
> - Acertei parcialmente a questão. 18
> - Meu erro foi de interpretação ... 5
> - Errei porque não sabia o cont... 6
> - Respondi mutualismo. 7
> - Respondi inquilinismo. 5
> - Outra 6

Figura 6 – Exemplo de respostas de uma das turmas. O gráfico à direita mostra o número de vezes que cada opção foi assinalada. (Fonte: Elaboração das autoras.)

analisando seu percurso e tomando consciência dele, a ponto de identificar e corrigir seus erros. Para Santos (2002), é o processo por excelência da regulação, dado ser um processo interno ao próprio sujeito.

Vale a pena ressaltar que, muitas vezes, foi possível perceber nas autoavaliações o reconhecimento pontual do erro cometido, evidenciando a compreensão de seus próprios erros, além de se responsabilizar pelo empenho em avançar (Figura 7).

Por fim, as informações individualizadas, coletadas nas planilhas, foram usadas de forma personalizada, na qual o professor fez pequenas intervenções, como um exercício extra ou um questionamento oral durante as aulas, a fim de verificar a compreensão do aluno nas dificuldades apresentadas na avaliação. Essas atividades foram aplicadas apenas aos que apresentaram alguma defasagem detectada na avaliação.

Outra forma de verificar se a dificuldade constatada na *avaliação anterior* foi superada pelo aluno foi inserir na *avaliação seguinte* algumas perguntas que contemplassem o assunto defasado. Como resultado desse processo, essas questões tiveram alto índice de acertos e, como consequência, o número de alunos em recuperação no primeiro trimestre de 2019 foi reduzido quando comparado ao ano anterior (2018), no qual esse estudo não foi realizado.

Os alunos se engajaram na proposta durante toda a estratégia, acreditamos que o "bônus" na nota serviu como um "disparador" no processo, e que logo depois foi substituído pelo desejo de ensinar. O prazer demonstrado pelos estudantes de poder ensinar o colega foi evidente em todas as salas.

Interessante apontar que, após essas dinâmicas de "Estudo do Erro", observamos uma mudança na postura de alguns alunos durante as aulas. Isso contribuiu de forma positiva no aprendizado na turma, pois esses alunos tornaram-se mais disponíveis, solícitos, solidários, empáticos, tomando a iniciativa de ajudar os colegas assim que notavam alguma dificuldade.

Levando em conta que o número de alunos do 6º ano, os alunos e as ferramentas de avaliação usadas em 2018 e 2019 foram diferentes, elaboramos dois gráficos de setores a fim de evidenciar a diferença entre os dois anos. O Gráfico 1 mostra a quantidade de alunos que não atingiu a média

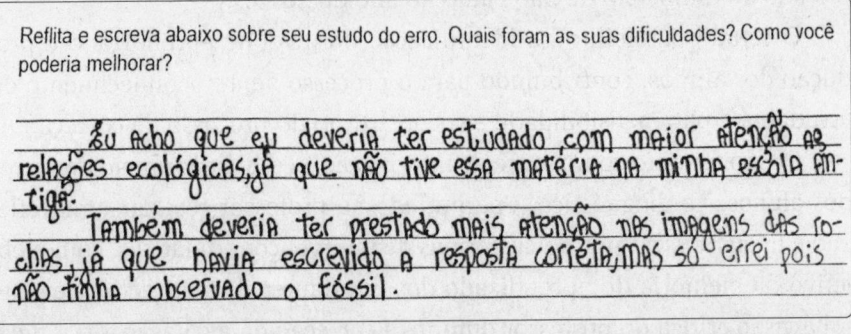

> Reflita e escreva abaixo sobre seu estudo do erro. Quais foram as suas dificuldades? Como você poderia melhorar?
>
> Eu acho que eu deveria ter estudado com maior atenção as relações ecológicas, já que não tive essa matéria na minha escola antiga.
> Também deveria ter prestado mais atenção nas imagens das rochas, já que havia escrevido a resposta correta, mas só errei pois não tinha observado o fóssil.

Figura 7 – Autoavaliação relacionada ao "Estudo do Erro" da avaliação de um aluno. (Fonte: Acervo pessoal das autoras.)

em ciências no primeiro trimestre de 2018 e o Gráfico 2 representa as mesmas informações em 2019, sendo possível observar menor número de alunos em recuperação no primeiro trimestre de 2019.

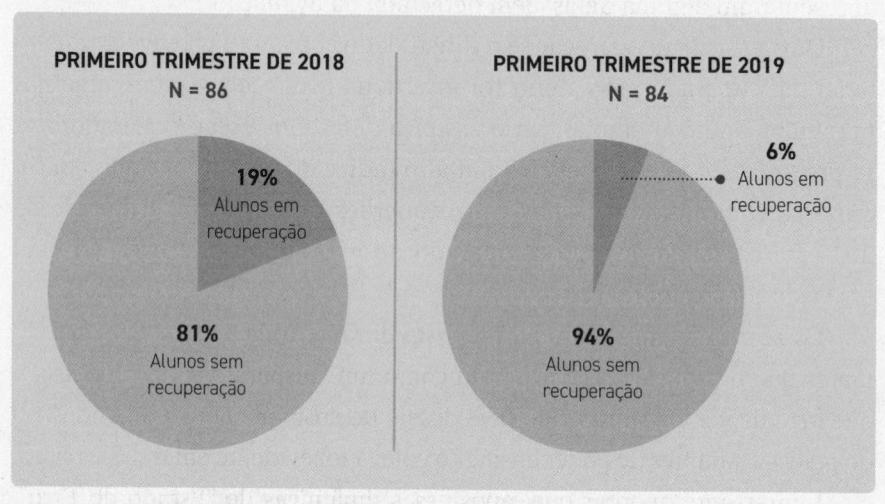

PRIMEIRO TRIMESTRE DE 2018
N = 86
- 19% Alunos em recuperação
- 81% Alunos sem recuperação

PRIMEIRO TRIMESTRE DE 2019
N = 84
- 6% Alunos em recuperação
- 94% Alunos sem recuperação

Gráfico 1 – Resultado do primeiro trimestre de 2018: 19% dos alunos ficaram em recuperação e 81% dos alunos conseguiram atingir a média.
Gráfico 2 – Resultado do primeiro trimestre de 2019, no qual o "Estudo do Erro" foi desenvolvido. Nota-se a redução dos alunos em recuperação.

Considerações finais

Este capítulo teve como objetivo principal discorrer sobre o "Estudo do Erro" como metodologia de investigação em uma avaliação do primeiro trimestre de ciências no 6º ano do Ensino Fundamental em uma escola privada do município de São Paulo no ano de 2019.

O estudo possibilitou a identificação do nível de aprendizado e produção dos alunos, contribuindo para o processo de autoconhecimento do estudante e para a visibilidade e coconstrução do processo de correção.

O erro foi visto como fonte de informação – colhida por meio dos erros dos alunos – e diagnóstico – permitindo ao professor realizar uma reflexão e iniciar buscas por novas formas de intervenções didáticas, com o objetivo da melhoria do aprendizado dos estudantes. Um aspecto relevante foi a visão crítica do professor durante a correção da avaliação – por meio da análise dos dados obtidos, identificando lacunas e mediando o processo de aprendizagem do aluno, onde o erro foi considerado um importante aliado na construção do conhecimento –, bem como na elaboração de estratégias a serem desenvolvidas e no momento da aprendizagem colaborativa em pares, que para Hattie (2017) é uma premissa-chave. Uma atitude adequada e ações adequadas trabalham juntas para alcançar um efeito positivo na aprendizagem.

As estratégias usadas foram inspiradas nas metodologias ativas, como mecanismos de gamificação, possibilitando alto nível de engajamento dos estudantes, abrindo possibilidades para inseri-los como agentes principais responsáveis pela própria aprendizagem. Isso contribuiu para uma mudança na postura deles, que se tornou mais empática e solidária em sala de aula.

Notamos que a estratégia de aprendizagem entre pares foi muito impactante no aprendizado. Hattie (2017) afirma que os efeitos dessa forma de aprendizagem são tão grandes para os alunos mais proficientes quanto para os menos proficientes. Isso porque os alunos aprendem muito mais quando se reconhecem no processo de aprendizagem, identificam seus erros, buscam novas respostas, constroem com seus pares e contribuem na mediação dessa construção.

Além disso, essa estratégia também possibilitou o desenvolvimento da autorregulação e o controle dos alunos sobre suas próprias aprendizagens, pois eles estavam tão envolvidos que deixaram de ser alunos e passaram a ser professores de si mesmos e de outros.

Dessa forma, o educador e os alunos identificaram o erro e reconstruíram o aprendizado a partir dele, de forma inclusiva, na qual todos aprendem, tornando esse processo visível para todos os envolvidos.

Referências bibliográficas

ALVES, F. *Gamification*: como criar experiências de aprendizagem engajadoras. Um guia completo: do conceito à prática. 2ª ed. São Paulo: DVS, 2015.

BACICH, L.; MORAN, J. (org.). *Metodologias ativas para uma educação inovadora*: uma abordagem teórico-prática. Porto Alegre: Penso Editora, 2018.

BARDIN, L. *Análise de conteúdo*. Lisboa: Edições 70, 1979.

BORASI, R. *Reconceiving mathematics instruction*: a focus on errors. Nova Jersey: Ablex Publishing Corporation, 1996.

CURY, H. N. *Análise de erros*: o que podemos aprender com as respostas dos alunos. Belo Horizonte: Autêntica, 2007.

DE LA TORRE, S. *Aprender com os erros*: o erro como estratégia de mudança. Porto Alegre: Artmed, 2007.

HATTIE, J. *Aprendizagem visível para professores*. São Paulo: Penso Editora, 2017.

HOFFMANN, J. *Avaliação mediadora*: uma prática em construção da pré-escola à universidade. Porto Alegre: Educação & Realidade, 1993.

_____. *Avaliação, mito e desafio*: uma perspectiva construtivista. Porto Alegre: Educação & Realidade, 1993.

LUCKESI, C. C. *Avaliação da aprendizagem escolar*: estudos e proposições. São Paulo: Cortez, 1995.

_____. *Avaliação da aprendizagem na escola*: reelaborando conceitos e criando a prática. 2ª ed. Salvador: Malabares Comunicações e Eventos, 2005.

_____. *Avaliação da aprendizagem*: componente do ato pedagógico. São Paulo: Cortez, 2011.

MAZUR, E. *Peer instruction*: a revolução da aprendizagem ativa. São Paulo: Penso Editora, 2015.

SANTOS, L. *Autoavaliação regulada*: por quê, o quê e como? Repositório Integrado de Bibliotecas da Universidade de Lisboa, 2002. Disponível em: <https://repositorio.ul.pt/bitstream/10451/4884/1/Santos%20%282002%29.pdf>. Acesso em: 20 fev. 2020.

VASCONCELLOS, C. *Avaliação*: concepção dialética libertadora do processo de avaliação escolar. 16ª ed. São Paulo: Libertad, 2006.

ZAGNOLI, T. de P. *Uma análise do erro de um grupo de estudantes do Ensino Médio em uma escola de Juiz de Fora-MG sob a ótica sociocontextual*. Dissertação de mestrado (Mestrado Profissional em Educação Matemática), Universidade Federal de Juiz de Fora (UFJF). Juiz de Fora: 2017.

CAPÍTULO 11

PLANEJAMENTO REVERSO: UM CAMINHO POSSÍVEL PARA TORNAR VISÍVEL E ALINHAR ENSINO PARA COMPREENSÃO, AVALIAÇÃO FORMATIVA E CURRÍCULO BASEADO EM COMPETÊNCIAS

Julia Pinheiro Andrade

O assim chamado planejamento reverso é uma estratégia para pensar o planejamento de unidades de ensino com foco nos resultados que se quer alcançar: parte-se do fim, da compreensão final que se espera que os estudantes construam no estudo, em vez dos conteúdos ou atividades de ensino. Por isso chama-se reverso: inverte a lógica tradicional da prática docente, de primeiro pensar no "o que" fazer para depois pensar no "por que" e no "como". É uma ferramenta potente para tornar visíveis e coerentes objetivos, metodologias, estratégias de avaliação e planos de aprendizagem. Embora não defina ou se vincule a uma pedagogia específica, favorece os processos exigidos pelos princípios da educação para o desenvolvimento integral (ANDRADE, COSTA e WEFFORT, 2019; TREMEMBÉ, 2019). A seguir, contextualizamos como conhecemos o imenso potencial dessa ferramenta para, então, fundamentá-la e apresentar como o município de Tremembé e diversos professores apoiados pela Ativa Educação[1] vêm colocando-a em uso.

---

1 A Ativa Educação é uma proposta de desenvolvimento que consolidamos desde 2018, a partir de cursos de extensão de formação de professores no Instituto Singularidades e no Instituto Vera Cruz. Saiba mais em: <www.ativaedu.com.br>. Acesso em: 10 fev. 2021.

Nosso contexto de encontro com a teoria

Entre 2017 e 2019 nos envolvemos em amplas iniciativas de pesquisa e desenvolvimento de políticas públicas para o Centro de Referências em Educação Integral:[2] a pesquisa de referências para políticas públicas "Avaliação para a Educação Integral" (ANDRADE et al., 2020) e a pesquisa-ação de desenvolvimento curricular e assessoria para o município de Tremembé, das quais resultou a publicação-plataforma "Currículo para a Educação Integral" (ANDRADE, COSTA e WEFFORT, 2019). Tremembé é um município que, em sua gestão 2016-2020, implementou a arquitetura da política pública "Educação Integral: Na Prática"[3] em sua rede, ou seja, criou um processo formativo, dialógico e horizontal de revisão de práticas de gestão e de práticas pedagógicas que culminou na publicação de um novo currículo para a cidade (TREMEMBÉ, 2019), pelo qual institui o objetivo do desenvolvimento integral e da ativação do território educativo da cidade como bases para a formação humana das escolas municipais e das políticas sociais do município. Nesse contexto, portanto, Tremembé precisava de um modelo inovador de planejamento que desse voz e tornasse visível esses grandes objetivos de desenvolvimento. Foi em meio ao processo de assessoria curricular em Tremembé e de pesquisa em avaliação para o Centro de Referências em Educação Integral que conhecemos a meta-análise de John Hattie (2017) "Aprendizagem visível para professores" e, com ela na cabeça, participamos da viagem catali-

---

[2] O Centro de Referências em Educação Integral é uma iniciativa coletiva fundada em 2015 por diversas instituições do terceiro setor que apoiam a concepção e o desenvolvimento de políticas públicas de educação para o desenvolvimento integral no Brasil. A iniciativa conta ainda com a chancela da Organização das Nações Unidas para a Educação, a Ciência e a Cultura (Unesco). A concepção da Educação Integral é um movimento que vem sendo desenvolvido no Brasil desde os pioneiros da Educação Nova (1932) e, em quase um século de práticas, vem se materializando em diversos programas, políticas e práticas. Para saber mais, acesse as produções do Centro de Referências: <www.educacaointegral.org.br/conceito/>. Acesso em: 15 jan. 2021.

[3] "Educação Integral: Na Prática" é uma proposição coletiva do Centro de Referências em Educação Integral para implementação de políticas públicas de Educação Integral desenvolvida com base na experiência de diversas gestões municipais de Educação e nos referenciais de pesquisa de diversos institutos com atuação de peso nessa área. Conheça mais na plataforma <www.educacaointegral.org.br/na-pratica>. Acesso em: 15 jan. 2021.

sadora de 2017,[4] a partir da qual mergulhamos em experiências teórico-práticas profundas com o Projeto Zero e com o planejamento reverso.

Com o Instituto Catalisador, visitamos a Light House Public Charter School, escola gerida por um coletivo docente que, até hoje, representou o maior exemplo de *eficácia escolar*[5] que já conhecemos: uma escola que, a despeito da herança cultural e da origem econômica de seus estudantes, logra desenvolver uma cultura escolar de nível acadêmico altíssimo e com uma força comunitária e humana sem precedentes. À época, visitamos a unidade situada em Oakland, cidade industrial da periferia do Vale do Silício, Estados Unidos, cujo alunado era composto por filhos de migrantes, muitos deles mexicanos. Para estudantes cujos avós e pais mal cursaram a escola básica no México, mal falavam e escreviam em inglês, a escola consegue criar uma cultura de pensamento potente e visível, que lhes permite desenvolver competências – com destaque para a autoconfiança coletiva – e conhecimentos poderosos para ingressar nas melhores universidades dos Estados Unidos.[6]

Ao investigar qual era a fundamentação desse tipo de trabalho com a equipe docente que nos recebera, descobrimos as bases de uma forte comunidade de aprendizagem: a) uma cultura escolar **em que o erro é esperado, explorado pedagogicamente e sempre visto como oportunidade de aprender**; b) **o princípio de tornar a aprendizagem dos estudantes visível**, compartilhada e documentada por meio de Rotinas de Pensamento difundidas como hábitos (mentais, emocionais, motivacionais) em todas as áreas do conhecimento; c) **estudantes "empoderados pelo *design*"**, ou seja, estimulados à colaboração e à criatividade "mão na massa" para desenvolver projetos autorais sobre diversos temas. Os fundamentos dessa visão curricular se apoiavam nos estudos coletivos da equipe de profes-

---

4 O Instituto Catalisador promove diversas iniciativas de aprendizagem criativa, dentre elas as viagens catalisadoras, pelas quais grupos de educadores conhecem várias escolas e iniciativas pedagógicas. Saiba mais em: <www.catalisador.org.br/>. Acesso em: 15 fev. 2021.

5 O amplo debate sobre eficácia escolar (BROOKE e SOARES, 2008) é uma área central na pesquisa educacional contemporânea baseada em evidências, que discute como a escola pode ser gerida para superar desigualdades socioculturais e econômicas e promover mais equidade. O que importa determinar são justamente os fatores que mais promovem aprendizagem e em qual contexto são mais efetivos e eficazes para gerar equidade e inclusão.

6 Conheça melhor a rede de escolas da comunidade da Light House School: <https://lighthousecharter.org/>. Acesso em: 10 jan. 2021.

sores – alinhados ao conceito de expertise colaborativa de Hattie – sobre o conceito e as práticas de ensino para a compreensão, a que tiveram acesso por meio de cursos do Projeto Zero e da prática do planejamento reverso, o planejamento para a compreensão: alinhando ensino, currículo e avaliação por meio do planejamento reverso (WIGGINS e MCTIGHE, 2019).

Em 2018 passamos a estudar essas referências, nos engajamos em nosso primeiro curso no Projeto Zero (realizando a proposta descrita no capítulo 5, "Vamos 'tinkerar'?") e passamos a estudar e contextualizar o planejamento para a compreensão pelo Centro de Referências em Educação Integral com a rede municipal de Tremembé, que justamente buscava uma forma de planejamento alinhada à concepção de educação para o desenvolvimento integral. Nesse mesmo ano, em julho, nasceu nossa primeira versão do curso sobre aprendizagens visíveis no Instituto Singularidades, uma proposta que veio sendo multiplicada e ampliada nos anos seguintes para várias outras instituições.

Em 2019, imersos no estudo do ensino e do planejamento para a compreensão, passamos a sistematizar nossa proposta como a ATIVA – Abordagem para Tornar Visível a Aprendizagem – e a estudar e aplicar o planejamento reverso em todas as nossas iniciativas pedagógicas.

Planejamento, compreensões e aprendizagens visíveis

Planejar é ter propósitos, objetivos e intenções definidas, e desenhar bons caminhos ou estratégias para alcançá-los. Como planejar práticas pedagógicas centradas em aprendizagens visíveis que efetivamente cumpram o objetivo de promover a compreensão dos aprendizes? Como planejar para que a maioria dos estudantes realmente aprenda e compreenda – e não apenas reproduza ou memorize – o que definimos como objetivos de aprendizagem? Mais ainda: como definir claramente objetivos relevantes e alcançáveis de aprendizagem? Uma vez que os definimos, como desenvolver uma visão avaliativa que nos permita efetivamente monitorar se estamos indo na direção desejada? Por fim, como planejar o dia a dia das atividades – planos de aula, sequências didáticas e projetos – coerentes com os objetivos de aprendizagem e com as estratégias avaliativas?

Essas são as questões essenciais da ampla pesquisa e proposta teórico-prática do "planejamento para a compreensão" de Grant Wiggins e Jay McTighe (2019), uma proposta conhecida como "planejamento reverso" cujo objetivo é justamente alinhar ensino, currículo e avaliação com o grande propósito de ensinar, para que os alunos desenvolvam compreensões profundas e significativas, não memorizações superficiais ou práticas sem propósito claro.

Por que planejamento reverso?

Wiggins e McTighe (2019) explicam que construíram sua proposta a partir de ampla e longa observação de práticas docentes associadas ao planejamento e à avaliação. Ambos foram professores da Educação Básica, se especializaram em assessorias pedagógicas a escolas e redes públicas e, em seus últimos anos de parceria, sistematizaram sua pesquisa pela Associação Norte-Americana para Desenvolvimento e Supervisão Curricular (ASDC). Na ampla prática de supervisão e formação de coordenadores e professores, os autores se depararam com o que conceituam os "dois pecados capitais" da prática de planejamento tradicional: ensinar com foco na "cobertura" descontextualizada de conteúdo (aulas focadas no excesso de informações e instruções "depositadas" nos alunos), ou ensinar apenas com foco na sucessão de atividades, numa "fazeção" muitas vezes sem sentido ou mesmo sem um propósito sequer comunicado:

> O erro do planejamento orientado para atividade deve ser chamado de mão na massa sem usar a cabeça – ou seja, engajar-se em experiências que levam apenas acidentalmente, na melhor das hipóteses, à descoberta ou aquisição de novas aprendizagens. [...] atividades [que], embora divertidas e interessantes, não levam a lugar nenhum intelectualmente. [...] carecem de um foco explícito em ideias importantes e evidências apropriadas de aprendizagem, especialmente na mente dos alunos. Eles pensam que seu trabalho é meramente se engajar; são levados a pensar que a aprendizagem *é* a atividade, **não percebendo que aprendizagem provém do estímu-**

lo à reflexão sobre o *significado* da atividade. Uma segunda forma de falta de objetivo recebe o nome de "cobertura", uma abordagem na qual os alunos seguem um livro didático, página por página (ou os professores, por meio das anotações das aulas), na ousada tentativa de percorrer todo o material factual dentro de um tempo prescrito. (WIGGINS e MCTIGHE, 2019, p. 16, grifos nossos)

Que fique desde já claro: apresentar uma teoria, fornecer ao aluno uma visão geral de uma disciplina ou campo de estudos, dar uma boa aula expositiva e, com ela, demonstrar uma argumentação, não é nada inerentemente errado. Ao contrário, em diversas áreas, como é notável no caso da filosofia, é mesmo essencial que o estudante esteja exposto a uma "performance" do pensamento, a um modo de construir argumentos e enlaçar fontes, coordenar pontos de vista e alcançar conclusões ou formular novos questionamentos.

A questão tem a ver com a transparência do propósito. *Cobertura* é um termo negativo (enquanto *introdução* ou *investigação* não o são) porque quando o conteúdo é "coberto" o aluno é conduzido em meio a infindáveis fatos, ideias e leituras com pouca ou nenhuma noção das ideias fundamentais, questões e objetivos de aprendizagem que podem orientar e dar sentido ao estudo. (WIGGINS e MCTIGHE, 2019, p. 16, grifos nossos)

Para combater os dois pecados capitais do modo tradicional de planejamento docente, os autores propõem o conceito de compreensão pelo *design*, pelo desenho autoral, sendo "Planejamento para a compreensão" a tradução oficial de *Understanding by design* (WIGGINS e MCTIGHE, 2019). O cerne da visão do planejamento para compreensão é a orientação para planejar práticas pedagógicas com sentido e significado definidos, nomeáveis e visíveis para professores e estudantes.

Como salientam os autores, não se trata de forma alguma de um programa prescritivo, de protocolos rígidos e etapas a serem cumpridas mecanicamente. Tampouco os autores propõem uma filosofia de educação como "a" visão que implemente o ensino para a compreensão. Sua proposição é um conjunto reflexivo de questões para o professor, ancorado em amplas referências teóricas, notadamente das ciências da aprendizagem contemporâneas.[7] No entanto, sustentamos que a proposta do planejamento reverso ou planejamento para a compreensão se afina imensamente com a concepção de educação para o desenvolvimento integral, como caracterizamos a seguir e, mais adiante, demonstramos como foi escolhido e apropriado criticamente pelo município de Tremembé (2019), quando de sua implementação da política pública de currículo para a Educação Integral.

Um resumo em sete afirmações

Segundo o artigo de síntese da proposta (WIGGINS e MCTIGHE, 2012, pp. 1-2), sete afirmações centrais nos permitem entender a estrutura do planejamento reverso e o que ele propõe:

1. A aprendizagem dos estudantes é fortalecida quando os professores pensam de maneira intencional sobre o planejamento curricular. A estrutura do planejamento reverso ajuda neste processo, oferecendo parâmetros reflexivos, não prescritivos, para qualquer modalidade de ensino, especialmente para o Ensino Fundamental, Médio e Superior.
2. O modelo do planejamento reverso ajuda a focar o currículo e o ensino no desenvolvimento e no aprofundamento da compreensão do estudante, para que ele ganhe a competência de transferir sua aprendizagem escolar (conhecimentos, habilidades, atitudes e valores) para outros contextos da vida.
3. A compreensão é revelada quando o estudante autonomamente elabora sentido, percebe ou transfere sua aprendizagem por meio de uma

---

[7] Duas referências notáveis são as amplas pesquisas baseadas em evidências do tipo "estado da arte" que o Conselho Nacional de Pesquisa – National Research Council (NRC) – dos Estados Unidos desenvolvem periodicamente com dezenas de pesquisadores norte-americanos associados a muitos outros países. São amplamente citadas por Wiggins e McTighe as pesquisas "Como nós aprendemos?" (NRC, 2000), coordenada por John Bransford, e "Educação para a vida e para o trabalho: desenvolvendo conhecimentos e habilidades transferíveis no século XXI" (NRC, 2012, tradução do título nossa), coordenada por John Pellegrino e Margareth Hilton.

ação – o que os autores chamam de performance autêntica –, isto é, uma ação é observável em um contexto real, autêntico, de investigação ou descoberta. Como "compreensão" é uma capacidade polissêmica, ou seja, tem múltiplos sentidos e formas de se expressar; os autores propõem as chamadas seis facetas da compreensão para ajudar a tornar visíveis os múltiplos modos de compreender, nomeando todas as suas dimensões como capacidades complementares: explicar, interpretar, aplicar, perceber perspectivas, empatizar e se autoavaliar. São seis capacidades que definem objetivos de compreensão como ações cognitivas e emocionais reconhecíveis e observáveis, e que funcionam como indicadores da compreensão.

4. O currículo efetivo é planejado de modo invertido numa perspectiva de longa duração em termos de resultados desejados, por meio de três estágios: resultados desejados, evidências e plano de aprendizagem. Este processo ajuda a evitar os dois "pecados capitais" mais comuns que impedem o fortalecimento da compreensão dos estudantes, como já vimos: 1) ensinar com base na transmissão de conteúdos, em geral, tratando os livros didáticos e apostilas como "o" currículo e não como um recurso; e 2) desenvolver apenas um ensino baseado na orientação por atividades e exercícios contínuos, sem temas e ideias claras ou propósitos aparentes.

5. Professores são mentores da compreensão, não apenas transmissores de informação, habilidades ou planos de atividades. Seu foco é assegurar que a aprendizagem aconteça não apenas pelo ensino, como quem assume que "o que foi ensinado foi apreendido" ou "eu expliquei na aula, mas eles que não entenderam". O maior propósito do professor é facilitar e buscar alcançar a elaboração de sentido e a transferibilidade autônoma do que foi aprendido pelos aprendizes a outros contextos ou situações.

6. Regularmente rever as unidades do currículo por meio da reescrita de padrões de aprendizagem (da BNCC, dos currículos estaduais, municipais ou escolares) fortalece a qualidade do trabalho curricular, e, quando feita em equipes docentes, promove engajamento em discussões profissionais muito relevantes.

7. O modelo do planejamento reverso reflete uma abordagem para a melhoria contínua do resultado do estudante como prática de uma cultura

reflexiva constante e coerentemente articulada entre ensino, currículo e avaliação. O resultado do nosso desenho – a performance dos estudantes – informa as necessidades de mudança no currículo ("por que", "o que", "o como" ensinar e avaliar), bem como na instrução (como ensinar, manejar metodologias, diferenciar e mediar grupos) para que a aprendizagem dos estudantes seja mais visível e maximizada.

Os três estágios do planejamento reverso

A proposta da escrita do planejamento reverso visa organizar unidades curriculares, não aulas individualmente, e, como vimos, se organiza em três estágios: resultados desejados, evidências e plano de ensino e aprendizagem. No entanto, a escrita do planejamento não precisa cumprir uma ordem definida. No início, professores frequentemente preferem começar pelo estágio 3, por exemplo, e depois seguem aos estágios 1 e 2. Wiggins e McTighe propõem que cada professor pense e revise uma unidade curricular considerando todos os estágios, em qualquer ordem.

Com o tempo, passará a ser mais natural pensar reversamente, inicialmente definindo resultados, compreensões e perguntas essenciais; depois, conhecimentos e habilidades; e, em seguida, as demais dimensões. Muitos professores têm mais facilidade em descrever conhecimentos (conceitos, procedimentos) e habilidades e, a partir deles, definir compreensões e perguntas. Já outros partem das perguntas essenciais, refinam compreensões, conhecimento, habilidades e, por fim, resultados finais. Portanto, não há um jeito único de escrever e pensar o planejamento reverso. O importante é considerar o conjunto das proposições na escrita e revisão de dada unidade curricular de um curso.

A seguir, apresentamos o modelo de Wiggins e McTighe (2019) acrescido de consignas explicativas que viemos desenvolvendo nas iniciativas da Ativa Educação (Figura 1):[8]

---

[8] É possível encontrar o documento editável na internet. Disponível em: <https://ativaedu.com.br/wp-content/uploads/2021/09/Matriz_PR_Ativa_2021.docx.pdf>. Acesso em: 19 mar. 2021.

ESTÁGIO 1 – RESULTADOS DESEJADOS

Objetivos estabelecidos:

Este estudo tem por objetivo estimular os estudantes no desenvolvimento de...

- Definir grandes resultados e objetivos.
- Resultados se formulam como resposta à pergunta: *"Para quais tipos de capacidades importantes esse conteúdo de ensino nos equipa para a vida?"* (WIGGINS e MCTIGHE, 2019, p. 79).
- Uma dica é (re)elaborar objetivos relevantes de orientações curriculares, como a BNCC, o currículo estadual ou municipal.

Compreensões essenciais:

Os alunos irão compreender que...

- Quais são as grandes ideias que queremos que os estudantes compreendam?
- Que compreensões específicas sobre elas são desejadas?
- Que incompreensões são previsíveis?
- O que alunos devem compreender das ideias essenciais a serem estudadas? Ao final do estudo o que devem ter assimilado como essencial (Qual é a mensagem? Qual é a "moral da história" desse estudo? Qual compreensão equivocada comum deve ser superada?).
- Pode-se decompor em compreensões de conteúdos conceituais, procedimentais e atitudinais.

Perguntas essenciais:

Nos perguntamos se...?

- Que questões os alunos precisam refletir ou investigar que revelem as compreensões essenciais?
- Que perguntas provocativas irão estimular a investigação, a compreensão e a transferência da aprendizagem?
- Qual é a pergunta que dispara a investigação de cada compreensão?
- Qual é a pergunta por detrás da importância do conteúdo que deve ser aprendido?
- Pode-se transformar a compreensão em pergunta ou pode-se formular a compreensão a partir da resposta a uma pergunta essencial.

Conhecimentos:

Os alunos saberão...

- Quais os principais conhecimentos que os alunos irão adquirir como resultado desta unidade?
- Listar conceitos e ideias essenciais.

Habilidades:

Os alunos serão capazes de...

- Quais as principais habilidades que os alunos irão desenvolver nesta unidade?
- O que eles serão finalmente capazes de fazer como resultado de tais conhecimentos e habilidades?
- Listar procedimentos e habilidades como ações observáveis por meio de verbos.

ESTÁGIO 2 – EVIDÊNCIAS PARA AVALIAÇÃO

- Pensar em critérios de avaliação e quais desempenhos/atividades/tarefas (em trabalho, em discussões, em produção de um produto final) dos estudantes revelam ou constroem as compreensões essenciais?

- Ter precisão no uso de verbos que descrevem ações observáveis.
- É desejável articulação com alguma taxonomia de objetivos educacionais (Bloom, SOLO, Depth of Knowledge etc.). As seis facetas (WIGGINS e MCTIGHE, 2019) oferecem dimensões que podem ser tomadas como critérios para a compreensão: explicar, interpretar, aplicar, identificar/coordenar perspectivas, empatizar, autoconhecer-se.

Tarefas de desempenho (ações observáveis):

Os estudantes [descrever ações observáveis]...

- Por meio de quais tarefas (produção escrita, resolução de problema "mão na massa", pesquisas autênticas, criação de produtos etc.) os alunos demonstrarão as compreensões desejadas?
- Por meio de quais critérios as evidências da compreensão serão julgadas?
- Por meio de quais outras evidências (por exemplo, questionários, testes, projetos acadêmicos, observações, dever de casa, diários) os alunos demonstrarão o alcance dos resultados desejados?
- Como os alunos irão refletir a respeito e autoavaliar sua aprendizagem?

Instrumentos avaliativos:

Utilizarei como instrumentos de avaliação...

- Testes – múltipla escolha, dissertativos, gamificados.
- Tabelas processuais de registro de hipóteses ou resultados de estudos.
- Sequência de Rotinas de Pensamento.
- Observação e registro (do professor, do estudante individual, em duplas, do coletivo).
- Autoavaliação (individual, em duplas, do coletivo).
- Construção de portfólio (individual, em grupos, do coletivo).
- Devolutivas (*feedbacks*) – de processo, de resultado; do professor, de pares.

ESTÁGIO 3 – PLANO DE APRENDIZAGEM

- Descrever e definir que experiências de aprendizagem e ensino possibilitarão que os alunos alcancem os resultados desejados.
- Planejar aulas, sequências didáticas, projetos didáticos ou roteiros de pesquisa.
- Wiggins e McTighe (2019) propõem questões com a sigla OPERAAO para uma checagem de revisão sobre seu planejamento do plano de aprendizagem. Questionar se **seu plano de aula/sua sequência didática, projeto ou roteiro**:
  O: Ajuda os alunos a saber para **O**nde a unidade está indo ou **O** que se espera? Ajuda o professor a saber de **O**nde os estudantes estão vindo (conhecimento prévio, interesses)?
  P: Prende a atenção dos estudantes e os mantém interessados?
  E: Equipa estudantes com ferramentas de registro e compreensão e os ajuda a **E**xperimentar as ideias-chave e **E**xplorar as questões?
  R: Oferece oportunidade de **R**epensar e **R**ever suas compreensões e trabalho?
  A: Permite que os alunos **A**valiem o próprio trabalho e suas implicações?
  A: Adapta-se às diferentes necessidades, interesses e capacidades dos alunos?
  O: Está **O**rganizado para maximizar o envolvimento inicial e contínuo dos estudantes com o estudo e entre si para apoiar a aprendizagem efetiva?

Figura 1 – Modelo de planejamento reverso da Ativa Educação. (Fonte: Elaboração da autora com base em Wiggins e McTigue, 2019.)

Estágio 1 – Resultados desejados

No primeiro estágio do planejamento reverso, as questões centrais são:

- O que os estudantes devem saber, compreender, estar aptos a fazer com esses conhecimentos e compreensões?
- Que grandes capacidades ou competências buscamos que cada um dos estudantes desenvolva para suas vidas ao construir conhecimentos, habilidades, atitudes e valores neste curso?
- Que compreensões duradouras são desejadas?
- Que questões essenciais serão exploradas em profundidade e nos trarão foco para aprendizagem? Ou seja, que perguntas mobilizam descobertas importantes e transformam os conteúdos a serem aprendidos em investigações instigantes e relevantes aos estudantes?
- Por fim, que conhecimentos serão consolidados (ideias e conceitos) e que habilidades estarão sendo praticadas (ações observáveis)?

No primeiro estágio, consideramos nossos objetivos didáticos, examinamos padrões de aprendizagem estabelecidos pelos currículos (BNCC, currículos do estado, do município ou das escolas) e revemos nossas expectativas curriculares para aquela turma específica, fazendo adaptações e contextualizações. Há sempre mais conteúdo do que o tempo necessário para trabalhá-lo, portanto todos os professores são obrigados a fazer boas escolhas. Nesse sentido, o primeiro estágio do planejamento nos convida a ter clareza sobre nossas prioridades.

As prioridades de ensino devem ser estabelecidas por objetivos de performance (saber mobilizar e atuar com os objetivos de aprendizagem) de longo prazo, isto é, competências que queremos que os estudantes demonstrem ao final do processo de estudo. Assim, o estágio 1 foca na transferência da aprendizagem para a vida, como exemplifica o quadro a seguir (Figura 2).

Uma conclusão importante é reconhecer que o conhecimento factual e as habilidades não são ensinados como valor em si mesmos, mas como meios para alargar as finalidades de compreensão, ainda que em áreas como matemática e línguas (inglês, espanhol) as habilidades pareçam ser o único conteúdo. Nesses exemplos, o ganho de proficiência

ÁREAS DO CONHECIMENTO	RESULTADOS DESEJADOS (habilidades, conhecimentos, atitudes e valores transferíveis para a vida)	FACETAS DA COMPREENSÃO MAIS MOBILIZADAS (explicar, interpretar, aplicar, pôr em perspectiva, empatizar, autoconhecer-se)
Matemática	Aplicar conhecimentos, habilidades e raciocínios matemáticos para resolver problemas do mundo real.	• Interpretar • Aplicar
Linguagem – Escrita	Produzir diferentes gêneros textuais a variado público para: explicar (texto informativo e explicativo), entreter (texto narrativo criativo), persuadir (texto argumentativo) e ajudar outros a realizar uma atividade (texto prescritivo).	• Explicar • Interpretar • Aplicar • Perceber pontos de vista
Ciências Humanas – História	Interpretar as "lições do passado" para compreender e interpretar o presente ou predizer tendências do futuro. Avaliar criticamente afirmações históricas compreendendo seu contexto social, cultural e político.	• Interpretar • Perceber pontos de vista • Aplicar (usar coerentemente) argumentos • Explicar
Linguagem e Artes	Criar ou "performar" um trabalho original em determinado meio, material ou linguagem para expressar ideias ou evocar emoções. Avaliar criticamente expressões estéticas compreendendo seu contexto social, cultural e político.	• Aplicar • Interpretar • Autoconhecer-se

Figura 2 – Exemplos de resultados de longo prazo como objetivos gerais das áreas do conhecimento. (Fonte: Elaboração da autora com base em Wiggins e McTigue, 2012.)

nas habilidades pode ser condensado pela ideia de ganhar repertório, vocabulário e capacidade de escolha perante dilemas ou resoluções de problemas (matemáticos ou de comunicação). É sempre possível afirmar uma compreensão por detrás do ganho de uma habilidade. A aquisição de conteúdo (conceitual ou procedimental) é um meio a serviço do significado de elaborar uma compreensão e promover uma transferência futura.

ÁREAS DO CONHECIMENTO	COMPREENSÕES	QUESTÕES ESSENCIAIS
Linguagem e Literatura	A grande literatura explora temas universais da existência humana e pode revelar realidades por meio da ficção.	▪ Como as histórias de outros tempos e espaços se relacionam com as nossas vidas atualmente?
Matemática	Dados quantitativos podem ser coletados, organizados e dispostos em uma variedade de modos. Ideias matemáticas podem ser representadas numericamente, graficamente e simbolicamente.	▪ Qual é o melhor modo de representar ou expressar...? ▪ De que outros modos isso pode ser representado?
Ciências Humanas – Geografia	A geografia, o clima e os recursos naturais de uma região influenciam a cultura, a economia e o modo de vida de seus habitantes.	▪ Como o lugar em que habitamos influencia o modo como nós vivemos?

Figura 3 – Compreensões essenciais associadas a perguntas essenciais nas diferentes áreas do conhecimento. (Fonte: Elaboração da autora com base em Wiggins e McTigue, 2012.)

Estágio 2 – Evidências

Este estágio é focado em evidências aceitáveis dos resultados definidos no estágio 1. Suas questões são:

- Como sabemos se os estudantes alcançaram os resultados desejados?
- O que aceitamos como evidência da compreensão do estudante e da sua habilidade para usar (transferir) sua aprendizagem a novas situações?
- Como vamos avaliar a performance dos estudantes de maneira justa, coerente e consistente?

O planejamento reverso encoraja os professores a primeiro pensar como um "assessor ou avaliador", antes de tradicionalmente desenhar as lições e atividades (WIGGINS e MCTIGHE, 2012, p. 5). A evidência avaliativa que nós buscamos deve revelar os resultados desejados. Portanto, devemos considerar antecipadamente as evidências de avaliação necessárias para documentar e validar que a aprendizagem desejada foi alcançada. Ao fazer isso, inevitavelmente afinamos e afiamos o foco do ensino com ênfase na aprendizagem.

Para tanto, os autores propõem distinguir entre dois grandes tipos de avaliação: tarefas de performance e outras evidências. Bem para além de exercícios de fixação de conhecimentos e memorizações, tarefas de performance são atividades que desafiam os estudantes a aplicar seu conhecimento em um novo contexto ou situação, como meio de avaliar a profundidade e a efetividade de sua compreensão justamente como habilidade de transferir sua aprendizagem. Com as seis facetas da compreensão (Figura 4) ganhamos um modelo para elaborar bons desafios, para além da conhecida taxonomia de Bloom,[9] originalmente escrita para amparar a elaboração de bons testes.

Ora, como ajudar os estudantes (e professores) a ter motivação para desenvolver um domínio flexível do pensamento em diferentes usos, articulado a situações que mobilizam múltiplas competências, como colaboração, escuta, empatia e criatividade? É preciso desenvolver investigações autênticas (com sentido e pertinência para quem pesquisa), em que haja escuta, questionamento, documentação e a mobilização dos diferentes tipos de pensamento para olhar bem de perto, descobrir, explicar, escutar,

---

[9] Nos últimos anos, com o crescimento de pesquisas em torno da aprendizagem profunda e da construção de níveis de compressão, alguns autores passaram a criar metodologias para diferenciar os níveis de aprendizagem e as estratégias de ensino adequadas, ou a elas correspondentes. Nos Estados Unidos, há anos tornou-se comum para a elaboração de atividades e de critérios de avaliação o uso da taxonomia dos objetivos de aprendizagem de Benjamin Bloom (originalmente de 1957, revista e ampliada por seus discípulos Krathwohl e Andersen em 2001). Na Austrália e na Nova Zelândia é comum o uso da escala SOLO de John Biggs (1982) e, mais recentemente, vem se difundindo os níveis de profundidade de conhecimento (*depths of knowledge*) de Norman Webb (2002). Brian Male exemplifica a diferença entre os níveis de conhecimento por meio de um exemplo: a aprendizagem de uma criança sobre as capitais dos países. "A habilidade de recordar que Paris é a capital da França é um pedaço de conhecimento. A habilidade de encontrar qual é a capital de um país, se ainda não a conhece, implicaria uma habilidade (com uso de um atlas ou da internet). Explicar por que uma cidade e não outra é a capital (porque Sidney não é a capital da Austrália) implica uma compreensão do conceito de capital. Há aí uma dimensão mais profunda da aprendizagem: a extensão de seu conhecimento sobre as capitais, tanto em profundidade quanto em amplitude. É importante notar aqui duas coisas: primeiro, que a distinção entre conhecimento, habilidades e compreensões é essencial para o desenho curricular, porque cada uma delas envolve um diferente tipo de conhecimento que o currículo necessita considerar; e, segundo, que o currículo deve envolver mais do que conhecimentos" (MALE, 2012 apud MODER, 2017, p. 24).

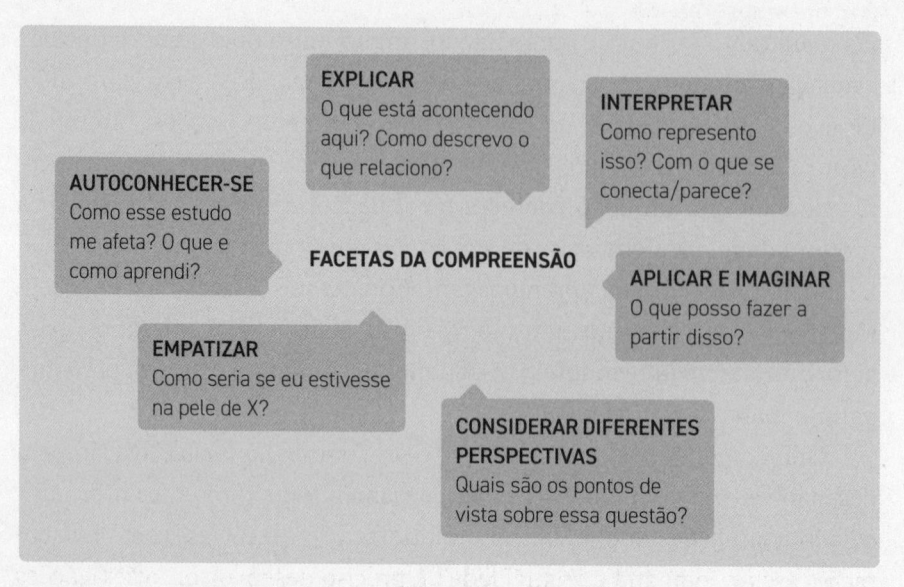

```
                    EXPLICAR
                    O que está acontecendo        INTERPRETAR
                    aqui? Como descrevo o         Como represento
                    que relaciono?                isso? Com o que se
   AUTOCONHECER-SE                                conecta/parece?
   Como esse estudo
   me afeta? O que e
   como aprendi?        FACETAS DA COMPREENSÃO
                                                  APLICAR E IMAGINAR
                                                  O que posso fazer a
        EMPATIZAR                                 partir disso?
        Como seria se eu estivesse
        na pele de X?
                            CONSIDERAR DIFERENTES
                            PERSPECTIVAS
                            Quais são os pontos de
                            vista sobre essa questão?
```

Figura 4 – As seis facetas da compreensão. Wiggins e McTighe propõem articular seis grandes objetivos educacionais ao longo de um estudo para promover uma compreensão profunda e significativa, explorando diferentes dimensões da compreensão. (Fonte: Elaboração segundo a proposta do planejamento reverso de Wiggins e McTighe, 2019.)

reconhecer pontos de vista, interpretar, raciocinar com base em evidências, avaliar, aplicar ferramentas e análises, imaginar possibilidades e, sobretudo, reconhecer-se e perceber-se enquanto aprendiz (como aprendo, o que aprendo, como esse estudo me transforma e transforma meus pontos de vista sobre a questão e sobre mim mesmo).

As facetas não são um modelo hierárquico, mas sim constelado, de modos de nomear objetivos cognitivos e emocionais de aprendizagem e, assim, de planejar atividades de desenvolvimento e de verificação da compreensão. As facetas funcionam como critérios norteadores de habilidades, ou seja, de ações observáveis, que podem ser úteis seja na definição do plano dos objetivos ou resultados de compreensão (estágio 1), seja para diversificar os modos de verificação da aprendizagem (estágio 2), seja para diversificar as oportunidades de estudo (como veremos no estágio 3).

Quando alguém compreende verdadeiramente alguma coisa, essa pessoa é capaz de:

- **Explicar** conceitos, princípios e processos, colocando-os em suas próprias palavras, ensinando outros, justificando suas respostas e demonstrando seu raciocínio;
- **Interpretar** e criar sentido a partir de dados, textos, experiências por meio de imagens, analogias, histórias e modelos;
- **Aplicar** conhecimentos e habilidades para efetivamente usar e adaptar o que já sabia a um novo contexto ou atuar em uma nova e complexa situação;
- Identificar, considerar ou coordenar múltiplas **perspectivas**, criando um quadro maior de análise ou reconhecendo diferentes pontos de vista em uma situação;
- **Empatizar** com um ponto de vista diferente do seu, sabendo se colocar no lugar do outro e perceber suas dores, necessidades e sentidos de seu ponto de vista;
- **Autoconhecer-se** e ganhar atenção metacognitiva, ampliar seus hábitos de pensamento, dar-se conta de como você aprende, no que tem mais ou menos facilidade e aptidão, e refletir sobre suas capacidades, disposições, motivações e conhecimentos elaborados na experiência de estudo.

Como visão geral do estágio 2, as facetas da compreensão não precisam ser usadas todas ao mesmo tempo na avaliação. Na matemática, na compreensão gramatical e na criação artística, aplicação, interpretação e explicação são as mais naturais, ao passo que nas ciências humanas e na literatura a interpretação e explicação são mais facilmente associadas à consideração de diferentes perspectivas e à empatia. Em todas as áreas, porém, pode-se fortalecer sempre o autoconhecimento (ver o capítulo 8, "Avaliação como aprendizagem", sobre avaliação formativa, que destaca estratégias de autoavaliação).

Wiggins e McTighe (2012) explicam que atividades de performance baseadas em uma ou mais facetas não precisam necessariamente ser praticadas em todas as aulas. Elas podem, ao contrário, ser vistas como atividades de culminância para uma unidade de estudo. As lições diárias podem ser focadas em conhecimentos e treinamento de habilidades requeridas para desenvolver tarefas de compreensão, do mesmo modo que o treino de um atleta ao se preparar para um grande campeonato: primeiro há muito treino baseado em repetição e, num jogo, há o improviso diante de situações inusitadas, e então o atleta pratica aplicação, criação e percepção de pontos de vista. No dia a dia, portanto, é possível mesclar diversas outras formas de avaliação para tornar visível e documentar o processo de aprendizagem e aquisição de conhecimento por parte dos alunos.

O desafio é definir estratégias avaliativas (portfólios, autoavaliação, devolutivas em pares, produções dissertativas, testes, performances, produtos de projetos – cartaz, panfleto, carta, livro, invenções etc.) que efetivamente tornem visível que os estudantes estão desenvolvendo os desempenhos correspondentes aos objetivos desejados. Ademais, somos desafiados a pensar em atividades avaliativas que diversifiquem as camadas e os níveis de compreensão para além do certo e errado, verdadeiro ou falso ou "cite... defina... resuma... explique...", que habitualmente reduz a compreensão a uma dimensão intelectualista, que pouco mobiliza as dimensões mais profundas do sujeito (em termos de diferentes tipos de pensamento e dimensões da experiência do aprender e do compreender, como exemplificado na Figura 4), como, por exemplo, perceber e coordenar diferentes pontos de vista sobre um tema, desenvolver empatia, articular diferentes formas de evidência, comparar documentos históricos, aplicar ou avaliar diferentes linguagens e refletir sobre como o estudo desenvolvido amplia seu próprio autoconhecimento.

Estágio 3 – Plano de aprendizagem

No estágio 3, trata-se de definir e descrever o passo a passo do ensino e da aprendizagem, seja por meio da escrita de planos de aula, de uma sequência didática, de um projeto didático ou de um roteiro didático.[10] No estágio 3 do planejamento reverso, professores planejam propriamente as atividades e as lições para alcançar os diferentes tipos de objetivos identificados no estágio 1: transferir, elaborar significados e adquirir conhecimento.

---

10 Conheça uma descrição pormenorizada das diferentes modalidades organizativas de planejamento didático (plano de aula, sequência didática, atividades permanentes, projeto didático, projeto investigativo e roteiros didáticos) no Currículo Municipal de Tremembé (TREMEMBÉ, 2019, pp. 110-126), que foi escrito a partir de uma reelaboração coletiva do material de Currículo na Educação Integral (ANDRADE, COSTA e WEFFORT, 2019) organizado pelo Centro de Referências em Educação Integral.

As questões orientadoras para fazer ou revisar as escolhas práticas são resumidas na sigla OPERAAO (tradução do inglês WHERETO, que quer dizer "para onde ir"). Em português, a sigla não ficou envolvente, mas são questões que sinalizam a atenção do professor para refletir sobre como apoiar os aprendizes na compreensão das ideias essenciais e sobre o sentido do processo de aprendizagem. Como prepará-los para transferir autonomamente sua aprendizagem? Como garantir que os estudantes construam os conhecimentos e habilidades necessários para efetivamente alcançar os resultados desejados? Que atividades, sequências, recursos são mais adequados para alcançar nossos objetivos?

As evidências das ciências das aprendizagens resenhadas por Wiggins e McTighe (2019) sugerem que os professores elaborem numerosas oportunidades de aprendizagem e de interações que permitam aos estudantes inferir e fazer generalizações por si mesmos. A compreensão não pode simplesmente ser ensinada ao estudante por transmissão de informações, mas deve ser construída, ou seja, o estudante deve ativamente construir sentido e significado em uma investigação ou em descobertas autênticas, do contrário suas concepções equivocadas permanecerão ou reinará o esquecimento após as provas.

Aprender a transferir significa que o estudante tem oportunidades para aplicar sua aprendizagem em novas situações e frequentemente recebe devolutivas sobre seu desempenho ou sua performance, com a intenção de ajudá-lo a melhorar. Assim, o papel do professor é deixar de ser o "sábio no palco" para tornar-se um facilitador para a elaboração de significados, ou mesmo um tutor que fornece devolutivas como conselhos sobre oportunidades de melhora, de crescimento, de como efetivamente usar o conhecimento construído.

O modelo de Tremembé

No meio do processo de revisão da construção curricular no município de Tremembé, apoiado pelo Centro de Referências em Educação Integral (2018-2019), procuramos por um modelo de planejamento que fosse coerente com a visão de uma educação para o desenvolvimento integral e que pudesse tornar visível, porém não enrijecido, o planejamento docente. Os princípios pedagógicos da Educação Integral se assentam basicamente em duas ideias articuladas: desenvolvimento dos sujeitos em múltiplas dimensões (sociais, físicas, culturais, emocionais e intelectuais) e reconhecimento dos potenciais do território educativo, para dar sentido e contexto às práticas curriculares.

Do ponto de vista do "o que" e "para que" ensinar, portanto, o currículo se orienta por competências gerais e articula os objetos e linguagens das áreas do conhecimento aos temas que emergem dos potenciais do território educativo (da cidade, do país, do mundo), conectando o estudo acadêmico a questões socialmente vivas (PAGÈS e SANTISTEBAN, 2011) que dão sentido e contextualizam, para estudantes e comunidade escolar, a construção de conhecimentos poderosos e relevantes para a vida contemporânea. Dessa forma, a proposta é a superação da visão de um currículo livresco e conteudista – ou a assim chamada educação bancária, tão criticada por Paulo Freire –, ainda hoje muito disseminado no Brasil. Do ponto de vista de como ensinar e avaliar, um currículo que se constrói por perguntas essenciais e por temas geradores contextualizados no território é posto em ação por meio de metodologias ativas de investigação e por processos de avaliação formativa que geram evidências significativas e relevantes de aprendizagem para todos os sujeitos envolvidos – estudantes, professores, pais e gestão escolar (TREMEMBÉ, 2019).

Assim, antes mesmo que fosse lançada a edição brasileira do livro *Planejamento para a compreensão* (WIGGINS e MCTIGHE, 2019), optamos por considerar os campos originais propostos na segunda edição norte-americana (WIGGINS e MCTIGHE, 2005) e, por meio de um processo de cocriação e estudo coletivo com coordenadores pedagógicos de toda a rede, adaptamos as consignas do planejamento reverso às necessidades de Tremembé.

Dentre as várias adaptações que realizamos, destacamos:

- No estágio 1, a definição de objetivos articulada às competências gerais da BNCC; a definição de temas geradores do território, bastante explicados no documento curricular (TREMEMBÉ, 2019, pp. 47-60), com base em conceito utilizado pela gestão Paulo Freire na Secretaria Municipal de Educação de São Paulo (SÃO PAULO, 1991); o mapeamento participativo do território educativo de Tremembé, consultado por meio de *link* do Google Maps (mapa interativo digital em TREMEMBÉ, 2019, p. 56);

- No estágio 2, a listagem das facetas da compreensão e de modalidades de avaliação (TREMEMBÉ, 2019, pp. 142-152) como diretriz para ampliação da concepção avaliativa e formativa; e
- No estágio 3, a indução às múltiplas modalidades de planejamento do ensino, explicadas extensivamente no documento curricular: sequências didáticas, projetos didáticos, projetos investigativos, atividades permanentes e roteiros de pesquisa autônoma para os estudantes (TREMEMBÉ, 2019, pp. 110-126).

Nos QR Codes a seguir pode-se conferir: 1) o documento curricular original de Tremembé; 2) o documento de Tremembé digitalizado pela Ativa Educação, para facilitar a leitura; 3) um exemplo de planejamento reverso para uma unidade temática sobre nutrição (em interdisciplinaridade para ciências da natureza e matemática) desenvolvido por nós como subsídio para a formação de coordenadores e professores no município em 2019.

PARA SABER MAIS

Modelo de planejamento da rede municipal de Tremembé consolidado na nova proposta de currículo para a Educação Integral (TREMEMBÉ, 2019). Acesso em: 9 fev. 2021.

"Currículo da Rede Municipal de Educação de Tremembé", Tremembé, 2019. Acesso em: 9 fev. 2021.

Exemplo de planejamento reverso sobre a unidade de nutrição. Acesso em: 9 fev. 2021.

Uma síntese sobre o sentido geral do planejamento reverso: a construção da compreensão profunda

Wiggins e McTighe (2005, 2012, 2019) explicam que o processo de planejamento reverso ajuda efetivamente a mudar o tradicional foco do professor (conteúdos a serem transmitidos e "cobertos") para o processo de aprendizagem dos estudantes: como estes estão **apreendendo, elaborando sentidos** e se tornando capazes de **transferir** conhecimentos, habilidades e disposições para contextos diferentes daqueles dos quais aprenderam (ampliando para outras áreas do conhecimento e para as situações reais na vida):

- **Apreender:** olhar bem de perto, desenvolver a atenção, sensibilizar e modular os sentidos; perceber e descrever objetos, fatos, informações, ideias; desvelar o que está oculto; ir mais fundo.
- **Refletir e fazer sentido:** pensar de diferentes modos, conectar, relacionar, elaborar explicações, interpretações, reconhecer diferentes perspectivas, compará-las, ampliar a própria perspectiva, articulando evidências que processam informações e dados como compreensão, como argumentos, como construtos mentais diferentes da percepção sensorial inicial.
- **Elaborar e transferir:** articular uma nova ação de pensamento como pergunta, tomada de decisão, proposição, imaginação, julgamento ou ação, com base nas evidências do que é apreendido e refletido: questionar, revelar uma complexidade, elaborar uma conclusão ou uma nova pergunta; desenhar novos cenários, imaginar outros possíveis; criar e aplicar o pensamento em nova formulação para demonstrar ou publicizar o que se compreendeu.

Na afirmação-síntese dos autores:

> O que um currículo planejado para a compreensão precisa fazer, então, é ajudar os alunos a perceberem que seu trabalho não é meramente assimilar o assunto que é "descoberto", mas "descobrir" ativamente o que se encontra abaixo da superfície dos fatos e refletir sobre seu significado. Isso, é claro, é o que significa **construtivismo**: significado não pode ser ensinado; deve ser formado pelo aprendiz por meio de um planejamento engenhoso e

do treinamento efetivo dado pelo professor. Assim, parte do que faz um currículo planejado para desenvolver a compreensão do estudante é "ensinar" os alunos que sua tarefa não é meramente aprender os fatos e as habilidades, mas também questioná-los quanto ao seu significado. O termo **descoberta** resume a filosofia do planejamento para a investigação guiada das grandes ideias, onde o conhecimento torna-se mais conectado, significativo e útil. (WIGGINS e MCTIGHE, 2019, p. 103)

Com pesquisas robustas desenvolvidas ao longo de mais de cinquenta anos, o Projeto Zero da Faculdade de Educação de Harvard também pesquisa como desenvolver o pensamento, a comunicação e a documentação para a compreensão, ou seja, a aprendizagem profunda e metacognitiva.[11] A hipótese básica das múltiplas pesquisas do Projeto Zero é que a aprendizagem profunda só ocorre quando o estudante realmente pensa e compreende "o que", "por que" e "como" está aprendendo. As pesquisas do planejamento para a compreensão de Wiggins e McTighe e as pesquisas do ensino para a compreensão do Projeto Zero são, portanto, muito próximas, com os autores se lendo e citando reciprocamente.

Para esse conjunto de autores, tal como a ideia de competência, a compreensão é definida como capacidade de pensar e agir de maneira flexível com o que se sabe. Assim, aprender para a compreensão é aprender um desempenho flexível ou uma competência híbrida, ou seja, não apenas cognitiva, mas também emocional e metacognitiva. Isto é, quando ocorre a identificação de um *critério de desempenho flexível* para uma capacidade, o aprendiz não apenas repete o conteúdo do que aprendeu, mas sabe ex-

---

11 O livro-síntese da pesquisa é a obra coletiva *Teaching for understanding* (WISKE, 1998); na versão em português, *O ensino para a compreensão: a pesquisa na prática* (WISKE, 2007). Trata-se de uma obra a muitas mãos: Martha Stone Wiske, Howard Gardner, David Perkins, Vito Perrone, Karen Hammerness, Daniel Gray Wilson, Ron Ritchhart, Eric Buchovecky, Lois Hethland, Chris Unger e Rosario Jaramillo. O livro encontra-se esgotado no Brasil, raro até de se encontrar em sebos. A pesquisa fundamental ocorreu entre 1985 e 1995 e se desdobrou em diversos projetos, com outra obra de culminância em *Making thinking visible* (RITCHHART, CHURCH e MORRISON, 2011), quando a reflexão sobre estratégias para garantir disposição, enfoque profundo e compreensão se consolidam em Rotinas de Pensamento transversais às diversas áreas do conhecimento.

plicar, justificar, extrapolar, relacionar e aplicar de maneira que vai além da consolidação do conhecimento factual, memorizável. Portanto, a compreensão de um tema pode se dar em graus de progressão: do mais raso ao mais profundo; do mais mecânico ao mais flexível; do mais repetitivo a uma apropriação criativa e crítica.

Nesse sentido, ao contrário do resultado de uma metodologia prescritiva, desenvolver a compreensão é o processo de chegar a um repertório de desempenhos complexos e singulares, que dependem de um acompanhamento constante da prática, apoiado por uma documentação e por devolutivas que tornam a aprendizagem visível. Alcançar a compreensão é adquirir a capacidade de mobilizar ideias e procedimentos, é aprender a desempenhar um comportamento reflexivo como uma disposição para observar, pensar, sentir e agir de forma própria e flexível com ideias essenciais. Portanto, aprender visando à compreensão envolve a articulação de uma tríade (PERKINS, EILEEN e TISHMAN, 1993): mobilizar uma capacidade (habilidades ou ações observáveis); mobilizar uma disposição (um enfoque de ir mais fundo, investigar e descobrir); e desenvolver uma sensibilidade ao contexto (perceber em cada situação ou problema que ações, pensamentos ou questionamentos ajudam a tomar as decisões pertinentes).

O que se constrói? Considerar que o pensamento deve ser construído com sentido e significado envolve considerar o aprendizado para além da *representação* conceitual e considerá-lo como *capacidade de desempenho*: aprender um tópico com compreensão não é tanto construir uma representação (uma definição, uma imagem) para corresponder ao tópico, quanto desenvolver uma capacidade de desempenho flexível acerca dele (mais que definir o conceito, saber operar, usar e aplicar o conceito). Aprendizes constroem desempenhos, porém é mais natural dizer que eles os desenvolvem ou os elaboram.

Como se dá a construção da compreensão? Quando experimentamos uma descoberta e sentimos aquele estalo de "eureka", temos o desempenho de compreensão exemplar. Assim, a fim de construir uma boa representação mental, os estudantes têm de descobri-la de modo autêntico. A aprendizagem por descoberta torna-se o desempenho central da compreensão.

Nesse sentido, o ensino por investigação (WISKE, 1998) se torna uma grande referência didático-metodológica: o professor organiza a relação entre ensino e aprendizagem de modo a mobilizar uma investigação, os estudantes investigam para construir conhecimentos e desenvolverem a compreensão por descoberta, e o professor investiga, documenta e evidencia como e o que os estudantes aprendem e compreendem, bem como o que ainda não aprenderam ou mal compreenderam. Nesse sentido, o ensino por investigação articula-se à aprendizagem por descoberta. O ensino para a compreensão busca estratégias para favorecer a motivação e tornar o pensamento dos estudantes visível: para eles mesmos e para o professor em todas as áreas de conhecimento e por meio de estratégias transversais a todas elas. O pensamento visível profundo envolve a tripla mobilização de capacidades de compreensão, de motivação para o aprender, e de sensibilidade em como manejar e expressar a capacidade e a motivação, em um ciclo reiterativo de reforço positivo.

Esses três movimentos do pensamento criam um ciclo que se renova continuamente, em uma espiral: o ciclo da aprendizagem profunda (ANDRADE, COSTA e WEFFORT, 2019), que apoia a autorregulação e a motivação: formular uma questão => olhar bem de perto, apreender algo novo => raciocinar sobre as evidências => perguntar, imaginar, hipote-

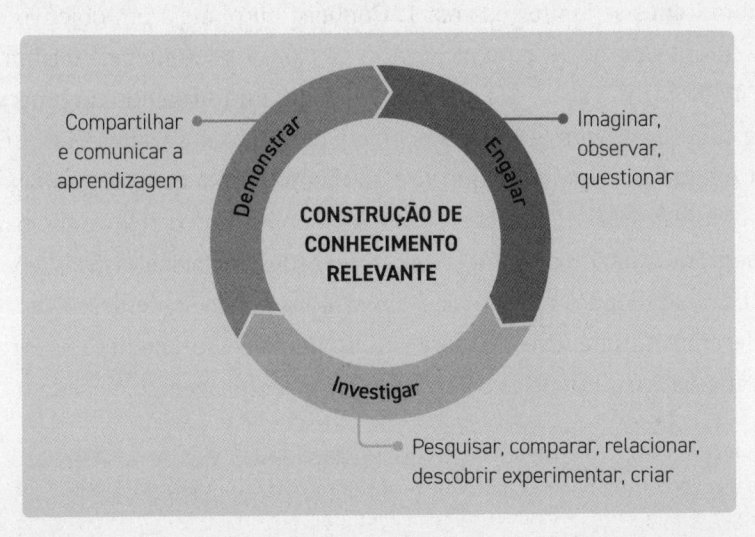

Figura 5 – Ciclo da aprendizagem profunda para a compreensão. (Fonte: Andrade, Costa e Weffort, 2019, p. 31.)

tizar a partir das evidências => reformular a questão ou elaborar uma hipótese => apreender e assim por diante.[12]

Para esse ciclo se manter vivo e em movimento, os estudantes precisam se sentir seguros, inseridos em uma comunidade de aprendizagem onde há clima de confiança, abertura ao erro e à experimentação e, sobretudo, onde há escuta aos questionamentos, reflexões e hipóteses. O ciclo de motivação e autoconhecimento é muito estudado pela psicologia cognitiva, em especial por Carol Tomlinson, parceira de pesquisa de Wiggins e McTighe (TOMLINSON e MCTIGHE, 2006). Bondie e Zusho (2018) o resumem em uma síntese visual e fácil de memorizar:

Motivação = autonomia + pertencimento + capacidade + sentido[13]

Ou seja, nos sentimos motivados quando fazemos algo que está dentro de nossa capacidade, por meio do qual exercemos nossa autonomia, que seja relevante para nós e que nos faz pertencer a um grupo, a uma comunidade de aprendizagem, a um campo de experiências seguro, com um claro valor e sentido para todos.

Por essas razões, a motivação se mostra intimamente ligada à autorregulação. Isto é, o sujeito se motiva quando (se) reconhece nesse movimento e maneja seu próprio aprendizado em um ciclo reiterativo, que pode ser desmembrado nos seguintes passos: 1. Conhece ou planeja um objetivo claro, 2. Monitora suas ações para alcançá-lo, 3. Controla ou maneja ferramentas para melhorar sua ação, 4. Reflete sobre como está se saindo no processo, e assim sucessivamente (1. Revê seu objetivo, 2. Monitora suas ações...).

Com um planejamento que vise ao ensino para a compreensão, ganhamos uma estratégia clara para priorizar aprendizados relevantes para os estudantes, tornando perguntas e compreensões essenciais visíveis, conhecimentos e habilidades profundas e construídas por meio de descobertas que fortalecem a atitude investigadora – tanto no professor quanto nos estudantes. Para essas experiências de ensino e de aprendizagem, o ciclo da motiva-

---

12 Como propõem as estruturas das Rotinas de Pensamento: Vejo/Penso/Pergunto; Conecto/Estendo ou Amplio/Pergunto ou Testo; Antes Pensava que/Agora Penso que/Então Pergunto Se...
13 Em inglês, ABC+M, onde A = *autonomy* (autonomia), B = *bellonging* (pertencimento), C = *competency* (competência ou capacidade) e M = *meaningfulness* (sentido).

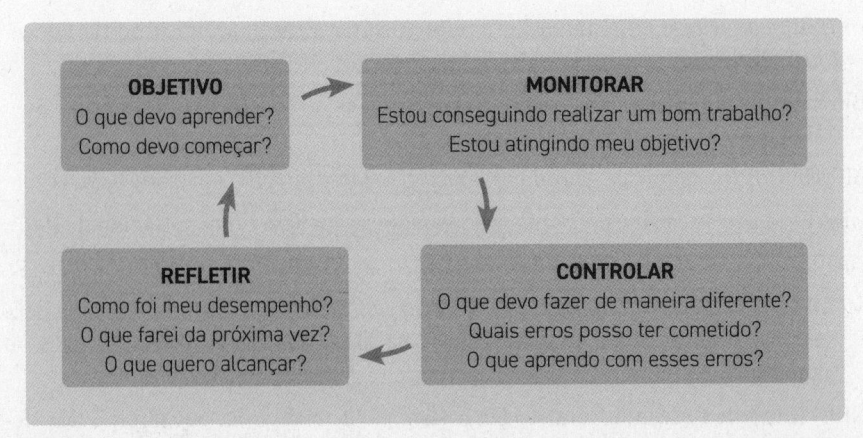

```
        OBJETIVO              →          MONITORAR
   O que devo aprender?              Estou conseguindo realizar um bom trabalho?
   Como devo começar?                    Estou atingindo meu objetivo?

            ↑                                      ↓

         REFLETIR                            CONTROLAR
   Como foi meu desempenho?           O que devo fazer de maneira diferente?
   O que farei da próxima vez?   ←        Quais erros posso ter cometido?
   O que quero alcançar?                  O que aprendo com esses erros?
```

Figura 6 – Fases do ciclo de autorregulação que perpetuam a motivação e a aprendizagem. (Fonte: Elaborado pela autora a partir de Zimmerman, 2008.)

ção e da autorregulação tende, então, a se manter vivo e contínuo, com base em evidências que o sigam perpetuando. Afinal, não se trata disso a atitude tão buscada pela educação no século XXI de aprender a aprender? Como já afirmara John Dewey (1976, p. 49) um século atrás, "A mais importante atitude a ser formada é a do desejo de se continuar a aprender".

Referências bibliográficas

ANDRADE, J. P. "Como cultivar o 'ciclo da motivação' entre os alunos". *Centro de Referências em Educação Integral*, 10 abr. 2018. Disponível em <https://educacaointegral.org.br/metodologias/como-cultivar-o-ciclo-da-motivacao-entre-os-alunos/>. Acesso em: 6 fev. 2020.

_____ et al. *Avaliação na Educação Integral*: elaboração de novos referenciais para políticas e programas. São Paulo: Centro de Referências em Educação Integral/Itaú Social/Move Social, 2020. Disponível em: <https://educacaointegral.org.br/materiais/avaliacao-na-educacao-integral-elaboracao-de-novos-referenciais-para-politicas-e-programas/>. Acesso em: 10 jun. 2020.

_____; COSTA, N. G. da; WEFFORT, H. F. *Currículo e Educação Integral na prática*: uma referência para estados e municípios. Cadernos 1 e 2. Plataforma-Metodologia de Currículo para a Educação Integral. São Paulo: Centro de Referências em Educação Integral/British Council, 2019. Disponível em: <https://educacaointegral.org.br/curriculo-na-educacao-integral/>. Acesso em: 9 nov. 2019.

BONDIE, R.; ZUSHO, A. *Differentiated instruction made practical*: engaging the extremes through classroom routines. London: Routledge, 2018.

BRASIL. *Base Nacional Comum Curricular* (BNCC). Brasília: Ministério da Educação, 2017.

BROOKE, N.; SOARES, J. F. *Pesquisa em eficácia escolar*: origem e trajetórias. Belo Horizonte: Editora da UFMG, 2008.

BRUNER, J. *The culture of education.* Cambridge, MA: Harvard University Press, 1996.

DEWEY, J. *Experiência e Educação.* São Paulo: Companhia Editora Nacional, 1976.

HATTIE, J. *Aprendizagem visível para professores.* São Paulo: Penso Editora, 2017.

MODER, M. *Reflexões de apoio para o desenvolvimento curricular no Brasil*: guia para gestores educacionais. Brasília: União Nacional dos Dirigentes Municipais de Educação, 2017.

NRC. National Research Council. *Education for life and work*: developing transferable knowledge and skills in the 21st century. J. W. Pellegrino and M. L. Hilton (ed.). Committee on Defining Deeper Learning and 21st Century Skills. Washington, DC: The National Academies Press, 2012.

____. *How we learn?* Brain, mind, experience, and school. Edição aumentada. J. Bransfors, A. Brown and R. Cocking (ed.). Washington, DC: The National Academies Press, 2000.

PAGÈS, J.; SANTISTEBAN, A. *Introducción a les VII Jornades.* Les qüestions socialment vives i l'ensenyament de les ciències socials. Barcelona: Universidade Autônoma de Barcelona, 2011.

PERKINS, D. N.; EILEEN, J.; TISHMAN, S. "Beyond abilities: a dispositional theory of thinking". *Merrill-Palmer Quarterly* (1982-), 1993.

RITCHHART, R.; CHURCH, M. *The power of make thinking visible*: practices to engage and empower all learners. São Francisco: Jossay-Bass, 2020.

____; ____; MORRISON, K. *Making thinking visible*: how to promote engagement, understanding, and independence for all learners. São Francisco: Jossey-Bass, 2011.

SÃO PAULO (cidade de). *Caderno de formação.* Tema gerador e a construção do programa. Uma nova relação entre currículo e realidade. Série Ação Pedagógica da Escola. A escola pela via da interdisciplinaridade. São Paulo: Secretaria Municipal de Educação, 1991.

TOMLINSON, C. A.; MCTIGHE, J. *Integrating differentiated instruction & understanding by design*: connecting content and kids. Alexandria, VA: ASCD, 2006.

TREMEMBÉ (estância turística). *Currículo da Rede Municipal de Ensino de Tremembé.* Secretaria de Educação de Tremembé, dez. 2019. Disponível em: <https://drive.google.com/drive/folders/1xP0OBj22n69g0E-nOi5JjGysMtz39005?usp=sharing>. Acesso em: 9 fev. 2021.

VYGOTSKY, L. *Mind in society.* Cambridge, MA: Harvard University Press, 1978.

WEBB, N. L. *Depth-of-knowledge levels for four content areas*, 2002. Disponível em: <ossucurr.pbworks.com/w/file/fetch/49691156/Norm%20web%20dok20by%20subject%20area.pdf>. Acesso em: 8 jun. 2021.

WIGGINS, G.; MCTIGHE, J. *Planejamento para a compreensão*. Alinhando o currículo, avaliação e ensino por meio do planejamento reverso. 2ª ed. Porto Alegre: Penso Editora/Instituto Canoa/Fundação Lemann, 2019.

____; ____. *Understanding by design*: white paper. Alexandria, VA: ASCD, 2012. Disponível em: <https://ascd.org/ASCD/pdf/siteASCD/publications/UbD_WhitePaper0312.pdf>. Acesso em: 12 set. 2021.

____; ____. *Understanding by design*. 2ª ed. Alexandria, VA: ASCD, 2005.

WISKE, M. S. (coord.). *Teaching for understanding*: linking research with practice. São Francisco: Jossey-Bass, 1998.

____. *Ensino para a compreensão*: a pesquisa na prática. Porto Alegre: Artmed, 2007.

ZIMMERMAN, B. J. "Investigating self-regulation and motivation: historical background, methodological developments, and future prospects". *American Educational Research Journal*, 45, pp. 166-183, 2008.

OS AUTORES

ANA LOPES-MESQUITA é educadora, licenciada em educação de infância pela Universidade de Évora, pós-graduada em educação artística – teatro educação pela Escola Superior de Educação de Lisboa. Estudiosa da infância e da abordagem Reggio Emilia na Itália desde 2004, obteve os seus diplomas de estudos internacionais pelo Centro Internacional Loris Malaguzzi em 2013 e 2018. Foi diretora pedagógica do Colégio Infantil Cubo Mágico, inspirado na abordagem Reggio Emilia, de 2013 a 2017. É criadora e mentora do Projeto KALAMBAKA – Centro de Formação, Consultoria e Documentação Pedagógica, onde trabalha como diretora, formadora e consultora, capacitando profissionais e instituições a inovar e repensar as suas práticas pedagógicas.
E-mail: projeto@kalambaka.pt

ANA PAULA GASPAR GONÇALVES é licenciada em história pela Universidade Federal de Minas Gerais (UFMG), mestre em design pela CESAR School, com MBA em comunicação digital. Atuou durante seis anos com educação em museus e empreendedorismo digital, no Brasil e em organizações nos Estados Unidos e na Inglaterra. Mineira de Belo Horizonte, ajudou a criar uma escola inovadora bilíngue com o ensino baseado em projetos, coordenando a área de tecnologia aplicada. Nos últimos seis anos vem atuando com inovação em educação, *design* de serviços e políticas públicas de implantação de tecnologia no Brasil. Atualmente é assessora de tecnologia na Escola Vera Cruz, em São Paulo, e professora de cursos de pós-graduação em metodologias ativas.
E-mail: ana.gaspar@mutz.com.br

ANDRESSA PINTER DOS SANTOS NININ é graduada em ciências biológicas pela Universidade Presbiteriana Mackenzie (1998), tem mestrado (2003) e doutorado (2008) em oceanografia biológica pelo Instituto Oceanográfico da Universidade de São Paulo, especialização em metodologias ativas para uma educação inovadora pelo Instituto Singularidades (2019) e especiali-

zação em computação aplicada à educação pelo Instituto de Ciências Matemáticas e de Computação da Universidade de São Paulo. Atualmente é coordenadora da área de ciências da natureza (desde 2016) e desde 2004 é professora do Colégio Santa Marcelina, em São Paulo.
E-mail: andressa.pinter@gmail.com

ANNE TAFFIN D'HEURSEL BALDISSERI é doutora em zoologia e possui pós-graduação em gestão educacional. Atualmente faz parte do grupo Núcleo de Ensino, Assistência e Pesquisa em Leitura e Escrita (NEAPEL), da Universidade Federal de São Paulo (UNIFESP), com o objetivo de concluir o pós-doutorado relacionado ao bilinguismo, metacognição e autorregulação. Anne atuou como diretora da Educação Infantil na St. Paul's School, em São Paulo. Atualmente é diretora da Educação Infantil e do Ensino Fundamental I da Avenues: The World School, tendo feito parte da equipe que planejou a abertura do *campus* em agosto de 2018. Anne ministra oficinas e cursos em eventos nacionais e internacionais centrados em diferenciação pedagógica, avaliação formativa e colaboração entre professores.
E-mail: annebaldisseri@gmail.com

CAMILA AKEMI KARINO é diretora pedagógica da Geekie, psicóloga, mestre pela Universidade de Brasília (UnB) e doutora pela mesma universidade com estágio na Universidade de New Brunswick, Canadá, quando estudou sobre "Igualdade, equidade e eficácia do sistema educacional brasileiro". Entre 2010 e 2014 foi coordenadora-geral de Instrumentos e Medidas do Instituto Nacional de Estudos e Pesquisas Educacionais Anísio Teixeira (INEP), sendo responsável pelas principais avaliações da Educação Básica, tal como o Exame Nacional do Ensino Médio (Enem). Atualmente, é pesquisadora colaboradora do programa de pós-graduação do Centro de Estudos Avançados Multidisciplinares da UnB.
E-mail: camila.karino@geekie.com.br

CARMEN SFORZA é mestranda em educação pela UDE Uruguai e mestre em direito pela Universidade de Montevidéu. Foi professora no Ensino Médio e na Universidade da República Oriental do Uruguai (UDELAR) por

15 anos. Formada no Instituto Singularidades em metodologias ativas de aprendizagem e rotinas de pensamento, com experiências teórico-práticas de aprendizagem criativa, metodologias ativas e avaliação integradora. Certificada pelo curso Teaching and Learning in a Maker-Centered Classroom pela Harvard Graduate School, Project Zero. É membro da Rede Brasileira de Aprendizagem Criativa e do Clube do Arduino do Fab Lab Livre da Galeria Olido, São Paulo.
E-mail: to.carmen.sforza@gmail.com

CLAIRE ELLEN ARCENAS é *designer* pedagógica na Geekie, mestre em educação pela Framingham State College (Estados Unidos), bacharel em educação pela Universidade de Toronto (Canadá) e lecionou internacionalmente por 16 anos, trabalhando e vivendo na Guatemala, em Zâmbia e no Brasil. É também formada em artes, espanhol, ciências, educação física e educação em saúde pela Queen's University, em Kingston, Ontário (Canadá). Claire é educadora da International Baccalaureate e, desde 2009, lidera e facilita formações pedagógicas para o Primary Years Programme.
E-mail: claire.arcenas@geekie.com.br

CLAUDIO SASSAKI é cofundador e CEO da Geekie, empresa referência em educação inovadora no Brasil. É graduado em arquitetura pela Universidade de São Paulo (USP) e mestre em educação pela Universidade Stanford. Entre outros reconhecimentos, Sassaki recebeu os títulos de Empreendedor Global Endeavor, Empreendedor do Ano, pela Ernst Young; Empreendedor Social, pela Fundação Schwab; e Innovation Fellow, pela Wired Magazine. Também teve a oportunidade de contribuir para eventos como o Fórum Econômico Mundial, a Conferência Global de Educação de Harvard, SXWEdu, Citizen Education e TEDx.
E-mail: sassaki@geekie.com.br

DANIELA CAYUELA é pedagoga, especialista em docência no Ensino Superior pela Pontifícia Universidade Católica de Minas Gerais (PUC-MG) e especialista em alfabetização pela Escola da Vila. Possui experiência docente em uma renomada escola internacional de Londres, a ICS International

Community School. Professora no projeto 26 Letras da Carandá Vivavida, também Participou do Project Zero Classroom, no Summer Institute da Harvard University. Coordenou por cinco anos a formação de professores da Força Aérea Brasileira nos estados de São Paulo e Mato Grosso do Sul. Atualmente se dedica a formações de educadores e a estudos voltados para o aprendizado e o engajamento efetivo dos alunos, em parceria com o Projeto Kalambaka.
E-mail: danielareisregina@gmail.com

DANIELA LYRA é formadora de professores, moderadora on-line e *designer* de materiais, detentora do título de especialista em Tecnologia Educacional no primeiro espaço *"maker"* bilíngue no Brasil. Atualmente Daniela trabalha em estreita colaboração com a Embaixada Norte-Americana para implementar o projeto Achieving 21st Century Skills – uma iniciativa educacional Mission Brazil American Spaces que oferece aos jovens experiências de aprendizado colaborativo para aprimorar a aquisição da língua inglesa e promover educação, inovação, empreendedorismo e inclusão social.
E-mail: daniela.lyra@thomas.org.br

JULIA PINHEIRO ANDRADE é fundadora da Ativa Educação, consultora pedagógica e coordenadora da pós-graduação em metodologias ativas para uma Educação Integral do Instituto Vera Cruz. Possui bacharelado e licenciatura em geografia pela Universidade de São Paulo (2001), mestrado em educação pela Universidade de São Paulo (2007) e é certificada pela Harvard Graduate School of Education/Project Zero em "Teaching and Learning in a Maker-Centered Classroom" (2018) e "Making Thinking Visible" (2020). Atua com formação continuada de professores desde 2001 em redes e escolas públicas e privadas.
E-mail: juliaandrade@ativaedu.com.br

PAOLA SALMONA RICCI é mestre em tecnologia educacional e mídia pelo Teachers College, Columbia University, e especialista em infância, educação e desenvolvimento social pelo Instituto Singularidades. Mergulhou no universo da Educação Infantil como gestora e coordenadora da A Way Bilin-

gual School. É professora de *Design Thinking* na Avenues: The World School, campus São Paulo. Também é certificada pelo curso "Teaching and Learning in a Maker-Centered Classroom" da Harvard Graduate School, Project Zero.
E-mail: paola@catalisador.org.br

RENATA ARAUJO SANTOS é pedagoga formada pela Universidade Santo Amaro (UNISA), mestre em arte e educação pela Universidade Estadual Paulista (UNESP), idealizadora do projeto de formação ComPosição: Encontros de Formação. Desenvolve pesquisa sobre a prática reflexiva e a formação de professores em parceria com Simonetta Cittadini (fundadora da L'Atelier School em Miami), participa do projeto em colaboração desenvolvido no Brasil pelo Howard Gardner (The Good Project.Brasil), realiza estudos sobre as pesquisas do Project Zero (Harvard), em especial as pesquisas "Visible Thinking", "Visible Learners", "Culture of Thinking" e "Teaching for Understanding", coordena grupos de estudos com a participação de professores, coordenadores e diretores das redes pública e privada de São Paulo, desenvolvendo o aprofundamento dessas temáticas, pelo Centro de Estudos Madalena Freire e outras instituições.
E-mail: renataaraujo.educacao@gmail.com

RITA JUNQUEIRA DE CAMARGO é especialista em infância, educação e desenvolvimento social pelo Instituto Singularidades, com doutorado em ciências dos alimentos e mestrado em tecnologia nuclear, ambos pela Universidade de São Paulo (USP). Integrou a equipe de pesquisa do Mapa da Infância Brasileira (MIB) e atuou voluntariamente na ONG Pró-Saber, em Paraisópolis. Coordenou o curso Aprendizagem Criativa "Mão na Massa": Princípios e Práticas no Campo da Educação, no Instituto Superior de Educação Vera Cruz. Certificada pelo curso "Teaching and Learning in a Maker-Centered Classroom" da Harvard Graduate School, Project Zero.
E-mail: rita@catalisador.org.br

SAVINA ALLODI é educadora, com experiência de 23 anos em inovação tecnoeducativa e educomunicação, atuando em escolas de referência em São Paulo, em gestão, docência, inovação, orientação e formação de professo-

res. Possui um histórico abrangente de projetos educacionais e programas de desenvolvimento docente, combinando proficiência nas tecnologias digitais e novas perspectivas educacionais. É formada em pedagogia, especialista em tecnologia educacional (Mackenzie) e gestão dos processos comunicacionais (NCE/ECA-USP). Atualmente é coordenadora do Ensino Fundamental II no Colégio Santa Marcelina, em São Paulo.
E-mail: savina.allodi@gmail.com

SIMONE KUBRIC LEDERMAN é mestre em psicologia da educação e pedagoga pela Faculdade de Educação da Universidade de São Paulo (FEUSP). Começou a carreira docente como professora na Educação Infantil do Colégio Santa Cruz. No Trapézio – Grupo de Apoio à Escolarização, atuou com estudantes da rede pública e profissionais da saúde e educação. Fez parte da equipe da pós-graduação em educação inclusiva do Instituto Superior de Educação Vera Cruz. Com Rita Camargo e Paola Ricci, idealizou o Instituto Catalisador, por meio do qual vivenciam processos criativos participativos. É Creative Learning Fellow do Lifelong Kindergarten, MIT Media Lab e membro da iniciativa Tinkerê. Participou do grupo de estudos de educadores que realizou o projeto Faz de Conta (Make Believe).
E-mail: simone@catalisador.org.br

SORAYA LACERDA é formada em ciência da informação com pós-graduação em análise de sistemas, e atualmente coordena o primeiro espaço *"maker"* bilíngue do Brasil, atuando no projeto educacional Achieving 21st Century Skills, em parceria com a Rede Brasileira de Centros Binacionais, o Departamento de Estado dos Estados Unidos e o Instituto Smithsonian. Em 2019 foi autora, junto com Daniela Lyra, do projeto Façamos Nós Mesmos (de formação de professores), selecionado final para o Desafio de Aprendizagem Criativa (Fellowship RBAC/MIT).
E-mail: soraya.lacerda@thomas.org.br